A MEDIAÇÃO E A CONCILIAÇÃO DE DEMANDAS REPETITIVAS

OS MEIOS CONSENSUAIS DE RESOLUÇÃO DE DISPUTAS E OS GRANDES LITIGANTES DO JUDICIÁRIO

MARIA CECÍLIA DE ARAUJO ASPERTI

Prefácio
Carlos Alberto de Salles

A MEDIAÇÃO E A CONCILIAÇÃO DE DEMANDAS REPETITIVAS

OS MEIOS CONSENSUAIS DE RESOLUÇÃO DE DISPUTAS E OS GRANDES LITIGANTES DO JUDICIÁRIO

Belo Horizonte

2020

© 2020 Editora Fórum Ltda.

É proibida a reprodução total ou parcial desta obra, por qualquer meio eletrônico, inclusive por processos xerográficos, sem autorização expressa do Editor.

Conselho Editorial

Adilson Abreu Dallari	Floriano de Azevedo Marques Neto
Alécia Paolucci Nogueira Bicalho	Gustavo Justino de Oliveira
Alexandre Coutinho Pagliarini	Inês Virgínia Prado Soares
André Ramos Tavares	Jorge Ulisses Jacoby Fernandes
Carlos Ayres Britto	Juarez Freitas
Carlos Mário da Silva Velloso	Luciano Ferraz
Cármen Lúcia Antunes Rocha	Lúcio Delfino
Cesar Augusto Guimarães Pereira	Marcia Carla Pereira Ribeiro
Clovis Beznos	Márcio Cammarosano
Cristiana Fortini	Marcos Ehrhardt Jr.
Dinorá Adelaide Musetti Grotti	Maria Sylvia Zanella Di Pietro
Diogo de Figueiredo Moreira Neto (in memoriam)	Ney José de Freitas
Egon Bockmann Moreira	Oswaldo Othon de Pontes Saraiva Filho
Emerson Gabardo	Paulo Modesto
Fabrício Motta	Romeu Felipe Bacellar Filho
Fernando Rossi	Sérgio Guerra
Flávio Henrique Unes Pereira	Walber de Moura Agra

FÓRUM
CONHECIMENTO JURÍDICO

Luís Cláudio Rodrigues Ferreira
Presidente e Editor

Coordenação editorial: Leonardo Eustáquio Siqueira Araújo
Aline Sobreira de Oliveira

Av. Afonso Pena, 2770 – 15º andar – Savassi – CEP 30130-012
Belo Horizonte – Minas Gerais – Tel.: (31) 2121.4900 / 2121.4949
www.editoraforum.com.br – editoraforum@editoraforum.com.br

Técnica. Empenho. Zelo. Esses foram alguns dos cuidados aplicados na edição desta obra. No entanto, podem ocorrer erros de impressão, digitação ou mesmo restar alguma dúvida conceitual. Caso se constate algo assim, solicitamos a gentileza de nos comunicar através do *e-mail* editorial@editoraforum.com.br para que possamos esclarecer, no que couber. A sua contribuição é muito importante para mantermos a excelência editorial. A Editora Fórum agradece a sua contribuição.

Dados Internacionais de Catalogação na Publicação (CIP) de acordo com a AACR2

A839m   Asperti, Maria Cecília de Araujo

A mediação e a conciliação de demandas repetitivas: os meios consensuais de resolução de disputas e os grandes litigantes do Judiciário / Maria Cecília de Araujo Asperti. – Belo Horizonte : Fórum, 2020.

210p.; 14,5cm x 21,5cm
ISBN: 978-85-450-0711-1

1. Direito Processual Civil. 2. Mediação e conciliação. 3. Sociologia jurídica. I. autor. II. autor. III. Título.

CDD 341.46
CDU 347.9

Elaborado por Daniela Lopes Duarte - CRB-6/3500

Informação bibliográfica deste livro, conforme a NBR 6023:2018 da Associação Brasileira de Normas Técnicas (ABNT):

ASPERTI, Maria Cecília de Araujo. *A mediação e a conciliação de demandas repetitivas*: os meios consensuais de resolução de disputas e os grandes litigantes do Judiciário. Belo Horizonte: Fórum, 2020. 210p. ISBN 978-85-450-0711-1.

Ao Departamento Jurídico XI de Agosto e ao sonho de se concretizar o acesso à justiça.

AGRADECIMENTOS

Primeiramente agradeço meu orientador, Prof. Carlos Alberto de Salles, com quem tive o privilégio de conviver durante todo esse processo. Ao acompanhar seu trabalho em sala de aula, vi que um grande professor é aquele que se propõe a dialogar com os alunos para a construção do conhecimento. Sua influência foi decisiva, portanto, não só para o desenrolar desta pesquisa, mas também para o meu referencial de docência e de ensino jurídico.

Também foi com o Prof. Salles que participei no NEMESC (Núcleo de Estudos de Mecanismos Adequados de Solução de Conflitos), onde conheci e me encantei pelas outras possibilidades existentes de se resolver um conflito. Agradeço aos membros do NEMESC por compartilharem comigo esse encantamento. Um agradecimento mais do que especial deve ser direcionado aos alunos das disciplinas em que fui monitora e aos monitores e alunos do NEMESC. É das conversas e debate de ideias com esses alunos que extraí algumas das principais reflexões que hoje compõem este trabalho.

Também foi fundamental para a realização desta pesquisa o ano que passei na Universidade de Yale, como *visiting scholar* do programa Fox International Fellowship, fundado por Joseph Fox e sua família. Foi durante essa estada que pude conhecer os professores Owen Fiss e Judith Resnik, da Yale Law School, que tiveram decisiva influência nos meus referenciais de justiça e das possibilidades que o Judiciário possui para modificar a realidade. Tenho enorme gratidão à família Fox por essa oportunidade, e aos demais participantes do programa, cuja amizade e convívio marcaram esse momento da minha vida.

Outro momento importantíssimo foi a banca de qualificação, que contou com a participação das professoras Maria Thereza Sadek e Susana Henriques da Costa. A leitura cuidadosa e os comentários de ambas foram imprescindíveis para o desenvolvimento do trabalho.

Apesar de já citadas em outros agradecimentos, destaco o papel especial de Daniela Monteiro Gabbay, Eloísa Machado e Catarina Barbieri nessa minha trajetória pessoal, profissional e acadêmica.

Além de grandes amigas, são verdadeiros exemplos de mulheres que perseguem aquilo em que acreditam e que fazem uma enorme diferença por onde passam.

Agradeço às minhas famílias (Araujo Asperti e Morelli), que muito mais do que me apoiar, sempre se empolgaram e me mantiveram empolgada durante esse processo, mesmo nos momentos de maior ansiedade. Agradeço também aos meus amigos, que pacientemente aguardaram a minha ausência e comemoram comigo as principais etapas desse trajeto. Por fim, o principal agradecimento vai ao Murilo, meu maior comparsa nessa jornada.

SUMÁRIO

PREFÁCIO
CARLOS ALBERTO DE SALLES...13

INTRODUÇÃO...17

AS DISPUTAS REPETITIVAS, O JUDICIÁRIO E O PROCESSO........23

1.1   A litigiosidade repetitiva no Judiciário.................................23

1.1.1   Causas do aumento da litigiosidade e da repetição de disputas........23

1.1.2   A litigiosidade repetitiva e os grandes litigantes do Judiciário........28

1.2   As disputas repetitivas e o processo civil brasileiro.................32

1.2.1   Mecanismos processuais para julgamento de disputas repetitivas...32

1.2.2   Coletivização de direitos individuais homogêneos.................39

1.3   Disputas repetitivas e litigantes repetitivos.................43

1.4   Litigiosidade repetitiva nos EUA.................50

1.5   Elementos característicos das disputas repetitivas.................54

1.5.1   Similitude das questões fáticas e jurídicas.................54

1.5.2   Representatividade do volume.................56

1.5.3   Envolvimento de litigantes repetitivos e litigantes ocasionais.........57

MECANISMOS CONSENSUAIS JUDICIAIS COMO RESPOSTA
À LITIGIOSIDADE REPETITIVA...59

2.1   Mediação, conciliação e outros meios consensuais.................59

2.2   Mecanismos consensuais no processo e no Judiciário.................66

2.2.1   Brasil...66

2.2.2   Estados Unidos...72

2.3	Meios consensuais no Judiciário e acesso à justiça	78
2.3.1	O movimento de acesso à justiça e os meios alternativos de solução de disputas	78
2.3.2	A inafastabilidade da jurisdição em face dos meios consensuais judiciais	82
2.4	Tribunais multiportas	88
2.5	Desenho de resolução de disputas	92
2.6	Mediação e conciliação em disputas repetitivas	97

MEIOS CONSENSUAIS E DISPUTAS REPETITIVAS NO JUDICIÁRIO BRASILEIRO ... 105

3.1	Objeto do estudo de caso e metodologia	105
3.2	Análise dos resultados	109
3.2.1	Justiça Federal	109
3.2.1.1	Implementação e trajetória	109
3.2.1.2	Desenho, atores e condições de acesso	110
3.2.1.3	Tratamento de disputas repetitivas	113
3.2.1.4	Critérios de avaliação	114
3.2.2	Justiça Estadual	115
3.2.2.1	Implementação e trajetória	115
3.2.2.2	Desenho, atores e condições de acesso	117
3.2.2.3	Tratamento de disputas repetitivas	121
3.2.2.4	Critérios de avaliação	123
3.2.3	Juizados especiais cíveis	123
3.2.3.1	Implementação e trajetória	124
3.2.3.2	Desenho, atores e condições de acesso	124
3.2.3.3	Tratamento de disputas repetitivas	128
3.2.3.4	Critérios de avaliação	131
3.3	Pesquisa por meio de questionários realizada nos centros e nos núcleos judiciais	131

MEIOS CONSENSUAIS E DISPUTAS REPETITIVAS NO
JUDICIÁRIO NORTE-AMERICANO 135

4.1   Objeto do estudo de caso e metodologia 135

4.2   Análise dos resultados 137

4.2.1   Programas com estrutura multiportas 137

4.2.1.1 Implementação e trajetória 137

4.2.1.2 Desenho, atores e condições de acesso 138

4.2.1.3 Tratamento de disputas repetitivas 143

4.2.1.4 Critérios de avaliação 145

4.2.2   Customização de programas judiciais 146

4.2.2.1 Implementação e trajetória 146

4.2.2.2 Desenho, atores e condições de acesso 146

4.2.2.3 Tratamento de disputas repetitivas 149

4.2.2.4 Critérios de avaliação 150

4.2.3   Programas de execução de hipoteca (*mortgage foreclosure*) 150

4.2.3.1 Implementação e trajetória 152

4.2.3.2 Desenho, atores e condições de acesso 154

4.2.3.3 Tratamento de disputas repetitivas 157

4.2.3.4 Critérios de avaliação 158

A CONCILIAÇÃO E A MEDIAÇÃO DE DISPUTAS REPETITIVAS:
BUSCA POR UM TRATAMENTO ADEQUADO 161

5.1   O tratamento adequado de disputas repetitivas 161

5.1.1   Atores 163

5.1.1.1 Os grandes litigantes 163

5.1.1.2 Advogados e prepostos 164

5.1.1.3 Conciliadores e mediadores 169

5.1.1.4 Outros atores e auxiliares do juízo 172

5.1.2   Mecanismos utilizados: conciliação e mediação 175

5.1.3   Triagem, encaminhamento e gerenciamento de casos/processos 176

5.1.4   Condições de acesso 178

5.1.5	Objetivos, metas e critérios de avaliação	179
5.2	Mutirões e pautas concentradas como formas de agregação	182
5.3	O papel institucional exercido pelo Judiciário	186
5.4	Técnicas específicas	188
5.5	Outros riscos da conciliação ou da mediação de disputas repetitivas	189

CONCLUSÃO 193

ROTEIRO DAS ENTREVISTAS SEMIESTRUTURADAS
(BRASIL) 199

ROTEIRO DAS ENTREVISTAS SEMIESTRUTURADAS (EUA) 203

FORMULÁRIO ENVIADO PARA CENTROS E NÚCLEOS
DE CONCILIAÇÃO E MEDIAÇÃO (BRASIL) 207

PREFÁCIO

Nunca acreditei em vocação como um fator determinante na vida de uma pessoa. Ao contrário, minha inesgotável crença no ser humano sempre se baseou em sua capacidade de superação, de transformar-se a cada dia, de agir com uma determinação quase sem limites. Sem dúvida, é isso que tem feito a humanidade progredir. Não fosse aquele pequeno número de pessoas que, em cada sociedade e em cada geração, é capaz de ver o novo, de acreditar na transformação social e dos modos de pensar, estaríamos ainda, provavelmente, vivendo em cavernas e nos enfrentando com bordunas e tacapes.

A docência, no entanto, tem me levado a uma diversa consideração acerca do papel da vocação no desenvolvimento pessoal. A maravilhosa oportunidade que a USP tem me proporcionado, de conviver com sucessivas turmas de jovens de especial talento, tem me mostrado que há pessoas com especial aptidão para determinadas tarefas. Não, não estou falando aqui de especiais capacidades mentais, de raciocínio ou de memória. Essas, sem um mínimo de equilíbrio e de abertura emocional, significam bem pouco. Refiro-me, isto sim, àquela disposição natural e espontânea, retirada de uma sempre improvável conjunção de experiências pessoais, que permite à pessoa realizar determinada atividade com maior facilidade que os demais.

Essas minhas considerações, servem para explicar o porquê considero a autora desta obra, a Cecília Araujo Asperti, uma pessoa muito especialmente vocacionada para a docência, aqui incluídas aquelas atividades de ensino e pesquisa. Não sei se isso advém exatamente do fato de Cecília ser filha de professores, mas certamente isso pode ter contribuído bastante. O fato é que Cecília tem aquela especial coragem dos professores. Um tipo de coragem cotidiana consistente em sempre buscar novas formas de comunicação em sala de aula, de dar lugar às dúvidas e de sair atrás de respostas que vão além do evidente.

Escrevo este prefácio, destinado à edição comercial da dissertação de mestrado da autora, depois de ela haver concluído também o doutorado sob minha orientação. Assim, o tempo de convivência com Cecília, a quem conheci ainda como pesquisadora da Fundação Getúlio

Vargas, permite-me a segurança para essas considerações pessoais, tão adequadas para este tipo de peça editorial, que visa também a apresentar a autora.

Este trabalho retrata muito bem a personalidade da Cecília, reunindo aqueles atributos da humildade e da ousadia de quem quer saber mais. Sim, humildade de nunca se satisfazer com o que já se sabe e a ousadia de abandonar zonas de conforto para buscar o efetivamente novo. Essa é a maneira de se construir o verdadeiro conhecimento.

Este trabalho junta dois temas de grande importância para o Direito Processual contemporâneo: a litigância repetitiva e os mecanismos consensuais de solução de controvérsias. Dois temas, é bom que se diga, cuja conexão não se estabelece à primeira vista, afinal, nos estudos elaborados na primeira temática, têm-se ligado a solução de casos repetitivos aos mecanismos processuais coletivos ou às formas de julgamento agregado de controvérsias (aliás, presentes no doutorado da autora). A solução consensual, por meio da mediação ou da conciliação, é objeto de tratativas individuais, distantes da abordagem que se tem dado às demandas repetitivas.

Cecília Asperti, no entanto, mostra neste trabalho que não é essa a realidade do tratamento dado à litigância repetitiva pelo Judiciário. Ao contrário, antes mesmo de o Código de Processo Civil de 2015 reforçar em muito os mecanismos de julgamento de casos repetitivos, o Judiciário já estava empenhado em mutirões e semanas de conciliação para resolver, no varejo, as demandas repetitivas. Na verdade, como concluiu a autora "essas disputas estão no cerne dos programas de conciliação e mediação judiciais".

A este propósito, dois são os grandes acertos metodológicos deste trabalho. Quem quiser hoje estudar mecanismos consensuais seriamente, deve trabalhar com um recorte bastante específico – aqui, sua ligação com a litigância repetitiva – e buscar instrumentos de pesquisa empírica para alcançar suas respostas. Tratando mecanismos para os quais a base dogmática, construída em torno do direito positivo, não tem completa relevância, a empiria é um recurso necessário para os estudos nessa área.

Este trabalho está fortemente centrado em pesquisas empíricas realizadas no Brasil e nos Estados Unidos. Para tanto, foi fundamental a bolsa de estudo da Fox International Fellowship para a Universidade de Yale, nos Estados Unidos, que Cecília recebeu para realizar estudos e pesquisas naquele país pelo período de um ano. O objetivo dos levantamentos empíricos realizados, de base qualitativa, foi o de conhecer o funcionamento de instrumentos de tratamento de demandas repetitivas nos dois países. Três aspectos me parecem merecer destaque nas constatações realizadas neste livro.

Em primeiro lugar, a situação de efetivo desequilíbrio entre as partes envolvidas em litígios repetitivos. De um lado há um litigante habitual, de outro um ocasional, reforçando as já longevas conclusões de Marc Galanter sobre a natural acumulação de vantagens por aqueles do primeiro tipo.

Em segundo lugar, evidencia-se a necessidade de, em casos repetitivos, haver uma devida consideração do papel dos agentes envolvidos. Advogados têm relevo na correção de eventual – e comum! – déficit informacional do litigante ocasional. Conciliadores e mediadores, por sua vez, devem atuar de maneira a "empoderar" a parte mais fraca, arcando com maior risco de perder sua posição de equidistância em relação às partes.

Por fim, nos mecanismos organizados junto à atividade jurisdicional, há de se colocar em relevo o papel do próprio Poder Judiciário. Este deve agir no sentido de realizar tratativas prévias junto aos litigantes repetitivos, para que, nos mecanismos com mutirões e semanas de conciliação, haja acordos em bases razoáveis e para que a parte em vantagem não use esses eventos para contornar jurisprudência já formada contra eles.

Enfim, por tudo isso, este livro traz um trabalho importante e inspirador, ficando o leitor convidado a percorrer o instigante itinerário de pesquisa e debate proposto pela autora.

São Paulo, junho de 2018.

Carlos Alberto de Salles
Professor Associado da Faculdade de Direito da USP
Desembargador do TJSP

INTRODUÇÃO

Desmembrando-se o título da presente obra, são identificados dois temas que se encontram em voga nos estudos recentes de direito processual civil: os meios consensuais de resolução de disputas (em especial a mediação e a conciliação) e a proliferação de demandas que, em razão de sua similitude e da identidade entre teses jurídicas suscitadas, são consideradas "repetitivas".

Os meios consensuais de resolução de disputas são mecanismos em que um terceiro imparcial auxilia as partes a restabelecerem sua comunicação e a construírem uma solução amigável para o seu conflito. Sua utilização, em especial da mediação e da conciliação, tem sido o foco de recentes políticas judiciárias e de alterações legislativas que buscam a sua incorporação pelo Judiciário e nos expedientes processuais. É o caso da Política Judiciária de Tratamento Adequado dos Conflitos de Interesse no Âmbito do Poder Judiciário, instituída pela Resolução nº 125/2010 do Conselho Nacional de Justiça (CNJ), do Código de Processo Civil de 2015 (Lei nº 13.105/2015) e da Lei de Mediação (Lei nº 13.140/2015).

As demandas repetitivas, por seu turno, são fruto de uma série de fatores externos e internos ao Judiciário que levam à repetição de demandas individuais fulcradas em questões de fato e/ou de direito semelhantes e que inspiram preocupações diversas em razão de seu volume e de seu processamento de forma dispersada e individualizada. Desde a Emenda Constitucional nº 45/2004, reformas processuais vêm sendo pensadas com objetivo de promover celeridade e uniformização na sua tramitação e julgamento, culminando na inserção, no texto do Código de Processo Civil de 2015 (CPC/2015), de instrumentos especificamente voltados ao julgamento desses casos, denominados pela lei processual de "casos repetitivos " (artigo 928).

Os meios consensuais judiciais e as demandas repetitivas são assuntos aparentemente desassociados, mas que se inserem em um mesmo contexto de aumento gradual e constante do volume de processos que ingressa no Judiciário anualmente e de incapacidade do sistema de responder tempestivamente e adequadamente a esse crescente volume. Enquanto o uso da conciliação e a mediação é propagado como um possível filtro para evitar o ajuizamento de demandas (conciliação/mediação pré-processual) ou como uma estratégia para encurtar o procedimento judicial (conciliação/mediação processual), os instrumentos processuais relacionados às demandas e aos recursos repetitivos também visam a lidar com esse volumoso acervo de processos, promovendo a racionalização ou a agregação dos julgamentos.

No ambiente judicial, verifica-se que os meios consensuais têm se mostrado – ao lado de instrumentos processuais como o Incidente de Resolução de Demandas Repetitivas e os recursos especial e extraordinário repetitivos – um dos principais mecanismos para se lidar com a repetição de demandas individuais similares. Trata-se de uma resposta gerencial[1] adotada pelo Judiciário, que consiste em remeter as partes envolvidas nessas demandas para procedimentos nos quais são instadas a buscar soluções consensuadas. Daí o sentido da expressão "meios consensuais de resolução de disputas repetitivas", utilizada ao longo do trabalho, que se refere ao uso, cada vez mais frequente, de técnicas que objetivam a criação de condições para soluções transacionadas para disputas consideradas repetitivas.

Se a discussão sobre a aplicação e a interpretação dos instrumentos processuais de julgamento de demandas e recursos repetitivos já está sendo realizada pelo direito processual civil, pouca atenção foi dada ao tratamento consensual dispensado pelo Judiciário a esses processos. Do mesmo modo, as políticas e os textos legislativos que tratam da mediação e da conciliação também não consideram o fato de que a

---

[1] As respostas à litigiosidade repetitiva podem ser classificadas em (i) pré-processuais, que são conferidas pelo Judiciário a disputas ainda não judicializadas; (ii) processuais, normalmente previstas em norma e que influenciam o trâmite do processo; e (iii) gerenciais, que são medidas administrativas ou judiciais de gerenciamento de recursos humanos, materiais ou estruturais e técnicas de gerenciamento de processos. Soluções pré-processuais e processuais também poderão envolver medidas de cunho gerencial (CUNHA, Luciana Gross; GABBAY, Daniela Monteiro [Coords.]. *Litigiosidade, morosidade e litigância repetitiva*: uma análise empírica. São Paulo: Saraiva, 2013. [Série Direito e Desenvolvimento]. p. 137-138).

INTRODUÇÃO | 19

repetição de demandas similares é um dado marcante da realidade dos centros e dos programas judiciais de resolução consensual de disputas.

Assim, esta obra objetiva investigar a utilização de mecanismos consensuais de resolução de conflitos, mormente a conciliação e a mediação, na esfera judicial para tratamento de demandas e disputas repetitivas. Fala-se por vezes em disputas (e não somente em demandas) tendo em vista que esses mecanismos consensuais vêm sendo utilizados como uma forma não só de aceleração do desfecho de processos em trâmite (conciliação/mediação processual), mas também de filtro de redução do volume de processos ajuizados (conciliação/mediação pré-processual). Por isso, o conceito de "disputas repetitivas" é mais amplo do que o de "demandas repetitivas" ou "processos repetitivos", que pressupõem uma lide processual deduzida a partir de um recorte da parcela do conflito que se pretende que seja apreciada judicialmente.

Uma das características mais marcantes dessas disputas repetitivas é o fato de tipicamente envolverem uma relação entre um litigante repetitivo (poder público, instituições financeiras, concessionárias, grandes empresas) e um litigante ocasional (o cidadão, o consumidor, o segurado).[2] Esses litigantes repetitivos possuem vantagens estratégicas que decorrem do seu porte, dos seus recursos e da recorrência com que se envolvem em conflitos similares. Conseguem, por exemplo, antecipar os resultados da litigância por já conhecerem a jurisprudência existente acerca de determinada tese jurídica e optar por transacionar apenas nos casos em que o entendimento jurisprudencial não lhes seja favorável. Assim, torna-se necessário averiguar *se* e *como* essa disparidade de recursos, informações e poder de barganha impacta o tratamento consensual dessas disputas.

Da análise do fenômeno da repetição de disputas e de suas características, foram definidas as seguintes perguntas centrais:

- Como a mediação e a conciliação judiciais são utilizadas para tratamento de disputas repetitivas?
- Como as características da litigiosidade repetitiva influenciam (ou podem influenciar) o desenho dos programas, as práticas e as técnicas adotadas na mediação e na conciliação judiciais?

---

[2] Parte-se aqui da análise de Marc Galanter acerca das características das partes e suas implicações na esfera processual, sendo os *"repeat players"* (litigantes repetitivos) aqueles que se envolvem repetidamente em processos similares e os *"one-shotters"* (litigantes ocasionais) as partes que recorrem ao sistema de justiça apenas ocasionalmente. (GALANTER, Marc. Why the haves come out ahead? Speculations on the limits of legal change. *Law and Society Review*, v. 9, n. 1, p. 95-160, 1974. Republicação [com correções] em *Law and Society*. Dartmouth, Aldershot: Cotterrell, 1994, p. 165-230).

Busca-se responder a essas perguntas a partir das seguintes hipóteses de pesquisa:

(i) A conciliação e a mediação judiciais estão dentre as principais respostas do Judiciário à proliferação de disputas repetitivas;

(ii) As características das demandas repetitivas repercutem no desenho e nas escolhas realizadas pelos programas judiciais de conciliação e/ou mediação, em especial o fato de essas disputas envolverem um relacionamento entre um litigante repetitivo e um litigante ocasional, no qual este se encontra em uma situação de desvantagem em termos de recursos, informações, representação jurídica e poder de barganha.

Percebe-se, então, que a proposição central traçada é de que os mecanismos consensuais de resolução de disputas repetitivas se apresentam como uma via de mão dupla dado que, ao mesmo tempo que as práticas e o desenho dos programas de solução de disputas repercutem no tratamento de disputas repetitivas, a absorção dessas disputas influencia as escolhas adotadas no âmbito da conciliação e da mediação judiciais.

O presente trabalho foi dividido em cinco capítulos.

O Capítulo 1 traça um diagnóstico das causas e dos impactos do aumento expressivo da demanda pela tutela jurisdicional. Situa, então, a questão da litigiosidade repetitiva no contexto da crise da administração da justiça, relacionando-a com a utilização excessiva do Judiciário por um número limitado de atores: os grandes litigantes do Judiciário. As respostas processuais conferidas às disputas repetitivas são estudadas sob o prisma da racionalização e da agregação de julgamentos para que seja possível delimitar algumas das principais características dessas disputas: a similitude entre questões de fato e/ou de direito, a expressividade de seu volume e o envolvimento de um litigante repetitivo (poder público, instituições financeiras, concessionárias, grandes empresas) e um litigante ocasional (o cidadão, o consumidor, o segurado), o que resulta em uma relação processual em que o litigante repetitivo possui certas vantagens estratégicas no "jogo da litigância".

Delineadas as principais características da litigiosidade repetitiva, passa-se ao estudo dos mecanismos consensuais de resolução de disputas como mais uma resposta do Judiciário a esse fenômeno. O Capítulo 2 trata das definições atribuídas a esses mecanismos e dos movimentos de promoção de seu uso no Judiciário brasileiro e no norte-americano. Também aborda o uso desses meios no âmbito judicial à luz

INTRODUÇÃO | 21

da garantia da inafastabilidade da jurisdição e da garantia do acesso à justiça.

Ainda sobre a institucionalização de meios consensuais pelo Judiciário, trabalha-se com o paradigma do *tribunal multiportas* e com os conceitos trazidos pela tecnologia de desenho de solução de disputas para se identificar as escolhas realizadas quando da estruturação de programas judiciais de solução de disputas. O capítulo termina com algumas proposições sobre possíveis vantagens que os litigantes repetitivos aferem especificamente no âmbito dos meios consensuais de resolução de disputas.

Os capítulos 3 e 4 apresentam a metodologia e os resultados da pesquisa empírica realizada em programas de mediação e conciliação no Brasil e nos Estados Unidos.

O Judiciário norte-americano foi o principal palco dos primeiros programas inspirados na noção de multiportas, a qual também se encontra subjacente à política de institucionalização de mecanismos consensuais estabelecida pela Resolução nº 125/2010 no Brasil. A diversidade de desenhos e práticas, decorrente do maior tempo de existência de programas judiciais e da maior autonomia dos estados para legislar questões de organização judiciária, faz com que o estudo da experiência norte-americana seja extremamente pertinente, especialmente nesse momento de recente regulamentação dos meios consensuais no Judiciário brasileiro. Não se pretende realizar uma análise comparativa entre institutos jurídicos, mais sim abrir um leque mais amplo de possíveis arranjos e práticas no âmbito dos meios consensuais, a fim de se examinar como essas escolhas repercutem no tratamento de disputas consideradas repetitivas.

Com o intuito de se levantar aspectos relevantes atinentes à institucionalização de mecanismos consensuais pelo Judiciário, foram estudados, ao todo, 18 programas, sendo 9 deles nos EUA,[3] em

---

[3] Tanto a pesquisa teórica quanto o estudo empírico se fizeram possíveis graças à bolsa concedida pelo Fox International Fellowships, do Whitney and Betty MacMillan Center for International and Area Studies at Yale, quando então permaneci durante 1 (um) ano letivo na condição de *visiting scholar* na Yale University, em New Haven, CT. O Fox International Fellowships foi criado por Joseph Fox (formado em Yale em 1938) e sua esposa Alison Barbour Fox com intuito de promover o diálogo e a troca de experiências entre estudantes de pós-graduação de diferentes países, dando-lhes a oportunidade de conviverem e de desenvolverem parte de suas respectivas pesquisas de mestrado ou doutorado nos Estados Unidos e em Yale. Essa experiência foi decisiva para a consolidação das ideias e dos argumentos da pesquisa, bem como para a realização do estudo empírico nos programas de mediação e conciliação judiciais norte-americanos. Cabe ressaltar aqui (e em qualquer oportunidade futura em que esse trabalho seja apresentado) minha enorme gratidão ao Fox Internacional Fellowships, à família Fox, às coordenadoras do programa e aos demais participantes.

7 diferentes estados,[4] e 9 no Brasil, em 5 diferentes estados.[5] Esse recorte levou em consideração, primordialmente, a diversidade de estrutura (programas multiportas e programas desenhados especificamente para receber um tipo de demanda específico) e de âmbito de atuação (Justiça federal, estadual e juizados especiais cíveis).

A coleta de dados envolveu a análise de documentação legislativa e normativa e a realização de entrevistas semiestruturadas em profundidade com atores envolvidos na concepção, na implantação e na coordenação (juízes, coordenadores, mediadores e conciliadores) dos programas judiciais, além de observação *in loco* do funcionamento do projeto e dos procedimentos rotineiros (atendimento das partes, sessões de conciliação e de mediação, trâmites burocráticos, etc.).

Os dados coletados foram utilizados para preenchimento de *frames* contendo os seguintes eixos de análise: (i) implementação do programa; (ii) estrutura e regulamentação; (iii) atores envolvidos (*atuação dos litigantes repetitivos*); (iv) mecanismos de triagem (*identificação de disputas repetitivas*); (v) condições de acesso (*dificuldades encontradas pelo litigante ocasional*); (vi) técnicas utilizadas especificamente para o tratamento de disputas repetitivas; e (vii) critérios para avaliação do programa. Essa estruturação de eixos de análise teve o propósito de identificar não somente as escolhas e as práticas especificamente voltadas ao tratamento de disputas repetitivas, mas também o modo como a estrutura, os objetivos, os critérios de triagem, os papéis exercidos pelos atores envolvidos, as condições de acesso e os mecanismos de avaliação adotados são influenciados ou podem influenciar o encaminhamento dado a essas disputas.

Por fim, o Capítulo 5 sistematiza as conclusões dos capítulos 1 e 2 e os dados e inferências extraídas da pesquisa empírica para analisar criticamente as práticas e os procedimentos adotados no âmbito dos mecanismos consensuais judiciais para tratamento de disputas repetitivas. Pretende-se identificar escolhas e práticas que favoreçam o tratamento adequado de disputas repetitivas, assegurando-se, com isso, o verdadeiro acesso à ordem jurídica justa às partes envolvidas.

---

[4] Connecticut, Distrito de Columbia, Illinois, Indiana, Nova Jersey, Nova York e Pensilvânia.
[5] Distrito Federal, Minas Gerais, Mato Grosso do Sul, Rio de Janeiro e São Paulo.

CAPÍTULO 1

AS DISPUTAS REPETITIVAS, O JUDICIÁRIO E O PROCESSO

1.1 A litigiosidade repetitiva no Judiciário

1.1.1 Causas do aumento da litigiosidade e da repetição de disputas

Como se discutirá neste capítulo, a promoção dos mecanismos consensuais de resolução de controvérsias pelo Judiciário surge em meio a um contexto de aumento da litigiosidade e congestionamento das instituições jurisdicionais. É esse também o pano de fundo das reformas judiciais e processuais voltadas para a racionalização e uniformização de julgamentos de demandas e recursos que versam sobre questões de fato e de direito semelhantes. A investigação desse contexto é fundamental, portanto, para o estudo de políticas judiciais que incentivam o uso de meios consensuais para tratamento de demandas repetitivas, objeto do presente estudo.

Primeiramente, ressalta-se que a noção de *litigiosidade* aqui referida não se confunde com *conflituosidade*, até porque nem todo conflito é reconhecido formalmente pelas partes ou as leva a invocar a intervenção de um terceiro para sua resolução.[6] Há, na realidade, uma

---

[6] "Todo o litígio ou disputa tem na sua gênese um conflito, ou seja, um confronto entre perspectivas divergentes (...). Nem todos os conflitos se convertem em litígios ou disputas, no sentido de serem objecto de um reconhecimento formal pelas partes e de convocarem a intervenção de um terceiro para os resolver. Várias razões podem impedir que um conflito se converta no objecto de um litígio. Desde logo, qualquer das partes pode não identificar o conflito enquanto tal, isto é, não o reconhecer ou não ter sequer consciência dele. Pode, por outro lado, identificá-lo, mas não formalizá-lo, na medida em que não confronta a parte contrária com ele e opta por uma atitude de resignação. Pode, finalmente, conseguir resolvê-lo directamente com a contraparte, sem que, por isso, haja lugar à intervenção de qualquer pessoa ou entidade neutra com a missão de facilitar ou sugerir a solução ou mesmo de impô-la autonomamente" (FRADE, Catarina. A resolução alternativa de

série de outros fatores que influenciam o reconhecimento do conflito, sua evolução[7] e a decisão dos envolvidos de ajuizar uma demanda (ou um *litígio*). Daí porque litigiosidade deve ser entendida como *a busca pela prestação jurisdicional*.[8]

Esse aumento no volume de processos ajuizados anualmente[9] pode ser atribuído a uma série de fatores que se situam tanto fora das instituições judiciárias (conjuntura socioeconômica, expansão de direitos, proliferação de normas, massificação das relações de consumo, dinamização do fluxo de informações, etc.) quanto à sua porta e em seu

---

litígios e o acesso à justiça: a mediação do sobreendividamento. *Revista Crítica de Ciências Sociais*, Lisboa, n. 65, p. 107-128, maio 2003. p. 108).

[7] Sobre os fatores que afetam o andamento do conflito, Morton Deutsch destaca as características das partes em conflito, seu relacionamento prévio, a natureza da questão que dá origem ao conflito, o ambiente social em que o conflito ocorre, os espectadores interessados no conflito, a estratégia empregada pelas partes e as conseqüências do conflito para cada participante e para outras partes interessadas (DEUTSCH, Morton. A resolução do conflito: processos construtivos e destrutivos. *In*: AZEVEDO, André Gomma de [Org.]. *Estudos em arbitragem, mediação e negociação*. Brasília: Grupo de Pesquisa e Trabalho em Arbitragem, Mediação e Negociação, 2004. v. 3. p. 29-42). Confira-se, também: FELSTINER, William L. F.; ABEL, Richard L.; SARAT, Austin. The emergence and transformation of disputes: naming, blaming, claiming... *Law & Society Review*, v. 15, n. 3/4, Special Issue on Dispute Processing and Civil Litigation, p. 631-654, 1980-1981.

[8] O estudo das causas da "explosão de litigiosidade" está, portanto, diretamente relacionado com a evolução do papel do Judiciário nesse Estado Constitucional Moderno. Ao analisar essa evolução de forma periodizada, é necessário se ter em mente as variações inerentes ao processo histórico de cada país: "Esta evolução [do papel dos tribunais no Estado Constitucional Moderno] tem alguns pontos em comum nos diferentes países, não só porque os estados nacionais partilham o mesmo sistema interestatal, mas também porque as transformações políticas são em parte condicionadas pelo desenvolvimento econômico, o qual ocorre a nível mundial no âmbito da economia-mundo capitalista implantada desde o séc. XV. Mas, por outro lado, estas mesmas razões sugerem que a evolução varia significativamente de Estado para Estado consoante a posição deste no sistema interestatal e da sociedade nacional a que respeita no sistema da economia-mundo" (SANTOS, Boaventura de Souza; MARQUES, Maria Manuel Leitão; PEDROSO, João. Os tribunais nas sociedades contemporâneas. *Revista Brasileira de Ciências Sociais*, Lisboa, n. 30, p. 9-40, 1982. Disponível em: http://www.anpocs.org.br/portal/publicacoes/rbcs_00_30/rbcs30_07.htm. Acesso em: 11 nov. 2012. p. 6).

[9] O levantamento *Diagnóstico do Judiciário*, do Ministério da Justiça, informou que, entre 1990 e 2003, houve um aumento de quase duas vezes e meia na relação entre processos entrados/distribuídos e a população brasileira: de 1 (um) processo para cada 29 pessoas para 1 (um) processo a cada 11,6 pessoas (MINISTÉRIO DA JUSTIÇA. Secretaria da Reforma do Judiciário. *Judiciário e economia*. Brasília, 2005b. Disponível em: http://portal.mj.gov.br/main.asp?View={597BC4FE-7844-402D-BC4B-06C93AF009F0}. Acesso em: 9 jan. 2013). Segundo os dados coletados pelo CNJ a partir de 2004 (referente ao ano de 2003), os índices de processos por habitante vêm crescendo de forma relativamente constante ano a ano (especialmente no âmbito da Justiça Estadual), chegando a uma proporção de aproximadamente 12 mil processos para cada 100 mil habitantes (MINISTÉRIO DA JUSTIÇA. *Diagnóstico do Poder Judiciário*. Brasília, 2004. Disponível em: http://portal.mj.gov.br/main.asp?View={597BC4FE-7844-402D-BC4B-06C93AF009F0}. Acesso em: 9 jan. 2013).

interior (facilitação do acesso, criação de novas portas, receptividade de teses jurídicas, tramitação processual, dentre outros).[10] Dentre estes, há elementos que influenciam especificamente o aumento no volume de processos que versam sobre questões de fato e de direito semelhantes, identificados como "processos repetitivos" ou "demandas repetitivas", como se verá mais detidamente a seguir.

Em termos de expansão de direitos e facilitação do acesso, a Constituição de 1988, ao promover a constitucionalização de direitos civis, econômicos, políticos e sociais e consolidar importantes medidas legislativas, como a criação dos juizados de pequenas causas, de 1984, e a Lei de Ação Civil Pública, de 1985, representa um importante marco, consolidando o fortalecimento do Ministério Público, a institucionalização da Defensoria Pública e dos juizados especiais cíveis e abrindo caminho para promulgação do Código de Defesa do Consumidor. A sistemática de revisão de constitucionalidade e a amplitude dos direitos sociais e dos direitos de terceira geração positivados pela Constituição também contribuíram para um aumento do volume e da complexidade dos conflitos trazidos para o Judiciário. Como esses direitos possuem uma estrutura diversa daquela própria dos direitos individuais, exigindo do juiz a interpretação e a declaração do seu conteúdo e a imposição de uma obrigação positiva ao Estado (como a construção de hospitais, casas, escolas, a formulação de políticas públicas específicas, etc.),[11] sua constitucionalização possibilitou um aumento da interferência do Judiciário em questões outrora reservadas para os poderes políticos, consolidando-se uma atuação cada vez mais proeminente na esfera pública. Na medida em que essas demandas sociais ingressam no sistema sob a forma de litígios individuais, seu volume e desdobramento evidenciam a necessidade de o Judiciário repensar seu papel ante a uma demanda intensificada e cada vez mais complexa por parte da sociedade civil.[12]

Na década de 1990, o país embarcou em um projeto de privatização e desestatização, com a criação de agências voltadas à regulação e à

---

[10] Sobre esse mapeamento de causas, ver: CUNHA, Luciana Gross; GABBAY, Daniela Monteiro (Coords.). *Litigiosidade, morosidade e litigância repetitiva*: uma análise empírica. São Paulo: Saraiva, 2013. (Série Direito e Desenvolvimento).

[11] AFONSO DA SILVA, Virgílio. O Judiciário e as políticas públicas: entre transformação social e obstáculo à realização dos direitos sociais. *In*: SOUZA NETO, Cláudio Pereira de; SARMENTO, Daniel. *Direitos sociais*: fundamentação, judicialização e direitos sociais em espécies. Rio de Janeiro: Lumen Juris, 2008. p. 587-599.

[12] LOPES, José Reinaldo de Lima. Justiça e Poder Judiciário, ou, a virtude confronta a instituição. *Revista USP*, São Paulo, n. 21, p. 22-33, mar./maio 1994.

fiscalização das atividades privatizadas.[13] A atuação dessas agências e a proliferação de atos regulatórios por elas promulgados,[14] aliadas à universalização dos serviços e à dinamização das relações interpessoais e do fluxo de informações, também contribuíram para o ingresso de um significativo contingente de disputas judiciais envolvendo serviços regulados. Com o Plano Real, o país experimentou um período de estabilização da moeda, controle da inflação e crescimento econômico, que viabilizou a inclusão de uma parcela expressiva da sociedade no mercado de consumo.

Entre 2005 e 2009, a "nova classe média" (classe C) ganhou aproximadamente 40 milhões de consumidores, passando de 62 milhões para 93 milhões de pessoas.[15] Das relações firmadas entre fornecedores e consumidores surgiram novas disputas, levadas ao Judiciário sob a égide da lei consumerista e contando com a facilidade de acesso dos juizados especiais cíveis e federais.

Esses conflitos encontraram guarida nas normas programáticas constitucionais e nos atos normativos e regulatórios emanados pelo Executivo, pelo Legislativo e pelas agências reguladoras, traduzindo-se em um processo de judicialização intenso de disputas. O ingresso no Judiciário também foi facilitado pelas reformas de democratização de acesso e pelo estabelecimento de novas "portas" de entrada ao sistema de justiça (juizados especiais cíveis e juizados especiais federais), bem como pela expansão do mercado de serviços jurídicos e pela atuação da mídia, que passou a inserir em sua pauta informações sobre teses jurídicas, decisões dos tribunais superiores, etc.

Esse aumento na litigiosidade veio acompanhado de uma crescente preocupação com a responsividade do Judiciário às demandas

---

[13] SALLES, Carlos Alberto de. *Arbitragem em contratos administrativos*. Rio de Janeiro: Forense, 2011. p. 68.

[14] Joaquim Falcão, em artigo para a Agência de Notícias do CNJ, aponta que "em 2007, o Congresso aprovou 198 leis. Em compensação, apenas três das principais agências reguladoras produziram 1.965 resoluções. A Agência Nacional de Energia Elétrica editou 635, a Agência Nacional de Transportes Terrestres, 726, e a Agência Nacional de Águas, 604. Mesmo sem considerar resoluções das outras sete agências federais (ANVISA, ANS, ANCINE, ANATEL, ANP, ANTAQ e ANAC), são quase dez vezes mais atos normativos. Nos estados, o cenário se repete. No Rio Grande do Sul, por exemplo, a AGERGS produziu 580 resoluções enquanto a Assembléia Legislativa gaúcha elaborou apenas 188 leis estaduais. Existem agências em 19 estados e também no Distrito Federal. Em alguns, mais de uma, como São Paulo e Rio" (FALCÃO, Joaquim. Agências reguladoras e o Poder Judiciário. *Portal CNJ*, 27 maio 2008. Disponível em: http://www.cnj.jus.br/index. php?option=com_content&view=article&id=13329&Itemid=675. Acesso em: 02 set. 2019).

[15] OLIVEIRA, Fabiana Luci de. A nova classe média brasileira. *Pensamiento iberoamericano*, Madrid, n. 10, p. 105-131, 2009. p. 117.

decorrentes do processo de abertura econômica, culminando na consolidação de uma agenda de pesquisa voltada para a mensuração das taxas de congestionamento, morosidade e efetividade das decisões judiciais.[16] Um exemplo desse tipo de levantamento é o relatório *Justiça e economia*, do Ministério da Justiça, que descrevia uma taxa de congestionamento (assim entendida como o percentual de ações que terminaram o ano sem conclusão) em 2005 de aproximadamente 60%, o que resultava em um tempo médio de duração dos processos equivalente a 10 a 20 meses na primeira instância, 20 a 40 meses na segunda instância e 20 a 40 meses nas instâncias especiais.[17]

A tendência de levantamento de dados acerca do Judiciário se consolidou com a criação do Conselho Nacional de Justiça, no bojo da Reforma do Judiciário, em 2004, incluindo-se, dentre as atribuições do órgão, a elaboração de relatórios estatísticos sobre a produtividade do Poder Judiciário (artigo 103-B, §4º, VI e VII, da CF). Desde então, é publicado anualmente o relatório *Justiça em Números*, com indicadores sobre a estrutura e atuação dos órgãos jurisdicionais, bem como sobre volume de processo e congestionamento.[18]

Ainda que dados estatísticos sobre a sobrecarga de processos e insuficiência estrutural sejam elementos centrais na chamada "crise do Judiciário", limitar-se a essa visão funcional seria uma atitude reducionista, útil apenas para o oferecimento de soluções essencialmente pautadas na produtividade dos magistrados e dos demais servidores dos cartórios judiciais. Essas medidas podem contribuir para uma resposta mais tempestiva,[19] porém não se prestam para o enfrentamento

---

[16] A exemplo, confira-se os estudos coordenados pelo economista Armando Castelar Pinheiro (*Judiciário e Economia no Brasil*. Rio de Janeiro: Centro Edelstein de Pesquisas Sociais, 2009).

[17] MINISTÉRIO DA JUSTIÇA, 2005b.

[18] Os relatórios *Justiça em Números* estão disponíveis no site do CNJ em: https://www.cnj.jus.br/pesquisas-judiciarias/justicaemnumeros/2016-10-21-13-13-04/pj-justica-em-numeros. Acesso em: 02 set. 2019.

[19] Sobre o que se espera da prestação jurisdicional em termos de celeridade, Luiz Guilherme Marinoni comenta: "Por outro lado, no que diz respeito especificamente à celeridade dos procedimentos, não é preciso dizer que a demora do processo jurisdicional sempre foi um entrave para a efetividade do acesso à justiça. Sim, já que não tem sentido que o Estado proíba a justiça de mão própria, mas não confira ao cidadão um meio adequado e tempestivo para a solução de seus conflitos. Se o tempo do processo, por si só, configura um prejuízo à parte que tem razão, é certo que quanto mais demorado for o processo civil mais ele prejudicará alguns e interessará a outros. Seria ingenuidade inadmissível imaginar que a demora do processo não beneficia justamente àqueles que não têm interesse no cumprimento das normas legais" (MARINONI, Luiz Guilherme. O custo e o tempo do processo civil brasileiro. *Revista Forense*, Rio de Janeiro, v. 375, p. 81-102, 2004. p. 82).

da incapacidade das estruturas judiciárias de atender adequadamente[20] à crescente procura.

1.1.2 A litigiosidade repetitiva e os grandes litigantes do Judiciário

O aumento na demanda pela tutela jurisdicional sinaliza, de um lado, um maior acesso por parte da população ao sistema de justiça, que encontra mais canais para reivindicar suas alegações e debatê-las em um procedimento que deve observar as garantias do devido processo legal. Entretanto, esse acesso não pode ser mensurado apenas número de demandas, mas também deve estar refletido na diversidade de cidadãos que buscam e conseguem acessar as instâncias judiciais.[21]

Isso porque o crescimento da litigiosidade pode não se traduzir em uma diversidade de cidadãos acessando o sistema de justiça quando um número bastante reduzido de agentes, em especial o poder público – órgãos e autarquias da União, dos estados ou dos municípios – e setores privilegiados da população, litigam em considerável parcela do acervo de processos em curso. Em outras palavras, se as reformas e o reconhecimento dado pela Constituição de 1988 ao direito de acesso à justiça não foram plenamente capazes de eliminar os obstáculos que mantêm boa parte da população distante do Judiciário,[22] acabaram facilitando a sua utilização por alguns atores com mais recursos, ocasionando um aumento no volume de demandas e a consequente morosidade do sistema.

Essa foi uma das conclusões do estudo *Civil and Political Rights, Including the Questions of Independence of the Judiciary, Administration of*

---

[20] A busca pela tutela jurisdicional vem acompanhada pela maior preocupação, por parte da ciência processual, em garantir a realização concreta da justiça e pela idealização do chamado processo de resultados, em que "o valor de todo sistema processual reside na capacidade que tenha de propiciar ao sujeito que tiver razão uma situação melhor do que aquela em que se encontrava antes do processo" (Cf. DINAMARCO, Cândido Rangel. *Instituições de direito processual civil*. 5. ed. São Paulo: Malheiros, 2006a. v. 1. p. 127).

[21] "O acesso à justiça é medido não apenas pelo aumento no volume de demandas, mas também pela diversidade dos cidadãos que buscam o Judiciário. O volume de demandas pode ser crescente, mas limitar-se apenas a uma parcela da população" (SILVA, Paulo Eduardo Alves da. *Gerenciamento de processos judiciais*. São Paulo: Saraiva, 2010. p. 30).

[22] Em seu clássico estudo *Access to Justice: the world-wide movement to make right effective*, Bryant Garth e Mauro Cappelletti descrevem esses obstáculos, cuja superação se busca por meio das reformas inerentes às ondas renovatórias de acesso à justiça (CAPPELLETTI, Mauro; GARTH, Bryant. *Access to Justice*: the world-wide movement to make right effective – a general report. Milano: Dott A. Giuffre, 1978).

Justice, Impunity, realizado pela Comissão de Direitos Humanos das Nações Unidas em 2004, que relatou que grande parcela população brasileira ainda era excluída do Judiciário, por razões econômicas, sociais e culturais,[23] e que a sobrecarga das instâncias judiciárias não seria decorrente de um acesso amplo às cortes judiciais por parte da população, mas sim do fato de alguns poucos atores, em especial o poder público e grandes empresas, serem responsáveis por boa parte dos índices de casos novos ajuizados anualmente e pela frequente recorribilidade de decisões judiciais.[24] Foi essa também a avaliação do ex-secretário da Reforma do Judiciário, Pierpaolo Cruz Bottini, para quem a litigiosidade não decorreria da democratização da justiça, "mas sim de sua utilização exagerada por poucos atores, dentre os quais o Poder Público, as empresas concessionárias prestadoras de serviços e as instituições financeiras". Ele acrescenta que "a presença recorrente destes atores como réus ou autores na Justiça acarreta a multiplicação de feitos de igual teor, de conteúdo idêntico e repetido".[25]

Também a esse respeito, Maria Tereza Sadek pontua que "o poder público, com frequência, usa o Judiciário, para fazer rolagem da dívida.

---

[23] *"The report identifies the system's main shortcomings as follows: problems with access to justice, its slowness and notorious delays, the fact that there are very few women or people of African descent or indigenous origin in top positions in the judiciary, a tendency towards nepotism and the non-use of competitive examinations to appoint judicial staff. Of all these shortcomings, the most serious is without doubt the first, since a large proportion of the Brazilian population, for reasons of a social, economic or cultural nature or social exclusion, finds its access to judicial services blocked or is discriminated against in the delivery of those services"* (UNITED NATIONS. Economic and Social Council. Commission of Human Rights. *Civil and political rights, including the questions of independence of the Judiciary, administration of justice and impunity.* New York: United Nations, 2005. 26 p. Disponível em: http://acnudh.org/wp-content/uploads/2011/01/Report-of-the-SR-on-the-independence-of-judges-and-lawyers-Mission-to-Brazil-2005.pdf. Acesso em: 02 set. 2019. p. 2).

[24] Citando dados divulgados pelo Movimento Nacional de Direitos Humanos em 2004, o relatório apontava que 80% dos processos perante as cortes superiores seriam decorrentes de ações relacionadas à administração pública. Ademais, entes privados também seriam responsáveis por uma fatia importante dos processos em trâmite em primeiro grau, como demonstra o fato de que na Justiça Estadual do Rio de Janeiro 16 empresas eram responsáveis por 44,9% das ações judiciais (UNITED NATIONS, 2005, p. 9). O *Diagnóstico do Judiciário* realizado entre 1999 e 2003 demonstrou que os entes federais do poder público representaram aproximadamente 65% dos agentes envolvidos em demandas em curso no Superior Tribunal de Justiça (STJ), sendo que 9,2% dos processos autuados pela União ou em face dela, 11,5% envolvem o Instituto Nacional do Seguro Social (INSS) e 44% a Caixa Econômica Federal. Entes da administração pública (direta e indireta) em geral, incluindo-se o Banco Central, estados e municípios, estão representados em 79% do total de processos autuados (MINISTÉRIO DA JUSTIÇA, 2004).

[25] BOTTINI, Pierpaolo Cruz. *A reforma do sistema judicial.* Brasília: Ministério da Justiça, 2006. p. 5.

MARIA CECÍLIA DE ARAUJO ASPERTI
A MEDIAÇÃO E A CONCILIAÇÃO DE DEMANDAS REPETITIVAS

Empresários, por sua vez, que rompem contratos, extraem vantagens da lentidão".[26] Ou seja, a litigiosidade que ocasiona a sobrecarga do sistema de justiça pode ser resumida em um paradoxo de "demandas demais, demandas de menos", cuja consequência é a marginalização de expressivos segmentos sociais do sistema judicial enquanto alguns poucos "usufruem em excesso da justiça oficial, gozando das vantagens de uma máquina lenta, atravancada e burocratizada".[27]

Dentre os litigantes privados, é significativa a participação, tanto como autores como réus, das instituições financeiras. A já mencionada inserção de parcela significativa da população no mercado de consumo estimulou também a ampliação da quantidade de pessoas que possuem conta em banco ("bancarização"), com a consequente ampliação do número de produtos e serviços oferecidos pelo setor financeiro (financiamentos, cartões de crédito, seguros, fundos de investimento, etc.). Na medida em que o relacionamento consumidor-banco se torna muito mais sofisticado e complexo, surgem novas disputas, que são levadas ao Judiciário.[28]

Os levantamentos realizados pelo estudo *100 maiores litigantes*, do CNJ, confirmam serem esses os principais atores envolvidos em uma considerável parcela das disputas judicializadas anualmente nas diferentes esferas do Judiciário. No cômputo geral (Justiça Federal, do Trabalho e dos estados) referente ao ano de 2011, os setores públicos federal, estadual e municipal figuraram em quase 23% de todos os casos novos ingressados entre janeiro e outubro. Em segundo lugar estão os bancos, com 10,88%, e as concessionárias de telefonia, envolvidas em 1,88% do total de casos novos.[29] Em estudo mais recente publicado pelo Associação dos Magistrados Brasileiros,[30] verifica-se também que,

---

[26] SADEK, Maria Tereza. Acesso à justiça: a visão da sociedade. *Justitia*, São Paulo, v. 65, n. 198, p. 271-279, jan./jun. 2008. p. 273-274.

[27] SADEK, Maria Tereza. Judiciário: mudanças e reformas. *Estudos Avançados*, São Paulo, v. 18, n. 51, p. 79-101, 2004. p. 86.

[28] Sobre as causas e os impactos da litigância envolvendo instituições financeiras, conferir os estudos de caso sobre disputas repetitivas envolvendo relações de consumo desenvolvidos no já citado trabalho CUNHA; GABBAY (2013). O outro estudo de caso trata da litigância repetitiva envolvendo o INSS. As conclusões de ambos são fundamentais para construção de um diagnóstico sobre a repetitividade no Judiciário brasileiro, suas causas, atores relevantes e possíveis soluções pré-processuais, processuais e gerenciais à morosidade e ao congestionamento que esse tipo de litigância acarreta.

[29] O relatório *100 maiores litigantes* de 2012 (referente a 2011) está disponível no site do Conselho Nacional de Justiça (www.cnj.jus.br). Não há dados mais atualizados do CNJ a esse respeito.

[30] ASSOCIAÇÃO DE MAGISTRADOS BRASILEIROS. *O uso da Justiça e o litígio no Brasil*. Brasília, 2015.

dentre os tribunais estudados (Bahia, Distrito Federal, Espírito Santo, Mato Grosso do Sul, Paraíba, Rio de Janeiro, Roraima, Rio Grande do Sul, Santa Catarina, Sergipe e São Paulo), os 100 maiores litigantes estão envolvidos em 23,6% dos casos no polo ativo e 24,36% no polo passivo dos processos em primeiro grau.

Essa feição do Judiciário enquanto instância intermediária entre a população, o poder público, as empresas e as instituições financeiras mostra-se ainda mais patente no âmbito dos juizados especiais cíveis. Criados para promover o acesso à justiça em demandas com pequenos valores e problemas cotidianos (brigas de vizinhos, acidentes automobilísticos, cobranças de baixo valor, locação e despejo), os juizados especiais cíveis têm hoje em dia grande parte de sua atividade dedicada ao atendimento de demandas entre consumidores e fornecedores, conforme Leslie Shérida Ferraz constata com base nos dados coletados pelo Centro Brasileiro de Pesquisas Judiciárias (Cebepej) em 2006: "os Juizados Especiais Cíveis cuidam, predominantemente, de demandas de consumo: 37,2% na média nacional, atingindo picos de 50,8% em São Paulo; 55,3% em Minas Gerais; e surpreendentes 79% no Rio de Janeiro".[31]

Dessa forma, é possível concluir que uma significativa parcela contingente de demandas que ocasiona a sobrecarga do sistema de justiça não decorre somente da proliferação de conflitos interpessoais ou de uma maior conflitualidade das relações sociais, mas sim de disputas envolvendo determinados atores públicos e privados, que recorrem ao Judiciário e perante este são demandados frequentemente em litígios individuais decorrentes de sua atuação. Essas demandas geralmente versam sobre questões de fato e/ou de direito semelhantes e, dada a grandeza e a amplitude de atuação da empresa ou do ente público envolvido, multiplicam-se com grande velocidade nas esferas judiciais.

Conforme se verá a seguir, o ordenamento vigente passou a tratar da questão da multiplicidade de demandas individuais análogas mediante duas lógicas diversas: a racionalização dos julgamentos a partir de decisões previamente prolatadas ou precedentes jurisprudenciais, nos moldes da Súmula Vinculante (artigo 103-A da Constituição Federal), do julgamento liminar de improcedência (artigo 285-A do CPC/1973 e artigo 332 do CPC/2015), da repercussão geral

---

[31] FERRAZ, Leslie Shérida. Acesso à justiça qualificado e processamento de disputas repetitivas nos juizados especiais cíveis. *Revista da AJURIS*, Porto Alegre, n. 115, ano 36, p. 159-171, set. 2009. p. 161-163.

dos recursos extraordinários (artigo 543-B do CPC/1973 e artigo 1.035, §1º do CPC/2015) e dos recursos especiais (artigo 543-C do CPC/1973 e extraordinários repetitivos (artigo 1.036 do CPC/2015), o Incidente de Resolução de Demandas Repetitivas (artigo 976 do CPC/2015) e a coletivização de demandas embasadas em direitos coletivos ou individuais homogêneos.

1.2 As disputas repetitivas e o processo civil brasileiro

1.2.1 Mecanismos processuais para julgamento de disputas repetitivas

O diagnóstico de sobrecarga e congestionamento do Judiciário e de multiplicação de demandas versando sobre fundamentos de fato e de direito semelhantes informaram as reformas promovidas pela Emenda Constitucional nº 45/2010 e idealizadas pelo I Pacto de Estado em Favor de um Judiciário Mais Rápido e Republicano,[32] norteadas pela busca de efetividade, certeza jurídica, uniformidade aos julgamentos e mais força ao precedente jurisprudencial, acesso à justiça. A mudança mais significativa foi a inserção do artigo 103-A no texto constitucional, prevendo a atribuição de efeito vinculante às súmulas do Supremo Tribunal Federal (STF),[33] com intuito de estabelecer

---

[32] O I Pacto foi firmado em 2004 e estabelecia como objetivos centrais a implementação da reforma constitucional do Judiciário; a reforma do sistema recursal e dos procedimentos; ampliação da Defensoria Pública e do acesso à justiça; apoio à instalação de juizados especiais e juizados de justiça itinerante; melhorias no procedimento de execução fiscal; providências para promover maior celeridade no pagamento de precatórios; busca por soluções mais céleres às violações contra os Direitos Humanos; informatização da Justiça e produção de dados e indicadores estatísticos. Já o II Pacto Republicano de Estado por um Sistema de Justiça Mais Acessível, Ágil e Efetivo, assinado em 2009, estabelecera uma série de medidas de reforma processual e atualização legislativa norteadas pelos propósitos de proteção aos direitos humanos, a efetividade da prestação jurisdicional, o acesso universal à Justiça e o aperfeiçoamento do Estado Democrático de Direito e das instituições do Sistema de Justiça.

[33] "Art. 103-A. O Supremo Tribunal Federal poderá, de ofício ou por provocação, mediante decisão de dois terços dos seus membros, após reiteradas decisões sobre matéria constitucional, aprovar súmula que, a partir de sua publicação na imprensa oficial, terá efeito vinculante em relação aos demais órgãos do Poder Judiciário e à administração pública direta e indireta, nas esferas federal, estadual e municipal, bem como proceder à sua revisão ou cancelamento, na forma estabelecida em lei.
§1º A súmula terá por objetivo a validade, a interpretação e a eficácia de normas determinadas, acerca das quais haja controvérsia atual entre órgãos judiciários ou entre esses e a administração pública que acarrete grave insegurança jurídica e relevante multiplicação de processos sobre questão idêntica.
§2º Sem prejuízo do que vier a ser estabelecido em lei, a aprovação, revisão ou cancelamento de súmula poderá ser provocada por aqueles que podem propor a ação direta de inconstitucionalidade.

precedentes vinculantes que afastem controvérsias acerca da validade, da interpretação e da eficácia que acarretem "grave insegurança jurídica e relevante multiplicação de processos sobre questão idêntica" (artigo 103-A, §1º).

As reformas processuais subsequentes, em 2005, 2006 e 2007, também foram orientadas pelos princípios da efetividade, da economia processual e da segurança jurídica. O relatório da Secretaria de Política Econômica (Ministério da Fazenda), que sintetiza as premissas e os objetivos da Reforma do Judiciário e de outros projetos de reforma da lei processual, já antecipava quais seriam os contornos da Lei nº 11.276/2006 e da Lei nº 11.277/2006, que introduziram o artigo 518, §1º,[34] e o artigo 285-A[35] no CPC/1973, respectivamente:

> *O primeiro projeto institui a súmula impeditiva de recursos, que impede a qualquer das partes de um processo o recurso aos tribunais se a decisão do Juiz estiver de acordo com orientação sumulada sobre a questão, expedida pelo Supremo Tribunal Federal, pelo Superior Tribunal de Justiça ou pelo Tribunal Superior do Trabalho.*
>
> *O segundo projeto prevê a possibilidade do Juiz, ao julgar questão repetitiva, sobre a qual já fixou entendimento em processo anterior e similar, expedir a sentença sem ouvir as partes, de imediato.* Vale lembrar que este procedimento somente será válido nos casos em que o Juiz não acolher o pedido inicial, do contrário, deverá ouvir os envolvidos e seguir o procedimento comum.[36]

Dentre essas reformas, merece destaque, para fins de definição e estudo das características das chamadas disputas repetitivas, o artigo 285-A, que trata do julgamento de "casos idênticos" em primeiro grau,

---

§3º Do ato administrativo ou decisão judicial que contrariar a súmula aplicável ou que indevidamente a aplicar, caberá reclamação ao Supremo Tribunal Federal que, julgando-a procedente, anulará o ato administrativo ou cassará a decisão judicial reclamada, e determinará que outra seja proferida com ou sem a aplicação da súmula, conforme o caso".

[34] "Art. 518, §1º O juiz não receberá o recurso de apelação quando a sentença estiver em conformidade com súmula do Superior Tribunal de Justiça ou do Supremo Tribunal Federal (...)".

[35] "Art. 285-A. Quando a matéria controvertida for unicamente de direito e no juízo já houver sido proferida sentença de total improcedência em outros casos idênticos, poderá ser dispensada a citação e proferida sentença, reproduzindo-se o teor da anteriormente prolatada (...)".

[36] MINISTÉRIO DA FAZENDA. Secretaria de Política Econômica. *Reformas microeconômicas e crescimento de longo prazo.* Brasília, 2004. 103 p. Disponível em: https://webcache. googleusercontent.com/search?q=cache:UyiHTMvZXLIJ:https://edisciplinas.usp.br/pluginfile.php/4350054/mod_folder/content/0/Obrigatorios/Reformas_microecono micas-2004.pdf%3Fforcedownload%3D1+&cd=1&hl=pt-BR&ct=clnk&gl=br. Acesso em: 02 set. 2019. p. 78. (Grifos do original).

e os artigos 543-A, 543-B e 543-C, que instituem as sistemáticas de repercussão geral e de julgamento de recursos repetitivos, com a suspensão de recursos até o julgamento da matéria pelos tribunais superiores. As expressões "demanda repetitiva", "processo repetitivo" ou "ação repetitiva" popularizaram-se quando da discussão do projeto de lei que culminaria na promulgação da Lei nº 11.277/2006 e na inserção do artigo 285-A no CPC/1973. Referido projeto partiu de uma iniciativa da Secretaria da Reforma do Judiciário do Ministério da Justiça e iniciou seu trâmite na Câmara dos Deputados sob o nº 4.728/2004, tendo por relator o deputado João Almeida (Partido da Social Democracia Brasileira [PSDB]-BA), sendo posteriormente remetido ao Senado como Projeto de Lei nº 101/2005, com relatoria do senador Aluísio Mercadante (Partido dos Trabalhadores [PT]-SP).

A redação originária do Projeto de Lei nº 4.728/2004 previa que

> quando a matéria controvertida for unicamente de direito, em "processos repetitivos e sem qualquer singularidade", e no juízo já houver sentença de total improcedência em "caso análogo", poderá ser dispensada a citação e proferida sentença reproduzindo a anteriormente prolatada.

Uma primeira emenda de caráter supressivo foi apresentada pelo deputado Roberto Magalhães (Partido da Frente Liberal [PFL]-PE) no seguinte sentido: "Suprima-se no texto, proposto pelo art. 1º do projeto para constituir o caput do art. 285-A da Lei nº 5.869, de 11 de janeiro de 24 de 1973, a expressão: 'em processos repetitivos e sem qualquer singularidade'". A justificativa do congressista foi de que a falta de singularidade exigida seria inviável, "pois em algum ponto os processos serão diferenciados, como por exemplo, na diferenciação das partes, valores, etc.".

A redação final aprovada pela Câmara dos Deputados foi a do substitutivo apresentado pelo relator, que acolheu a emenda supressiva e substituiu a expressão "casos análogos" por "casos idênticos" e a expressão "cassar", encontrada no §1º do artigo, por "não manter", alterações essas propostas alegadamente "com vistas à adequação de sua redação às normas legais em questão e ainda ao uso correto de vocabulário jurídico e de técnica de redação".

Ainda que a redação final não contenha nenhuma menção à repetitividade, o artigo 285-A foi um importante instrumento concebido especificamente para a racionalização do julgamento de processos ou disputas repetitivas. Justamente por isso, a interpretação e a aplicação

CAPÍTULO 1
AS DISPUTAS REPETITIVAS, O JUDICIÁRIO E O PROCESSO | 35

desse dispositivo trouxeram à tona a discussão acerca do conceito de "processos repetitivos" e sobre até que ponto duas demandas devem estar correlacionadas de modo a se permitir que o entendimento do juízo proferido em uma delas seja reproduzido naquela subsequente. Essa é a discussão pode ser resgatada à luz do artigo 928 do CPC/2015, que fala em "casos repetitivos".

Afinal, o que faz com que demandas, recursos ou disputas sejam considerados "repetitivos"?

Ao tratar desse grau de similitude, a redação do artigo 285-A falava em "casos idênticos", o que remete, ao menos *a priori*, a uma análise de identidade entre duas ou mais demandas. Sendo a identidade entre duas ações verificada por meio de seus elementos constitutivos, ou dos três *eadem* – partes, a causa de pedir e o objeto –, seu objetivo é individuar a ação proposta e assim resolver problemas processuais como a conexão, a continência, a litispendência e a coisa julgada, evitando-se a existência de processos iguais concomitantes e sentenças colidentes no plano jurídico ou prático.[37] Fica evidente, portanto, a incorreção da redação legislativa, pois a identidade entre os elementos da demanda acarretaria a litispendência ou a existência de coisa julgada entre os processos considerados repetitivos.[38]

Ultrapassada a interpretação literal da redação do dispositivo, parte da doutrina entendeu que a aplicação do artigo 285-A exige a verificação de identidade ou de certo grau de similitude entre os elementos que compõem a causa de pedir, quais sejam, os fatos alegados pelo autor (*causa petendi* remota) e o enquadramento da situação

---

[37] "Já no direito romano a causa de pedir, o pedido e as partes prestavam-se para a individuação da *eadem res*. Hoje, muito embora a teoria da tríplice identidade seja insuficiente para resolver todos os problemas decorrentes do confronto entre duas ou mais ações, não se pode negar sua importância. Diante dessas situações excepcionais, a teoria dos três *eadem*, embora não constitua critério absoluto, deve ser aceita como 'boa hipótese de trabalho'" (BEDAQUE, José Roberto dos Santos. *Direito material e processo*: influência do direito material sobre o processo. 4. ed. São Paulo: Malheiros, 2006. p. 103-104).

[38] "O intérprete mais afoito poderia considerar que 'casos idênticos' seriam aqueles existencialmente ligados pela tríplice identidade' consubstanciada na coincidência das partes, da causa de pedir e do pedido, os chamados elementos da ação. Não é disso que trata a lei. Se assim fosse, estaríamos diante de litispendência ou de coisa julgada, o que implica na extinção do processo sem resolução do mérito com base no artigo 267, V, do CPC. E ainda que seja dado ao juiz conhecer de ofício a litispendência ou coisa julgada, o que poderia ocorrer mesmo antes da citação (CPC, art. 267, §3º), é evidente que de resolução imediata do mérito pela improcedência (artigo 285-A) não se trata" (RAMOS, Glauco Gumerato. Resolução imediata do processo. *In*: NEVES, Daniel Amorim Assumpção *et al*. *Reforma do CPC*: Leis 11.187/2005, 11.323/2005, 11.276/2006, 11.277/2006 e 11.280/2006. São Paulo: RT, 2006. p. 384).

concreta (*causa petendi* próxima), contido no ordenamento de direito positivo,[39] considerando-se, ainda, que o mecanismo processual destina-se à racionalização do julgamento de demandas que versem sobre matérias predominantemente de direito.[40] Coadunando-se com esse entendimento, Umberto Bresolin argumentou que o dispositivo seria aplicável aos casos em que, independentemente de quem sejam as partes, os fatos alegados sejam idênticos (total ou parcialmente) ou no mínimo semelhantes e resumíveis a uma mesma *fattispecie* da norma jurídica material, para que seja possível extrair de tais fatos as mesmas consequências jurídicas (enquadramento jurídico) e um pedido imediato (*provimento jurisdicional*) idêntico e um pedido mediato (*bem da vida*) objetivamente igual.[41]

Teresa Arruda Alvim Wambier e Luiz Rodrigues Wambier, por seu turno, sustentaram um critério mais restritivo, segundo o qual a aplicação do artigo 285-A exigiria identidade praticamente absoluta de circunstâncias fáticas e jurídicas. Para os autores, a sentença proferida em ação anterior não poderá ser aproveitada se na ação subsequente houver fundamentos jurídicos novos sobre os quais deverá manifestar-se o juiz, sob pena de vir a proferir uma sentença omissa.[42] Ademais, essa identidade absoluta deverá ser evidente, de tal modo que o juiz possa constatá-la independentemente do teor da resposta do réu.[43]

---

[39] Sobre os elementos da causa de pedir, ver: CRUZ E TUCCI, José Rogério. A regra da eventualidade como pressuposto da denominada teoria da substanciação. *Revista do Advogado*, São Paulo, n. 40, jul. 1993. p. 42.

[40] "O que seriam os 'casos idênticos' a que se refere o art. 285-A? Obviamente são casos 'semelhantes' a outros já julgados, cuja semelhança será detectada fundamentalmente a partir da causa de pedir e sua estruturação radicada em matéria unicamente de direito" (RAMOS, 2006, p. 384).

[41] BRESOLIN, Umberto Bara. Considerações sobre o Artigo 285-A do Código de Processo Civil. *In*: CARMONA, Carlos Alberto (Coord.). *Reflexões sobre a reforma do Código de Processo Civil*: estudos em homenagem a Ada Pellegrini Grinover, Cândido Rangel Dinamarco e Kazuo Watanabe. São Paulo: Atlas, 2007. p. 390-391. Conforme Cândido Rangel Dinamarco, *fattispecie* é a previsão genérica e abstrata existente em toda norma jurídica de fatos tipificados com mais ou com menos precisão, seguida do preceito a aplicar cada vez que na vida concreta das pessoas ou dos grupos venha a acontecer um fato absorvido nessa previsão (*sanctio juris*) (DINAMARCO, Cândido Rangel. *Instituições de direito processual civil*. 5. ed. São Paulo: Malheiros, 2006b. v. 2. p. 126).

[42] WAMBIER, Luiz Rodrigues; WAMBIER, Teresa Arruda Alvim; MEDINA, José Miguel Garcia. *Breves comentários à nova sistemática processual civil 2*. São Paulo: RT, 2006. p. 69.

[43] "Por exemplo, se o juiz rejeitou uma ação de indenização por danos morais decorrente do protesto indevido de duplicata, porque o autor já tinha outros títulos protestados, não poderá valer-se da mesma tese jurídica para rejeitar ação de indenização por danos morais por apresentação de cheque pós-datado antes da data aprazada, em caso em que o autor já tinha outros cheques devolvidos por falta de fundos. Assim, em situações como a ora exemplificada, muito embora o mesmo raciocínio jurídico possa ser usado

Em sentido diverso, Cássio Scarpinella Bueno argumentou que os "processos repetitivos" se identificam não pela semelhança entre as partes nem pelos fins ou pelas razões pelas quais litigam, mas sim pela repetição de uma tese jurídica. Seriam aqueles em que é possível identificar a matéria versada sem qualquer hesitação, como nas demandas que discutem complemento de aposentadoria, inconstitucionalidade de tributo, abusividade de uma específica cláusula de adesão, etc.[44] Vicente Greco Filho também remeteu à ideia de tese jurídica e identifica dois elementos: os argumentos (ou fundamentos) e a conclusão, e conclui que a identidade de que trata o artigo 285-A deve abranger ambos os elementos em sua essência, desconsiderando-se diferenças sutis ou meramente aparentes.[45]

No âmbito recursal, os institutos da repercussão geral e dos recursos repetitivos também introduziram uma sistemática diferenciada de tramitação e julgamento da litigiosidade repetitiva, que prevê a suspensão dos recursos em segundo grau até a definição de um precedente pelo Supremo Tribunal Federal (STF) e pelo Superior Tribunal de Justiça (STJ), respectivamente.

A repercussão geral é, primordialmente, um critério de admissibilidade de recurso extraordinário instituído pela Emenda Constitucional nº 45/2004 com intuito de reduzir o número de processos encaminhados ao STF e selecionar casos de acordo com sua relevância jurídica, política, social ou econômica. A noção de repetitividade subjacente a esses institutos sempre esteve relacionada a volume ("multiplicidade de recursos") e à identidade entre os argumentos deduzidos pelas partes demandantes.

Também com intuito de se firmar e aplicar teses jurídicas a casos considerados repetitivos, o CPC/2015 manteve a racionalidade estabelecida pela Lei nº 11.672/2008 (artigo 543-C do CPC/1973)

---

pelo juiz, *mutatis mutandis*, na sentença a ser proferida na segunda ação, tais causas não serão idênticas, não se autorizando a incidência do art. 285-A" (WAMBIER; WAMBIER; MEDINA, 2006, p. 68).

[44] BUENO, Cássio Scarpinella. *A nova etapa da reforma do Código de Processo Civil*: comentários sistemáticos às Leis nº 11.187, de 19.10.2005, e 11.232, de 22.12.2005. São Paulo: Saraiva, 2006. p. 68-69.

[45] GRECO FILHO, Vicente. *Direito processual civil brasileiro*: atos processuais e recursos e processos nos tribunais. 17. ed. São Paulo: Saraiva, 2007. v. 2. p. 82. Ainda em sentido análogo, coloca-se José Manuel de Arruda Alvim Netto, que afirma que, para se reputar duas ações como "casos idênticos", não haveria a necessidade de identidade entre todos os argumentos deduzidos, bastando a verificação da mesma essência das argumentações nas decisões, ou do *ratio decidendi* (ARRUDA ALVIM NETTO, José Manuel de. *Manual de direito processual civil*. 11. ed. São Paulo: RT, 2007. v. 2. p. 45).

e regulamentou o julgamento de Recursos Extraordinário e Especial Repetitivos (artigos 1.036 a 1.041), aplicável sempre que houver (i) multiplicidade de recursos com (ii) fundamento em "idêntica questão de direito". Neste mecanismo, o relator do recurso no Supremo Tribunal Federal ou pelo Superior Tribunal de Justiça ou, ainda, pelo presidente ou vice-presidente do tribunal de justiça ou do tribunal regional federal deverão selecionar dois ou mais recursos considerados "representativos da controvérsia". O acórdão do julgamento desses casos representativos será considerado o paradigma da matéria, definindo o entendimento que será aplicado a processos em primeiro e em segundo grau e aos casos que estiverem aguardando juízo de admissibilidade de Recurso Extraordinário ou Especial, salvo na hipótese em que o tribunal de origem optar por manter seu entendimento, quando então o recurso será remetido ao respectivo tribunal superior para análise (art. 1.040).

Ainda nesse tocante, a grande inovação introduzida pelo CPC/2015 foi o Incidente de Resolução de Demandas Repetitivas ("IRDR"), previsto nos artigos 976 a 987. O incidente pode ser instaurado pelas partes, pelo juízo, pelo Ministério Público ou pela Defensoria Pública, quando verificada (i) a repetição de processos que discutam a mesma "questão unicamente de direito";[46] e (ii) risco de ofensa à isonomia e à segurança jurídica. São, portanto, os próprios legitimados previstos no artigo 977 que designam o caso cujo julgamento firmará a tese jurídica a ser aplicada a todos os processos individuais ou coletivos em tramite e futuros que versem sobre a questão de direito debatida e que tramitem na área de jurisdição do respectivo tribunal (art. 985).

Admitido o incidente, são suspensos todos os processos pendentes de julgamento no estado ou na região até o julgamento do caso paradigma, observando-se o prazo máximo de um ano e a preferência sobre os demais feitos. Caso seja interposto recurso extraordinário ou especial em face do julgamento do mérito do incidente, a tese firmada será aplicada a todo o território nacional.

Outro importante efeito decorrente da admissibilidade do incidente previsto no artigo 982, §3º, é a suspensão, a pedido das partes,

---

[46] Diferentemente do texto do Projeto de Lei nº 166/2010, que falava em "controvérsia com potencial de gerar relevante multiplicação", o Substitutivo da Câmara dos Deputados nº 8.046/2010 consolidou o critério da efetiva repetição de processos, a ser traduzida em um volume representativo já instaurado de demandas similares. "Art. 930. É admissível o incidente de demandas repetitivas sempre que identificada controvérsia com potencial de gerar relevante multiplicação de processos fundados em idêntica questão de direito e de causar grave insegurança jurídica, decorrente do risco de coexistência de decisões conflitantes".

Ministério Público ou Defensoria Pública em sede de recurso extraordinário e especial, de todos os processos individuais ou coletivos em curso no território nacional que versem sobre a questão objeto do incidente em questão. Esse mesmo dispositivo prevê também em seu §4º que partes em quaisquer processos que discutam a questão suscitada no incidente poderão também requerer a suspensão de seu respectivo processo, independentemente dos limites da competência territorial. A suspensão que um incidente pode acarretar tem, portanto, abrangência bastante ampla, transcendendo a própria competência do tribunal que o decidirá.

Resguardadas as peculiaridades procedimentais destes institutos, é possível afirmar que são técnicas de julgamento especificamente desenhadas para lidar com a repetição de questões jurídicas similares em processos e recursos volumosos mediante a definição de uma tese jurídica consolidada. A previsão dessas técnicas no CPC/2015 reflete uma clara preocupação com a isonomia e com a segurança jurídica, bem como com a celeridade dos julgamentos e com o estancamento da litigiosidade repetitiva, na medida em que, ao menos em tese, o estabelecimento de um entendimento sobre determinadas matérias massificadas desestimularia o ajuizamento de ações acerca de sua interpretação. Essas técnicas privilegiam, portanto, uma lógica de gestão processual, o que se coaduna com os discursos que vêm informando a racionalidade processual nos últimos anos, pela qual casos similares são julgados por um único caso, em uma lógica análoga à agregação de casos similares.

1.2.2 Coletivização de direitos individuais homogêneos

A propagação de conflitos repetitivos no Judiciário também pode ser analisada sob a perspectiva do tratamento coletivizado de casos individuais semelhantes. É pertinente, nesse sentido, a observação de José Reinaldo de Lima Lopes, que afirma que a repetição de casos individuais dá origem a "problemas individuais em chave coletiva", um fenômeno próprio das sociedades de massas e de classes que indicaria a existência de classes, grupos e conjuntos para os quais a solução de um caso anteciparia a de outros semelhantes.[47]

---

[47] LOPES, José Reinaldo de Lima. Justiça e Poder Judiciário, ou, a virtude confronta a instituição. *Revista USP*, São Paulo, n. 21, p. 22-33, mar./maio 1994. p. 24.

MARIA CECÍLIA DE ARAUJO ASPERTI
A MEDIAÇÃO E A CONCILIAÇÃO DE DEMANDAS REPETITIVAS

A Constituição Federal de 1988 prevê, no artigo 5º, LXX e LXXIII, e no artigo 129, III e §1º, a proteção jurisdicional aos direitos coletivos e difusos, que são regulamentados pela Lei de Ação Popular, Lei de Ação Civil Pública e pelo Código de Defesa do Consumidor, além de por outras legislações extravagantes que tratam da tutela coletiva de direitos em âmbitos específicos: pessoas portadoras de deficiência, danos sofridos pelo investidor no mercado mobiliário, criança e adolescente, idosos,[48] dentre outros.

Ainda que o propósito primordial dessa legislação seja garantir a tutela de interesses que dificilmente seriam levados individualmente ao conhecimento do Judiciário, em virtude da falta de motivação, informação e poder do indivíduo isolado de perseguir sua parcela do direito metaindividual,[49] o processo coletivo também é visto como uma forma de agregar e uniformizar o julgamento de demandas individuais, especificamente no âmbito dos direitos individuais homogêneos. Daí por que a coletivização também pode ser vista como uma racionalidade processual que também se relaciona com a litigiosidade repetitiva.[50]

Segundo Teori Zavascki, direitos individuais homogêneos configuram uma relação entre direitos subjetivos de titulares individuais que possuam elementos comuns ("núcleos de homogeneidade") e elementos peculiares que os distingam uns dos outros ("margens de

---

[48] A Lei nº 7.853/1989 (institui a tutela jurisdicional de interesses coletivos e difusos das pessoas portadoras de deficiência, e sua integração social), a Lei nº 7.913/1989 (dispõe sobre a ação civil pública de responsabilidade por danos aos investidor no mercado de valores mobiliários), a Lei nº 8.069/1990 (dispõe sobre o Estatuto da Criança e do Adolescente), a Lei nº 10.741/2003 (Estatuto do Idoso), a Lei nº 10.671/2003 (Estatuto de Defesa do Torcedor), dentre outras (GABBAY, Daniela M. *Pedido e causa de pedir*. São Paulo: Saraiva, 2010. p. 112).

[49] "Ao indivíduo isolado inevitavelmente faltam suficiente motivação, informação e poder para iniciar e sustentar processo contra o poderoso produtor ou poluidor. Mesmo que viesse a ocorrer tão improvável fato, o resultado seria totalmente inadequado para desencorajar o transgressor de massa de prosseguir nas lucrativas atividades danosas; o litigante individual seria o 'titular' de insignificante fragmento do dano em questão". (CAPPELLETTI, Mauro. Os métodos alternativos de solução de conflitos no quadro do movimento universal de acesso à justiça. *Revista de Processo*, São Paulo, v. 74, p. 82-97, 1994. p. 84).

[50] "Os instrumentos mais adequados para a eliminação das ações de massa, que versam sobre a mesma questão fática ou jurídica, consistem na súmula vinculante, já incorporada, parcialmente, ao ordenamento jurídico pátrio pela EC 45, de 08.12.2004; e as ações coletivas, qualquer que seja a sua modalidade, como a ação civil pública, o mandado de segurança coletivo e a ação popular" (MATTOS, Luiz Norton Baptista de. A litispendência e a coisa julgada nas ações coletivas segundo o Código de Defesa do Consumidor e os Anteprojetos do Código Brasileiro de Processos Coletivos. *In*: GRINOVER, Ada Pellegrini; MENDES, Aluísio Gonçalves de Castro; WATANABE, Kazuo (Coord.). *Direito processual coletivo e o Anteprojeto do Código Brasileiro de Processos Coletivos*. São Paulo: RT, 2007. p. 194).

heterogeneidade"). Esse núcleo de homogeneidade seria formado por três elementos das normas jurídicas concretas neles subjacentes: a existência da obrigação, a natureza da prestação devida e o sujeito passivo (ou os sujeitos passivos em comum). É a identidade entre esses elementos que confere aos direitos individuais afinidade suficiente para permitir a sua tutela jurisdicional de forma conjunta.[51] O autor também argumenta que os direitos individuais homogêneos, embora coletivamente tuteláveis, não deixam de ser direitos subjetivos individuais, ou seja, direitos pertencentes a pessoas determinadas, que sobre eles mantêm domínio jurídico.[52] Na expressão cunhada por Kazuo Watanabe, esse seria o tratamento "atomizado" desses direitos, em contraposição à veiculação "molecularizada" viabilizada pela tutela coletiva.[53]

É nessa esteira o julgamento proferido pelo Superior Tribunal de Justiça, no caso que ficou conhecido como "Projeto Poupança" (Recurso Especial nº 1.110.549/RS),[54] de relatoria do ministro Sidnei Beneti,

---

[51] ZAVASCKI, Teori. Reforma do processo coletivo: indispensabilidade de disciplina diferenciada para os direitos individuais homogêneos e para direitos transindividuais. *In*: GRINOVER, Ada Pellegrini; MENDES, Aluísio Gonçalves de Castro; WATANABE, Kazuo (Coord.). *Direito processual coletivo e o Anteprojeto do Código Brasileiro de Processos Coletivos.* São Paulo: RT, 2007. p. 35.

[52] ZAVASCKI, Teori. *Processo coletivo*: tutela de direitos coletivos e tutela coletiva de direitos. 5. ed. rev. atual. e ampl. São Paulo: RT, 2011. p. 47-48. Segundo José Carlos Baptista Puoli: "Fala-se dos interesses individuais homogêneos, hipótese na qual tem-se os meios para determinar cada um dos titulares individuais e os respectivos objetos de seu interesse, o que levaria a que se enquadrasse esta relação na categoria do interesse individual puro, a ser tutelado por intermédio de iniciativas igualmente individuais ou, na expressão cunhada por Kazuo Watanabe, de forma atomizada. Ocorre, que este tipo de relação, notadamente no campo do direito do consumidor, pode apresentar-se com as mesmas características em enorme número de situações da vida, de forma que esta tamanha repetição gera um conjunto de caráter social mais relevante, merecedor da outorga de tutela mais ativas e eficazes" (PUOLI, José Carlos Baptista. Comentários à lei de ação civil pública: art. 1º. *In*: COSTA, Susana Henriques da. [Coord.]. *Comentários à Lei de Ação Civil Pública e à Lei de Ação Popular.* São Paulo: Quartier Latin, 2006. p. 325-326)

[53] "A coexistência da ação coletiva em que uma pretensão de direito material é veiculada molecularmente, com as ações individuais, que processualizam pretensões materiais atomizadas, pertinentes a cada indivíduo, exige, como requisito básico, a determinação da natureza destas últimas e a verificação da compatibilidade entre distintas pretensões materiais, coletivas e individuais veiculadas nessas duas espécies de demandas". (WATANABE, Kazuo. Relação entre demanda coletiva e demandas individuais. In: GRINOVER, Ada Pellegrini; MENDES, Aluísio Gonçalves de Castro; WATANABE, Kazuo (Coords.). *Direito processual coletivo e o Anteprojeto do Código Brasileiro de Processos Coletivos.* São Paulo: RT, 2007b. p. 156).

[54] "RECURSO REPETITIVO. PROCESSUAL CIVIL. RECURSO ESPECIAL. AÇÃO COLETIVA. MACRO-LIDE. CORREÇÃO DE SALDOS DE CADERNETAS DE POUPANÇA. SUSTAÇÃO DE ANDAMENTO DE AÇÕES INDIVIDUAIS. POSSIBILIDADE. 1. Ajuizada ação coletiva atinente à macro-lide geradora de processos multitudinários, suspendem-se as ações individuais, no aguardo do julgamento da ação coletiva.

em que a discussão acerca da possibilidade de suspensão de ações individuais versando sobre direitos individuais homogêneos foi associada às técnicas processuais de julgamento de casos repetitivos.

Em 2007, ao constatar a existência de mais de 80 mil ações versando sobre expurgos inflacionários dos planos econômicos Verão, Bresser e Collor nas varas cíveis e nos juizados especiais, juízes do Tribunal de Justiça do Estado do Rio Grande do Sul se mobilizaram para decidir como lidariam com a desestabilização gerencial decorrente desse súbito afluxo de processos. Essa iniciativa ficou conhecida como "Projeto Poupança" e, de acordo com um de seus idealizadores, o juiz Pio Giovani Dresch, partiu da premissa de que a questão comum entre as ações individuais era a definição sobre os índices de remuneração aplicáveis em determinados períodos, correspondentes aos planos Bresser, Verão e Collor, a qual deveria ser uniforme a todos os casos individuais, "sob pena de cometer-se injustiça de tratar desigualmente situações iguais".[55]

Na ocasião do julgamento, o ministro Sidnei Beneti proferiu o voto vencedor negando provimento ao recurso para manter a decisão que determinou o sobrestamento das ações individuais até o julgamento das demandas coletivas versando sobre a questão da correção monetária das cadernetas de poupança. Em seu voto, argumentou que a suspensão determinada em primeiro e segundo grau deveria ser mantida com fundamento na Lei dos Recursos Repetitivos (Lei nº 11.672/2008) e no artigo 543-C do CPC/1973, que faria parte de uma tendência recente do sistema processual brasileiro de buscar soluções para os "processos que repetem a mesma lide, que se caracteriza, em verdade, como uma macro-lide, pelos efeitos processuais multitudinários que produz".

---

2. Entendimento que não nega vigência aos arts. 51, IV e §1º, 103 e 104 do Código de Defesa do Consumidor; 122 e 166 do Código Civil; e 2º e 6º do Código de Processo Civil, com os quais se harmoniza, atualizando-lhes a interpretação extraída da potencialidade desses dispositivos legais ante a diretriz legal resultante do disposto no art. 543-C do Código de Processo Civil, com a redação dada pela Lei dos Recursos Repetitivos (Lei nº 11.672, de 8.5.2008).

3. Recurso Especial improvido" (Recurso Especial nº 1110549/RS, relatoria ministro Sidnei Beneti, Segunda Seção de Julgamento, julgado em 28.10.2009, publicado no *Diário de Justiça Eletrônico* em 14.12.2009).

55 "Iniciativa da Justiça Estadual atende milhares de poupadores e serve de modelo para projeto de lei de ações coletivas". Notícia veiculada pelo site do Tribunal de Justiça do Rio Grande do Sul com entrevistas a Rosane Wanner da Silva Bordasch e Pio Giovani Dresch, explicando o "Projeto Poupança", e com Juiz Estadual Ricardo Pippi Schmidt, que discorre sobre as mudanças legislativas em matéria de processo coletivo. Disponível em: http://www3.tjrs.jus.br/site_php/noticias/mostranoticia.php?assunto=1&categoria=1&ite m=83753&voltar=S. Acesso em: 10 nov. 2012.

Segundo o ministro, a tutela da ação coletiva consubstanciada pelo código consumerista e pela Lei de Ação Civil Pública teria sido um primeiro passo em busca de soluções para esses processos de massa, ao passo que, com a Lei dos Recursos Repetitivos, o legislador tomou uma medida "firme e decidida" no sentido do "enxugamento" desses processos.[56]

Conclui-se, pela análise dos mecanismos previstos do ordenamento processual para julgamento de disputas repetitivas e dos instrumentos de coletivização, que coexistem no sistema duas sistemáticas para tratamento da litigiosidade repetitiva, quais sejam, a racionalização de julgamento de demandas e recursos que versem sobre questões ou teses jurídicas análogas e o tratamento coletivizado de demandas fundadas em direitos materiais substantivos com uma origem em comum.

Como o presente trabalho trata de respostas gerenciais à repetição, adotará um conceito mais amplo que compreenda disputas (judicializadas ou não) que versem sobre questões de fato e/ou de direito semelhantes e nas quais uma das partes esteja habitualmente envolvida em casos semelhantes. Entende-se que o grau de similitude entre as demandas a justificar um tratamento padronizado é consequência justamente do fato de que essas demandas decorrem de relações firmadas entre um determinado ator e outros tantos que com este se relacionam dentro de molduras e regras semelhantes.

1.3 Disputas repetitivas e litigantes repetitivos

Explicados os diferentes conceitos legais e doutrinários para a noção de "casos repetitivos", tem-se que, para fins do presente estudo,

---

[56] "(...) Efetivamente o sistema processual brasileiro vem buscando soluções para os processos que repetem a mesma lide, que se caracteriza, em verdade, como uma macrolide, pelos efeitos processuais multitudinários que produz. Enorme avanço da defesa do consumidor realizou-se na dignificação constitucional da defesa do consumidor (CF/1988, arts. 5º, XXXII, e 170, V). Seguiu-se a construção de sede legal às ações coletivas (CDC, art. 81, e seu par. ún., I, II e III). Veio, após, a instrumentalização processual por intermédio da Ação Civil Pública (Lei 7.347/85, art. 1º, II), que realmente abriu o campo de atuação para o Ministério Público e de tantas relevantíssimas entidades de defesa do consumidor, de Direito Público ou Privado. Mas o mais firme e decidido passo recente no sentido de 'enxugamento' da multidão de processos em poucos autos pelos quais seja julgada a mesma lide em todos contida veio na recente Lei dos Recursos Repetitivos (Lei 11.672, de 8.5.2008), que alterou o art. 543-C do Código de Processo Civil, para 'quando houver multiplicidade de recursos com fundamento em idêntica questão de direito' – o que é, sem dúvida, o caso presente" (Recurso Especial nº 1.110.549/RS, p. 6-7).

entende-se como fator relevante na caracterização de disputas repetitivas *o envolvimento frequente de uma das partes em disputas análogas, em contraposição com outra parte para quem a disputa seja singular.* Essas disputas decorrem das relações entre entes públicos e indivíduos, reguladas pelos mesmos aparatos e procedimentos normatizados, ou entre indivíduos e empresas fornecedoras de produtos ou serviços padronizados, cuja contratação se firma adesivamente. Em outras palavras, os casos aqui reconhecidos como repetitivos tipicamente envolvem uma relação entre um ator institucional (poder público, instituições financeiras, concessionárias, grandes empresas) cuja atuação repercute sobre a esfera de direitos de múltiplos atores individuais (o cidadão, o consumidor, o segurado) em grande escala, seja de forma continuada, seja circunstancialmente.

Essa perspectiva que adota como referência as características das partes e as implicações destas na esfera processual é trabalhada por Marc Galanter em seu famoso texto "Why the Haves Come Out Ahead?: Speculations on the Limits of Legal Change",[57] em que Galanter especula que certas partes (*repeat players*, ou litigantes repetitivos), por recorrerem com mais frequência às cortes judiciais, possuem vantagens estratégicas com relação a outras, que recorrem ao sistema de justiça apenas ocasionalmente (*one-shotters*, os litigantes ocasionais).[58]

Com base nessa definição, Galanter analisa as disputas judiciais existentes no Judiciário norte-americano e as classifica em quatro categorias: aquelas ajuizadas por um litigante repetitivo em face de outro litigante repetitivo (*e.g.* uma rescisão contratual ou uma declaratória de inexigibilidade de crédito tributário); demandas ajuizadas pelo litigante ocasional em face do litigante repetitivo (*e.g.* demandas de concessão de benefício previdenciário intentadas pelos segurados em face do INSS); ações ajuizadas pelo litigante repetitivo em face do litigante ocasional (*e.g.* execuções fiscais ou ações de cobrança de dívida bancária); e ações ingressadas por litigantes ocasionais em face de outros litigantes ocasionais (*e.g.* ações de interdição, de divórcio), etc.[59]

---

[57] Tradução livre: "Por que os providos saem na frente?: especulações sobre os limites das mudanças no direito".

[58] GALANTER, Marc. Why the haves come out ahead? Speculations on the limits of legal change. *Law and Society Review*, v. 9, n. 1, p. 95-160, 1974. Republicação (com correções) em *Law and Society*. Dartmouth, Aldershot: Cotterrell, 1994, p. 165-230.

[59] GALANTER, 1974, p. 107.

Quadro 1 – Intersecções entre litigantes repetitivos e litigantes ocasionais

Autor / Réu	Litigante Repetitivo (LR)	Litigante Ocasional (LO)
Litigante Repetitivo (LR)	LR x LR Declaratória de inexigibilidade de crédito tributário Rescisão de contrato empresarial	LO x LR Ação de indenização por defeito de produto Ação de concessão de benefício previdenciário
Litigante Ocasional (LO)	LR x LO Cobrança de dívida bancária Execução Fiscal	LO x LO *Ação de despejo* *Ação de divórcio*

Fonte: Baseado no quadro "A taxonomy of litigation by strategic configuration of parties" (GALANTER, 1974, p. 107), com exemplos próprios.

No contexto do Judiciário norte-americano, Galanter assinala que uma significativa parcela da litigância se situaria nos quadrantes LO x LR e LR x LO, nas quais os litigantes seriam organizações burocraticamente organizadas e os litigantes ocasionais, em regra, indivíduos que possuem um relacionamento circunstancial com essas organizações firmado sob a égide de normas formais (legais e/ou contratuais), que é rompido quando do surgimento da situação conflituosa.[60]

Essas disputas seriam tratadas pelas partes e pelo Judiciário de forma massificada através de procedimentos padronizados (*"mass routine processing"*), com pouca atenção dispensada ao caso individual. Esse gerenciamento massificado favoreceria a transação entre as partes, tanto dentro quanto fora do Judiciário. O autor afirma que uma significativa parcela dos casos LR x LO seria transacionada informalmente, enquanto dentre as disputas LO x LR,[61] àquelas referentes

---

[60] GALANTER, 1974, p. 107-114.

[61] Galanter argumenta que, com exceção dos casos de indenização por danos pessoais (*personal injury*), as ações em que o litigante ocasional aciona o litigante repetitivo não

a ações indenizatórias por danos pessoais (as mais numerosas dessa categoria) também tenderiam a serem resolvidas mediante acordos pautados em uma projeção do resultado de um eventual julgamento.[62] A partir dessa classificação de disputas, Galanter argumenta que os litigantes repetitivos possuem vantagens comparativas face aos litigantes ocasionais, por conseguirem antecipar o resultado da litigância e por possuírem riscos menores em cada caso, além de mais recursos para perseguir seus interesses em longo prazo. Os litigantes ocasionais, por seu turno, não possuem recursos para barganhar uma solução em curto prazo e tampouco para perseguir seus interesses em longo prazo. Suas demandas são ou muito grandes (relativamente a seu tamanho), ou muito pequenas (em relação ao custo da tutela perseguida) para serem gerenciadas racionalmente e efetivamente.[63] Em virtude dessas distinções, os litigantes repetitivos possuem vantagens comparativas no "jogo da litigância", tais como:

(i) acúmulo de inteligência e *expertise* para atuar preventivamente, estruturando melhor suas operações e seus contratos, por litigarem com frequência;

(ii) mais fácil acesso a especialistas e mais possibilidades de realização de economia em escala;

(iii) mais chances de se engajarem em relações informais com agentes institucionais que poderão lhes render vantagens no acesso e na tramitação burocrática dessas instituições (*e.g.* cartorários, escreventes, etc.);

---

seriam tão volumosas quanto àquelas em que o inverso ocorre (LR x LO): "*All of these are rather infrequent types except for personal injury cases which are distinctive in that free entry to the arena is provided by the contingent fee. In auto injury claims, litigation is routinized and settlement is closely geared to possible litigation outcome. Outside the personal injury area, litigation in Box III [LO vs. LR] is not routine. It usually represents the attempt of some OS to invoke outside help to create leverage on an organization with which he has been having dealings but is now at the point of divorce (for example, the discharged employee or the cancelled franchisee). The OS claimant generally has little interest in the state of the law; the RP defendant, however, is greatly interested*" (GALANTER, 1974, p. 109-110). No contexto brasileiro, contudo, as demandas ajuizadas por litigantes ocasionais em face de litigantes repetitivos também representam um contingente significativo de litigiosidade, especialmente com os juizados especiais cíveis, juizado especiais federais e juizados da Fazenda Pública, que facilitaram o ajuizamento, por indivíduos, de demandas judiciais em face de empresas ou de entes públicos.

[62] GALANTER, 1974, p. 108-109

[63] GALANTER, 1974, p. 97-98.

(iv) interesse em manter uma reputação de negociador como forma de reafirmar sua posição no processo de negociação, ao contrário do litigante ocasional, que não tem uma reputação a manter (dado que não se envolve nesse tipo de disputa com frequência) e que mais dificilmente se compromete a negociar;

(v) possibilidade de assumir riscos, de modo que, quanto maior for o risco para o litigante ocasional, mais provável que ele adote uma estratégia *"minimax"* (minimizar a probabilidade que envolva o maior risco), viabilizando-se a adoção de estratégias pensadas para maximização do ganho em escala na série de demandas (repetitivas) em que estão envolvidos;

(vi) possibilidade de abdicar de ganhos imediatos em favor de uma estratégia para instigar mudanças legislativas, possuindo interesses e recursos para influenciar o processo legislativo (*e.g. lobby*); e

(vii) possibilidade de atuar para mudar os precedentes jurisprudenciais buscando um resultado mais vantajoso em casos futuros, ainda que isso implique uma perda de possíveis ganhos imediatos.

Outra importante vantagem dos litigantes repetitivos é que possuem recursos para contratação de advogados mais especializados, capazes de traçar um histórico e prognósticos da litigância e de realizar trabalho preventivo e com mais experiência e *expertise* em áreas pertinentes. Como esses advogados atuam de forma bastante próxima ao litigante repetitivo, este detém maior controle sobre o trabalho de seus procuradores que, por sua vez, capacitam-se de modo a atender especificamente os interesses desses litigantes repetitivos.

Inversamente, os advogados dos litigantes ocasionais não criam vínculos com seus clientes e tampouco lhes orientam quando da realização de contratos ou quais atos jurídicos. Também não acumulam a mesma experiência e *expertise* que os advogados dos litigantes repetitivos por não atuarem com os mesmos clientes ou com o mesmo tipo de caso com frequência.[64]

Galanter também investiga o papel das instituições judiciárias e conclui que a inércia e a morosidade do sistema são fatores que criam vantagens para os litigantes repetitivos. Enquanto o caráter reativo

---

[64] GALANTER, 1974, p. 114-119.

do sistema favorece o demandante com recursos e habilidades para coletar as informações sobre a demanda e navegar o sistema processual, o excesso de processos acarreta o congestionamento e a morosidade do sistema, criando desincentivos para se litigar e incentivos para realização de acordos.[65]

Ao final, o autor argumenta que os delineamentos das reformas de cunho distributivo (estabelecer o equilíbrio entre partes desiguais) deveriam levar em conta essa "tipologia" de vantagens traçada com base nas características das partes, dos advogados, das normas e das instituições. Para tanto, é fundamental que proporcionem aos litigantes ocasionais melhorias em sua posição estratégica, viabilizando sua organização em grupos com capacidade de agir de forma coordenada e em prol de interesses de longo prazo e de usufruir de assistência jurídica mais qualificada.[66]

O estudo de Galanter sobre os impactos das vantagens e das desvantagens de determinados litigantes também foi referenciado pelo *The Florence Access-to-Justice Project*, estudo coordenado por Mauro Cappelletti e Bryant Garth e publicado em 1978, que relata diversas experiências e iniciativas voltadas à facilitação do acesso à justiça ao redor do mundo.[67]

Dentre diversos obstáculos ao acesso à justiça, os autores ressaltam que as "possibilidades das partes" podem influenciar o resultado do processo, em especial a desigualdade de recursos financeiros[68] e a capacidade que revelam para reconhecer um direito e propor uma ação ou defesa. Essa chamada "capacidade jurídica pessoal" relaciona-se, de um lado, com a detenção de conhecimentos e de informações para reconhecimento de um direito juridicamente exigível e dos remédios existentes para demandar esses direitos e, de outro, com a disposição psicológica dos indivíduos para recorrerem a processos judiciais, especialmente nas classes menos favorecidas, que se sentem intimidadas

---

[65] GALANTER, 1974, p. 119-122.

[66] GALANTER, 1974, p. 149-151.

[67] CAPPELLETTI; GARTH, 1978 (tradução para o português: CAPPELLETTI, Mauro; GARTH, Bryant. *Acesso à justiça*. Tradução de Ellen Gracie Northfleet. Porto Alegre: Sergio Antonio Fabris Editor, 1988).

[68] "Pessoas ou organizações que possuam recursos financeiros consideráveis a serem utilizados têm vantagens óbvias ao propor ou defender demandas. Em primeiro lugar, elas podem pagar para litigar. Podem, além disso, suportar as delongas do litígio. Cada uma dessas capacidades, em mãos de uma única das partes, pode ser uma arma poderosa; a ameaça de litígio torna-se tanto plausível quanto efetiva. De modo similar, uma das partes pode ser capaz de fazer gastos maiores que a outra e, como resultado, apresentar seus argumentos de maneira mais eficiente" (CAPPELLETTI; GARTH, 1988, p. 8).

pelos procedimentos e pelo formalismo operante no ambiente da advocacia e dos tribunais.[69]

Em textos posteriores, Marc Galanter revisitou os argumentos de "Why the Haves Come Out Ahead?" e acrescentou que cada vez mais os litigantes repetitivos são atores organizacionais – órgãos governamentais e corporações – que possuem outras vantagens estruturais além daquelas decorrentes da litigância recorrente.[70] Ao mesmo tempo que contariam com certa imunidade com relação à responsabilização criminal e à atribuição de culpabilidade por seus atos (em virtude, justamente, de sua artificialidade), esses entes corporativos não seriam responsabilizados da mesma forma que pessoas físicas que cometem atos semelhantes.[71] Ademais, conseguiriam empregar uma parcela muito mais proficiente do corpo de advogados, o que contribuiria para uma atuação cada vez mais eficiente nas cortes.

O argumento de Galanter foi estudado empiricamente em uma série de contextos.[72] Em um desses trabalhos, por exemplo, investigou-se

---

[69] CAPPELLETTI; GARTH, 1988, p. 8-10.

[70] GALANTER, Marc. Farther along. *Law & Society Review*, v. 33, n. 4, 1999. p. 1116/1117.

[71] Galanter enfatiza que corporações não são condenadas (sequer moralmente) ao buscarem vantagens tidas como fraudulentas quando perseguidas por indivíduos – por exemplo, a mudança de domicílio em busca de menor tributação. Ele também argumenta que esses entes raramente são repreendidos por litigarem de forma excessivamente agressiva. Sobre essa chamada "vantagem cultural" das organizações, Galanter traz como exemplo a retratação e a reação popular à indenização recebida por uma mulher que se queimou com o derramamento de café do McDonald's (*Liebeck* v. *McDonald's Restaurants*, No. CV-93-02419, 1995 WL 360309), no valor de 2,9 milhões de dólares. Teria sido criada uma versão simplista dos fatos retratando o caso como um paradigma de oportunismo e mau uso do sistema judicial, omitindo-se fatos como os graves danos sofridos pela então autora (queimaduras de terceiro grau nas pernas e na pélvis), sua tentativa de conciliação prévia no valor de 11 mil dólares para mera cobertura das despesas hospitalares – que foi prontamente rechaçada pelo McDonald's – e o fato de que o café estava sendo vendido em temperatura bastante superior ao praticado usualmente no mercado (GALANTER, Marc. An oil strike in hell: contemporary legends about the civil justice system. *Arizona Law Review*, v. 40, p. 717-752, 1998. p. 731-733).

[72] A obra *In Litigation: Do the "Haves" Still Come Out Ahead?* traz uma série de estudos testando o argumento de Galanter em diferentes contextos. Segundo a introdução feita pelos autores, duas importantes questões foram levantadas por esses trabalhos: a importância do papel de entidades governamentais como litigantes repetitivos, com capacidade ainda maior de influenciar o processo e a lei comparado com litigantes repetitivos em geral, e os impactos do conhecimento sobre o sistema legal e sobre o modo como os atores manipulam esse sistema sobre o sistema em si. O funcionamento das instituições jurídicas dependeria de alguns mitos criados sobre sua grandiosidade moral? Quanto conhecimento cínico sobre o sistema o público e a academia podem absorver? O que significa a tentativa dos *haves* de convencer os *have-nots* da injustiça e da ineficiência do sistema? (KRITZER, Humbert M.; SILBEY, Susan [Eds.]. *In litigation*: do the "haves" still come out ahead? Stanford: Stanford University Press, 2004).

se os *haves* (os litigantes mais favorecidos e que, como Galanter propunha, tendem a ser também os litigantes repetitivos) seriam mais beneficiados pela U.S. Court of Appeals do que os *have-nots* (os litigantes menos favorecidos).[73] Usando-se de classificações de "litigante individual", "empresas", "governos estaduais e locais", "governo federal" e "outros", esta última incluindo sindicatos, partidos políticos e outras partes que não se encaixavam nas categorias propostas, o estudo concluiu que, no período estudado (de 1925 a 1988), os *haves* sagraram-se vencedores com mais frequência do que os *have-nots*, especialmente as entidades governamentais, que tiverem julgamentos favoráveis em mais de 68% dos recursos em que figuraram como partes.[74]

1.4 Litigiosidade repetitiva nos EUA

Considerando-se o propósito de se delinear uma noção mais ampla de litigiosidade repetitiva, adequada à análise de práticas de gerenciamento e do uso de técnicas consensuais de resolução de disputas, é pertinente o estudo da concepção de litigância repetitiva (ou *repeated litigation*) nos Estados Unidos, até para permitir que o estudo empírico realizado nos programas judiciais de mediação e conciliação norte-americanos aborde o tratamento dado a essas disputas considerando o contexto e as noções lá vigentes.

A ideia de litigância repetitiva é frequentemente associada nos Estados Unidos com as *mass torts,* que consistem em demandas indenizatórias fundadas nas quais se alega um dano pessoal (*personal injury*) ocasionado por uma determinada circunstância e cuja responsabilidade é atribuída a um determinado agente.[75] De acordo com Deborah R. Hensler e Mark A. Peterson, há um elevado número de demandas indenizatórias que podem ser consideradas *tort litigation*, tais como as numerosas ações que tratam de acidentes automobilísticos em curso no Judiciário norte-americano. Esse contingente de ações passa a ser

---

[73] SONGER, Donald R.; SHEEHAN, Reginald S.; HAIRE, Susan Brodie. Do the "Haves" come out ahead over time?: applying Galanter's framework to decisions of the U.S. Court of Appeals, 1925-1988. *In*: KRITZER, Humbert M.; SILBEY, Susan (Eds.). *In litigation*: do the "haves" still come out ahead? Stanford: Stanford University Press, 2004. p. 85-107.

[74] Empresas teriam obtido êxito em quase 50% do total dos recursos em que litigaram, sendo que, quando a parte contrária era um indivíduo, esse percentual é 6,3% maior (SONGER; SHEEHAN; HAIRE, 2004, p. 95).

[75] HENSLER, Deborah. Glass half full, a glass half empty: the use of alternative dispute resolution in mass personal injury litigation symposium – national mass tort conference. *Texas Lax Review*, v. 73, p. 1587-1623, 1994-1995. p. 1596.

CAPÍTULO 1
AS DISPUTAS REPETITIVAS, O JUDICIÁRIO E O PROCESSO | 51

considerado uma *mass tort* (ou seja, uma litigância de massa) quando são identificados assuntos e atores em comum dentre as demandas individuais, identidade essa decorrente de uma origem em comum dos danos alegados:[76] um incêndio, o colapso de um prédio ou o uso alastrado de determinado produto defeituoso.

Outro elemento característico das *mass torts* seria o fato de que as partes são representadas por um número limitado de advogados e escritórios (um advogado representa alguns ou muitos dos autores afetados) e de que as demandas são processadas por um número limitado de juízes,[77] que lidam com a litigância utilizando-se de procedimentos de agregação, tais como a *multidistrict litigation*[78] e a própria *class action*.[79] De acordo com Deborah R. Hensler, é comum que esse tipo de litigância envolva controvérsias científicas sobre as causas dos danos alegados, animosidades políticas ou emocionais e um número elevado de possíveis novas demandas a serem ajuizadas por indivíduos que aleguem ter sofrido os mesmos danos.[80]

Ainda sobre a definição de *mass torts*, Richard A. Nagareda entende que a litigância envolvendo danos pessoais pode ser reconhecida como de massa quando envolve as seguintes características: numerosidade, dispersão geográfica (dificuldade de precisar geograficamente

---

[76] HENSLER, Deborah R.; PETERSON, Mark A. Understanding mass personal injury litigation. *Brooklyn Law Review*, v. 59, n. 3, p. 965-967, 1993.

[77] *"Courts typically assign mass torts to one or a few judges for pretrial purposes, either through formal mechanisms, such as the federal multi-district litigation procedure, or through informal court assignment practices. As a result, a small number of judges may be responsible for critical decisions which affect hundreds or thousands of cases, adding another common factor to the litigation"* (HENSLER; PETERSON, 1993, p. 967).

[78] Procedimento pelo qual demandas envolvendo questões fáticas semelhantes podem ser remetidas a um mesmo juízo para que coordene as ações pertinentes à fase pré-julgamento (*pretrial*): *"28 USC §1407: (a) When civil actions involving one or more common questions of fact are pending in different districts, such actions may be transferred to any district for coordinated or consolidated pretrial proceedings. Such transfers shall be made by the judicial panel on multidistrict litigation authorized by this section upon its determination that transfers for such proceedings will be for the convenience of parties and witnesses and will promote the just and efficient conduct of such actions. Each action so transferred shall be remanded by the panel at or before the conclusion of such pretrial proceedings to the district from which it was transferred unless it shall have been previously terminated: Provided, however, that the panel may separate any claim, cross-claim, counter-claim, or third-party claim and remand any of such claims before the remainder of the action is remanded"*.

[79] A *class action* norte-americana está disciplina pela Rule 23 das Federal Rules of Civil Procedure, que dispõe sobre seus requisitos, suas tipificações, suas regras de processamento, sua legitimidade e sua representação e sobre procedimentos específicos em caso de acordo. Ver mais sobre procedimentos de agregação do Judiciário norte-americano no Capítulo 5, item 5.3.

[80] HENSLER, 1994-1995, p. 1596.

onde estão os afetados pelo evento causador do dano), dispersão no tempo (dificuldade de delimitar no tempo os efeitos desse evento) e padrões factuais (similitude das questões alegadas e interdependência de seus valores).[81] São esses elementos que tornam o gerenciamento, o processamento e o julgamento dessa litigância especialmente difícil para o Judiciário, que passaria de uma abordagem de varejo para uma administração de atacado dessas disputas, levando em consideração a escassez de recursos para processamento de cada caso individualmente.[82]

Uma definição mais ampla é a utilizada por um grupo de pesquisa do RAND Institute for Civil Justice, para quem a definição de *mass litigation*[83] compreende os seguintes elementos: (i) grande número de demandas e demandantes; (ii) alegações de danos pessoais, danos materiais, perda financeira ou qualquer combinação destes; (iii) potencial de dispêndio de grandes quantias por partes dos réus, de seus seguradores, dos autores e de seus advogados; e (iv) valores envolvidos interdependentes.[84]

Percebe-se que tais definições aproximam-se do conceito dado por Marc Galanter à noção de "casos congregados" enquanto grupo de demandas que compartilham as mesmas características, um mesmo histórico e um possível desfecho em comum.[85] Esses elementos de identidade, ou "características compartilhadas", podem ser de

---

[81] NAGAREDA, Richard A. *Mass torts in a world of settlement*. Chicago: The University of Chicago Press, 2007. p. xii-xx.

[82] *"The sheer number of claims belies any aspiration for an individualized 'day in court', if for no other reason than the scarcity of judicial resources. The move from retail to wholesale administrative resolution of claims, in other words, is driven in part by raw numbers"* (NAGAREDA, 2007, p. xiii).

[83] GARBER, Steven; GREENBERG, Michael D.; ERKUT, Emre; LIU, Ying. Framework for analyzing influences and outcomes of mass litigation episodes in the United States. *RAND Working paper WR-689-ICJ*, jun. 2009. p. 4.

[84] Essa interdependência de valores resultaria do fato de que essas demandas versam sobre assuntos de fato e de direito em comum e de que os réus possuem fundos limitados para pagar advogados, sendo que o valor eventualmente disponibilizado para propor acordos é determinado com base no julgamento de um número relativamente limitado de demandas, chamadas de *"bellwether trials"* (GARBER; GREENBERG; ERKUT; LIU, 2009, p. 5). Essa expressão, que advém do termo utilizado popularmente para designar o carneiro (*"wether"*) escolhido para liderar o rebanho e em cujo pescoço é pendurado um sino (*"bell"*), remete a um procedimento comumente utilizado por juízes no qual uma "amostra" de casos semelhantes é levada a julgamento perante o júri de modo que os vereditos sirvam de base para negociações e negociações de acordos futuras (LAVAH, Alexandra D. Bellwether trials. *The George Washington Law Review*, n. 76, p. 576-638, 2008).

[85] GALANTER, Marc. Case congregations and their careers. *Law & Society Review*, v. 24, n. 2, p. 371-395, 1990.

diferentes naturezas, tais como a origem comum das demandas em um mesmo evento específico (como um desastre ou um acidente) ou no uso de determinado produto, a aplicação de uma mesma doutrina jurídica ou de um mesmo procedimento processual ou, ainda, o reconhecimento de um mesmo direito subjetivo.[86] Galanter também ressalta que, como advogados se especializam em casos congregados, sua atuação também influencia a identificação da similitude entre essas demandas.

Ainda sobre litigância repetitiva, mas mais especificamente em casos de *mass torts*, Galanter trata também das vantagens específicas do litigante repetitivo que figura tipicamente como réu nesse tipo de litigância.[87] O autor reflete que, mesmo quando os advogados assessorando os autores/litigantes ocasionais sejam experientes nesse tipo disputa, os réus/litigantes repetitivos são grandes organizações que investem também em mudanças legislativas favoráveis[88] – por exemplo, em relação às *torts*, nas mudanças legislativas que diminuiriam sua responsabilidade e a abrangência dos remédios legais (*tort reform*). As vantagens dos litigantes repetitivos em casos congregados seria, portanto, particularmente significativa, em termos de estratégia, informações e possibilidades de influir no debate legislativo e judicial.

A pesquisa empírica aqui realizada também demonstrou que a noção de litigiosidade repetitiva presente na percepção dos atores vinculados aos programas judiciais que oferecem outros meios de solução de disputas é bastante relacionado com a atuação de atores repetitivos, que não são somente as partes em disputa, mas também os próprios mediadores e os demais funcionários envolvidos no programa. A esse respeito, confira-se a sistematização dos resultados da pesquisa realizada nos Estados Unidos, no Capítulo 4.

---

[86] GALANTER, 1990, p. 372.

[87] GALANTER, Marc. Real world torts: an antidote to anecdote. *Maryland Law Review*, v. 55, p. 1109-1160, 1996.

[88] *"Individual tort claims involve a battle between victims and injurers about specific items of past conduct, a battle conducted by specialized champions within the limiting forms of the judicial contest. But the debate on tort policy is prospective; the participants are potential injurers and potential victims. Among the former are large organizations that can anticipate that they will be repeat players in the civil justice arena and have the resources as well as the incentive to invest in favorable rules. Against the tangible stakes of potential injurers, those of potential victims are remote and diffuse, so they are represented in policy debate by surrogates who may have cross-cutting interests (like plaintiffs' lawyers) or competing priorities (like politicians)"* (GALANTER, Marc, 1996, 1155).

1.5 Elementos característicos das disputas repetitivas

Resguardadas as peculiaridades das noções de demandas repetitivas no Brasil – comumente associadas a disputas individuais que suscitam teses jurídicas análogas ou decorrentes de um fato em comum – e de *mass litigation* nos Estados Unidos – relacionada primordialmente a ações indenizatórias por danos pessoais e financeiros –, é possível adotar um conceito mais amplo que compreenda essas duas realidades, visto que em ambas os contextos e em ambos os ordenamentos os seguintes elementos podem ser destacados como característicos das disputas repetitivas: *similitude das questões fáticas e/ou jurídicas, representatividade do volume e envolvimento de litigantes repetitivos e litigantes ocasionais.*

Assim, entende-se por *litigância repetitiva* um contingente de disputas repetitivas identificado a partir das questões de fato e/ou de direito em comum. São exemplos de litigâncias repetitivas disputas referentes aos expurgos inflacionários decorrentes de planos econômicos, cobranças de dívidas fundadas em um determinado tipo de empréstimo bancário, reclamações consumeristas referentes a um determinado produto ou serviço, ações pleiteando determinado reajuste de benefício previdenciário, etc.

1.5.1 Similitude das questões fáticas e jurídicas

Como visto, da análise dos impactos da litigiosidade repetitiva na crise de administração da justiça e dos instrumentos previstos (e projetados) no ordenamento brasileiro para lidar com essa realidade, é possível extrair diferentes posicionamentos sobre o grau de similitude entre demandas ou recursos a possibilitar a aplicação de um dos mecanismos processuais de racionalização ou agregação de demandas.

Em um processo judicial, essa similitude residiria essencialmente na formulação do pedido e da causa de pedir, elementos objetivos da demanda que caracterizam a relação material existente entre as partes. De acordo com Cândido Rangel Dinamarco, o pedido compreende a indicação da espécie de provimento jurisdicional pretendido do juiz (pedido imediato) e a especificação do bem da vida a ser outorgado mediante esse provimento (pedido mediato), que correspondem, respectivamente, aos planos processual e substancial da demanda.[89]

---

[89] DINAMARCO, 2006b, p. 118-119.

Ao formular o pedido, o autor decide quais parcelas do conflito de interesses serão deduzidas em juízo, constituindo essas parcelas o objeto do processo e o mérito da causa.[90] A causa de pedir constitui-se das razões fáticas e jurídica que fundamentam o pedido e que traduzem a conexão entre o provimento judicial pleiteado e a pretensão de direito material formulada pelo autor.[91] Em que pesem as divergências doutrinárias quanto aos elementos necessários a sua perfeita identificação,[92] é a partir dos fatos e dos fundamentos jurídicos deduzidos que se torna possível a contextualização, a identificação e o alcance do pedido.

Como o presente estudo não se restringe ao uso de meios consensuais no curso de uma ação judicial, não pode se ater à similitude entre o pedido e da causa de pedir, que são formulados a partir de um recorte estratégico do conflito de interesses realizado pelas partes e por seus advogados.[93] Essa veiculação não ocorre em uma disputa remetida à conciliação ou à mediação ainda na esfera pré-processual. Além disso, de uma perspectiva mais ampla de tratamento de litigiosidade repetitiva, que não se restringe ao uso de instrumentos processuais, não faria sentido adotar uma conceituação estritamente processual, até porque as técnicas consensuais de solução de disputas, muito embora subjacentes ao direito processual e ao escopo de atuação do Judiciário, não se confundem com a técnica decisória da dogmática jurídica.

---

[90] "Pode, com efeito, acontecer que o conflito de interesses entre duas pessoas seja deduzido em juízo em sua totalidade. As partes são soberanas na decisão de submeter ou não ao julgamento da autoridade judiciária o conflito de interesse que surgiu entre elas e assim também podem submeter-lhe só uma parte desse conflito" (LIEBMAN, Enrico Tulio. O despacho saneador e o julgamento do mérito. *Revista dos Tribunais*, São Paulo, ano 88, v. 767, set. 1999. p. 744).

[91] "A causa de pedir é constituída pelo conjunto de fatos e de elementos de direito constitutivos das razões da demanda. As razões jurídicas sobre as quais se funda o pedido; os fatos jurídicos alegados como fundamento do direito substancial cujo reconhecimento se pretende. Afirma-se, pois, ser a *causa petendi* constituída por fatos juridicamente qualificados. É preciso haver identidade entre o suposto fato descrito na norma e aquele relatado concretamente" (BEDAQUE, José Roberto dos Santos. Os elementos objetivos da demanda à luz do contraditório. *In*: CRUZ E TUCCI, José Rogério; BEDAQUE, José Roberto dos Santos [Coords.]. *Causa de pedir e pedido no processo civil*: questões polêmicas. São Paulo: RT, 2002. p. 31).

[92] Conforme José Roberto dos Santos Bedaque explica, há, de um lado, os adeptos da indivuação, que entendem que os fatos constitutivos do direito do autor são suficientes para identificação da causa de pedir; e, de outro, os que defendem a corrente da substanciação, segundo a qual se faz necessária apenas a identificação da relação jurídica substancial (BEDAQUE, 2006, p. 103-105).

[93] GABBAY, Daniela Monteiro. *Pedido e causa de pedir*. São Paulo: Saraiva, 2010. p. 43.

Assim, uma das características essenciais das disputas repetitivas é a identidade ou a similitude entre a matéria fática e/ou jurídica envolvida na disputa de interesses, de modo a viabilizar que sejam processadas como um contingente identificável (uma *litigância*) ao qual se confere um tratamento processual ou gerencial uniforme. São disputas associadas a danos decorrentes da atuação de um mesmo agente, a relações de consumo, a contratos de adesão e a produtos e serviços de massa, bem como à relação entre o poder público e o indivíduo, seja na condição de cidadão titular de direitos individuais e sociais, seja na de segurado da Previdência Social, seja na de contribuinte das diferentes esferas federativas, etc.

Independentemente da possibilidade de se coletivizar essas demandas individuais, fato é que o tratamento a elas conferido pode ter ampla repercussão, justamente em virtude do volume de casos e da existência de outros titulares de pretensões similares, que poderão buscar tutela para seus interesses. A interpretação ou a declaração de nulidade de um contrato de adesão, o julgamento sobre a qualidade de um produto ou serviço, a aferição da legalidade de determinadas cobranças, o reconhecimento da obrigação do Estado de conceder determinado benefício assistencial ou de implementar políticas públicas para garantia de direitos sociais são apenas exemplos de decisões proferidas em disputas individuais que, em virtude de sua repetitividade, adquirem significativas repercussões socioeconômicas.

1.5.2 Representatividade do volume

Disputas repetitivas são assim vistas quando seu volume é suficientemente representativo a ponto de justificar a adoção de um procedimento (gerencial ou processual) uniforme com intuito de racionalizar sua tramitação e seu julgamento. Em razão de sua representatividade e dos impactos causados, é possível conjecturar que a proliferação de disputas repetitivas estimula sua remessa às vias consensuais não com base em um critério de adequação, mas sim como uma medida de diminuição do contingente de processos ("filtro processual") ou de encurtamento do procedimento judicial.

Nesse cenário, corre-se o risco de que essas demandas sejam tratadas de forma massificada pelos advogados das partes e pelo Judiciário, ignorando-se eventuais peculiaridades do caso concreto. Ademais, há a possibilidade de que, inspiradas nessa busca pela maior eficiência do Judiciário por meio da redução do acervo e da simplificação dos procedimentos, as iniciativas judiciais de promoção do consenso sejam pautadas unicamente por índices de realização de acordos, sem levar em conta, por exemplo, a satisfação das partes com o resultado e com o processo de conciliação ou mediação. Essa ênfase em metas quantitativas pode favorecer situações de pressão em face dos litigantes ocasionais, que, como já exposto, encontram-se em uma situação mais fragilizada, dadas suas desvantagens estratégicas em termos de recursos, informações, assistência jurídica, poder de barganha, etc.

1.5.3 Envolvimento de litigantes repetitivos e litigantes ocasionais

Como já enfatizado, um aspecto crucial das disputas repetitivas é que surgem da relação entre uma parte que se envolve frequentemente com demandas da mesma natureza e outra que discute tais questões apenas uma ou algumas vezes no Judiciário. A primeira lida com as mesmas questões de fato (o mesmo produto, serviço, contrato, empréstimo bancário, benefício previdenciário, reajuste monetário) e de direito (direito do consumidor, regulação estatal, tese jurídica sobre a interpretação de um dispositivo legal), diversamente da segunda, que comparece ao Judiciário apenas de maneira ocasional. Disputas podem ser consideradas repetitivas tanto quando o litigante repetitivo é autor (ações de cobrança de empréstimo bancário, execuções fiscais, cobranças de dívidas referentes a prestação de serviço) quanto quando é réu (ações indenizatórias manejadas por consumidores, ações de concessão de benefício previdenciário, ações revisionais de contratos bancários).

CAPÍTULO 2

MECANISMOS CONSENSUAIS JUDICIAIS COMO RESPOSTA À LITIGIOSIDADE REPETITIVA

2.1 Mediação, conciliação e outros meios consensuais

Além das respostas processuais, verifica-se que o os meios consensuais de solução de disputas – mormente a conciliação e a mediação – também podem ser considerados uma forma de lidar com disputas repetitivas, no âmbito pré-processual e, de igual maneira, no curso do processo. O objetivo deste estudo é justamente verificar se (e como) a repetição de disputas e suas características repercutem no seu tratamento por vias consensuais, nas quais um terceiro não impõe uma solução à controvérsia, ao contrário do que ocorre no processo judicial.

Dentre as possíveis classificações dos meios de solução de disputa,[94] é possível se pensar em um espectro que inclua *processos primários* – classificados sistematicamente como adjudicatórios e consensuais – e *processos mistos* – delineados pela combinação de características dos processos primários.[95]

---

[94] É também comum a distinção entre meios autocompositivos, nos quais as próprias partes chegam a uma solução para a disputa, e meios heterocompositivos, nos quais essa solução é imposta por um terceiro ou por meio de mecanismos baseados em interesses (*interest-based*), direitos (*rights-based*) ou poder (*power-based*) (URY, William L.; BRETT, Jeanne M.; GOLDBERG, Stephen B. *Getting disputes resolved*: designing systems to cut the costs of conflict. Cambridge, US: PON Books, 1993). Frank Sander e Lukasz Rozdeiczer também classificam os mecanismos com base nos seus objetivos: solução de problemas (*problem solving*), cheque de realidade (*reality checking*) e adjudicação (SANDER, Frank; ROZDEICZER, Lukasz. Selecting an appropriate dispute resolution procedure: detailed analysis and simplified solution. *In*: MOFFITT, Michael L.; BORDONE, Robert C. *The handbook of dispute resolution*. San Francisco: Jossey-Bass, 2005. p. 386-406).

[95] RISKIN, Leonard L. *et al. Dispute resolution and lawyers*: abridged third edition. St. Paul: West, 1998. p. 12-15.

No feixe de processos tidos como primários, os mecanismos adjudicatórios são aqueles em que um terceiro neutro colocado em posição equidistante às partes em confronto é capaz de decidir ou de *adjudicar*[96] uma solução entre elas, escolhendo uma entre outras soluções possíveis para colocar fim ao conflito existente.[97] Segundo essa classificação, o processo judicial e o processo administrativo são as principais formas adjudicatórias estatais de resolução de disputas, enquanto a arbitragem, por exemplo, é considerada um mecanismo adjudicatório não estatal de base contratual.[98] No entanto, apesar de mais consolidada e mais expressiva no Brasil, em especial após a promulgação da Lei nº 9.307/1996 e o reconhecimento de sua constitucionalidade pelo STF,[99] a arbitragem não é o único arranjo possível em termos de adjudicação privada de disputas. Leonard Riskin *et al.* destacam, por exemplo, os tribunais privados utilizados em alguns estados norte-americanos (por vezes denominados *"rent-a-judge"*),[100] nos quais é possível se encaminhar um processo judicial a um *board* de terceiros neutros, cuja decisão deverá estar adstrita à legislação estatal e poderá ser objeto de recurso de apelação.[101]

---

[96] Carlos Alberto de Salles comenta a utilização do verbo "adjudicar" no português e explica que, muito embora seja mais utilizado nas relações de posse e propriedade (*e.g.* a "adjudicação compulsória"), é correta a sua extensão para o sentido utilizado na língua inglesa, em que designa a atividade realizada pelo judiciário na resolução de conflitos (Nota de tradução em: FISS, Owen M. *Um novo processo civil*: estudos norte-americanos sobre jurisdição, constituição e sociedade. Coordenação da tradução de Carlos Alberto de Salles. Tradução de Daniel Porto Godinho da Silva e Melina de Medeiros Rós. São Paulo: RT, 2004a. p. 105).

[97] Lon L. Fuller coloca a racionalidade do processo decisório como característica central da adjudicação, assim entendido como o processo que confere expressão formal e institucional a argumentos racionais nas relações humanas. A decisão adjudicada é, portanto, o produto de uma argumentação racional que poderá ser testada racionalmente (diferentemente, portanto, da decisão tomada por meio de um sorteio ou de uma votação) (FULLER, Lon L. The forms and limits of adjudication. *In: The principles of social order*: selected essays of Lon L. Fuller, *apud* MENKEL-MEADOW, Carrie J.; LOVE, Lela Porter; SCHNEIDER, Andrea Kupfer; STERNLIGHT, Jean R. *Dispute resolution*: beyond the adversarial model. New York: Aspen, 2005. p. 21-22).

[98] SALLES, Carlos Alberto de. Mecanismos alternativos de solução de controvérsias e acesso à justiça: a inafastabilidade da tutela jurisdicional recolocada. *In:* FUX, Luiz; NERY JÚNIOR, Nelson; WAMBIER, Teresa Arruda Alvim. *Processo e Constituição*: estudos em homenagem ao professor José Carlos de Barbosa Moreira. São Paulo: RT, 2006. p. 779-792. p. 786-788.

[99] Julgamento do Agravo Regimental 5206 em Homologação de Sentença Estrangeira em 12.12.2001.

[100] RISKIN *et al.*, 1998, p. 12-13.

[101] RISKIN *et al.*, 1998, p. 467.

Já os mecanismos consensuais são calcados no uso de técnicas ou na ordenação de meios que visam a criar condições para uma solução do conflito que não seja imposta por um terceiro, mas sim transacionada pelos envolvidos.[102] Assim como nos meios adjudicatórios, há uma vasta gama de possibilidades, sendo os meios primários consensuais mais utilizados no Brasil a conciliação e a mediação de conflitos.

Como se verá mais detidamente a seguir, procedimentos conciliatórios integram o ordenamento jurídico brasileiro desde a Constituição do Império do Brasil, de 1924, estabelecendo-se em sua essência fortes laços com o Judiciário, com o envolvimento de juízes de paz, juízes togados e seus auxiliares. Esses laços também são evidenciados pelos diversos dispositivos processuais que visam a estimular a autocomposição em diversos momentos, a começar pelo dever do juiz de tentar, a qualquer tempo, conciliar as partes (artigo 139, V do CPC/2015) e pela previsão da audiência preliminar de conciliação nos ritos sumários e ordinário (artigo 334), além do reconhecimento do acordo homologado judicialmente como título executivo judicial (artigo 515, II).

Já com relação à mediação, uma das primeiras normas legais a mencioná-la é o Decreto nº 1.572/1995, que regulamenta negociações coletivas de natureza trabalhista, e em projetos legislativos posteriores,[103] bem como na Resolução nº 125/2010, juntamente com a conciliação.

As definições atribuídas a esses meios de solução de disputas não são pacíficas, havendo posições diversas quanto aos elementos identificadores da conciliação e da mediação e à sua diferenciação.

Segundo Adolpho Braga, a conciliação pode ser considerada uma autocomposição indireta ou triangular na qual um terceiro intervém, de maneira não impositiva e não vinculativa, com o objetivo de auxiliar na resolução do conflito enfrentado pelas partes.[104] Utilizando a negociação como ferramenta básica, a conciliação seria um procedimento mais célere e, por isso, mais adequado para conflitos nos quais não exista um relacionamento significativo no passado ou com previsão de

---

[102] SALLES, 2006, p. 789.

[103] São exemplos o Projeto de Lei nº 4.827/1998 (institucionalização da mediação mandatória) e o Projeto de Lei nº 5.696/2001 (introdução da mediação nos juizados especiais cíveis em ações de família).

[104] BRAGA NETO, Adolfo. Reflexões sobre a conciliação e a mediação de conflitos. *In*: SALLES, Carlos Alberto de Salles (Coord.). *As grandes transformações do processo civil brasileiro* – homenagem ao professor Kazuo Watanabe. São Paulo: Quartier Latin, 2009. p. 488-509. p. 489.

continuidade no futuro. Seria o caso de um acidente de automóveis ou de uma relação de consumo, situações nas quais as partes não possuem vínculos afetivos, profissionais ou sociais.[105] Para Braga, haveria muitas semelhanças entre a conciliação e a mediação, sendo certo que, em muitos países, não haveria necessidade de diferenciar esses meios. Entretanto, no Brasil, a mediação se distinguiria da conciliação por ser um processo mais lento em que se busca uma reflexão mais aprofundada sobre o conflito, o relacionamento das pessoas envolvidas para se chegar a uma solução construída pelas próprias partes.[106]

Petrônio Calmon utiliza definição semelhante, mas que privilegia a relação historicamente estabelecida no Brasil entre a conciliação e o Judiciário, afirmando ser aquela uma atividade desenvolvida por um juiz ou por pessoa que integre uma estrutura judiciária destinada especificamente para esse fim, com objetivo de incentivar, facilitar e auxiliar as partes a chegarem a um acordo, utilizando uma metodologia que permita a apresentação de proposições pelo conciliador. Entende, ainda, que o escopo da conciliação é restrito à obtenção do acordo para solução do conflito tal como apresentado concretamente pelas petições das partes.[107] A mediação seria uma prática realizada fora do âmbito e do controle do Poder Judiciário na qual, diferentemente do que ocorreria na conciliação (em que o conciliador poderia manifestar sua opinião sobre a solução justa para o conflito), o mediador deve se abster de assessorar, aconselhar, emitir opinião ou apresentar propostas de acordo durante o processo.

Já para Fernanda Tartuce, a diferença entre a mediação e a conciliação residiria no fato de esta buscar essencialmente o acordo, o que permitiria ao conciliador, inclusive, sugerir propostas com intuito de estimular as partes a transacionarem e extinguirem o litígio, ao passo que a mediação objetivaria o restabelecimento da comunicação para que os próprios envolvidos busquem soluções para suas questões conflituosas.[108]

Ainda sobre as distinções entre conciliação e mediação, Daniela Monteiro Gabbay argumenta que residem na forma de atuação e capacitação do terceiro, no controle exercido sobre o processo, no tipo

---

[105] BRAGA NETO, 2009, p. 491.

[106] BRAGA NETO, 2009, p. 506.

[107] CALMON, Petronio. *Fundamentos da mediação e da conciliação*. 2. ed. Brasília: Gazeta Jurídica, 2013. p. 133-134.

[108] TARTUCE, Fernanda. *Mediação nos conflitos civis*. São Paulo: Método, 2008. p. 65-74.

de conflito e na relação entre as partes.[109] Quanto à forma de atuação, também entende que o conciliador conduz o processo de forma mais ativa e diretiva, podendo propor ideais de acordo, enquanto a mediação buscaria trabalhar mais profundamente as facetas do conflito, seus interesses, suas emoções e seu relacionamento. Justamente por isso, a mediação seria um procedimento mais demorado e complexo, enquanto a conciliação, por não entrar tão profundamente no conflito, realizar-se-ia em menos sessões e mediante um procedimento mais simples. Essa atuação do terceiro também assumiria uma faceta diversa em termos do lugar de poder avocado pelo conciliador, que, embora não possa impor uma decisão às partes, utilizaria técnicas para conduzir as partes a um acordo, enquanto na mediação recai sobre as partes o protagonismo e a responsabilidade pela resolução do conflito.

Importante refletir, também, sobre o fato de que certos atributos conferidos à conciliação (como seu uso enquanto instrumento de pressão para realização de acordos pelo Judiciário) decorrem da má aplicação de sua técnica, e não dos contornos do instituto em si. Como explica Érica Barbosa e Silva, a mediação e a conciliação seriam espécies do mesmo gênero nas quais o terceiro atua como facilitador da comunicação, buscando a solução do conflito por meio do reestabelecimento de um diálogo eficaz, e não simplesmente do acordo.[110] Para ela, a diferença entre as técnicas de intervenção não seria inerente aos métodos, mas sim às características do conflito real, sendo fundamental que o terceiro seja capacitado para identificar as causas do conflito e para utilizar técnicas de ambos os métodos tendo em vista sua superação e sua transformação. Associar a conciliação à busca pelo acordo seria, em verdade, uma distorção decorrente da má aplicação desse mecanismo.

A pesquisa empírica realizada em programas de mediação e conciliação demonstrou que o instituto da conciliação não se apresenta nos EUA com os mesmos contornos com os quais se está habituado no contexto brasileiro. Há, em algumas esferas, mecanismos denominados *"conciliation"*, mas que geralmente estão associados a uma negociação realizada diretamente entre as partes, ou intermediada apenas a distância (por telefone, por exemplo) por um terceiro. A mediação é o meio consensual predominante, apresentando-se na maioria dos casos sob uma vertente facilitativa, ou seja, em que se busca facilitar a

---

[109] GABBAY, Daniela Monteiro. *Mediação & Judiciário no Brasil e nos EUA*: condições, desafios e limites para a institucionalização da mediação no Judiciário. Brasília: Gazeta Jurídica, 2013. p. 47-50.

[110] SILVA, Érica Barbosa e. *Conciliação Judicial*. Brasília: Gazeta Jurídica, 2013. p. 169-186.

comunicação entre as partes, ainda que mecanismos de viés avaliativo, em que um terceiro pode opinar acerca do caso, também tenham sido observados nos programas judiciais visitados. Esse espectro que distingue entre abordagens facilitativas e avaliativas foi proposto por Leonard T. Riskin, que elaborou um gráfico para descrever as técnicas e estratégias utilizadas na mediação com dois eixos: um que mensura a amplitude do problema que a mediação buscará resolver, transitando-se entre problemas simples e pontuais e questões complexas e amplas, e outro que descreve as atividades do mediador, que variam entre aquelas que visam apenas a facilitar a negociação entre as partes e outras que envolvem a avaliação de assuntos relevantes à mediação.[111] Uma mediação pode ter o foco apenas no objeto em litígio ou voltar-se para interesses comerciais, pessoais e até mesmo comunitários envolvidos no caso, ao mesmo tempo em que pode se dar sob um paradigma facilitativo, no qual a função do mediador é facilitar a comunicação entre as partes, ou em uma abordagem mais avaliativa, no qual o terceiro também coloca sua opinião com relação às questões em jogo, apresentando uma avaliação sobre alguns ou todos os aspectos discutidos e, inclusive, um eventual prognóstico do desfecho do que seria uma demanda judicial versando sobre tais elementos.

Embora amplamente utilizado no estudo de meios alternativos, o gráfico de Riskin não é uma referência unanimemente aceita no que diz respeito a sua concepção do que é mediação. Em um artigo subsequente, o próprio Riskin revisitou o seu gráfico, propondo as vertentes do mediador provocador e orientador, a partir da premissa de que haveria outros comportamentos que não poderiam ser descritos como próprios de uma abordagem facilitativa ou avaliativa.[112] Ainda assim, as concepções do gráfico antigo continuam sendo amplamente utilizadas em cursos de formação[113] e na descrição de abordagens diversas, ora menos ora mais interventivas, que o mediador pode assumir.

---

[111] RISKIN, Leonard L. Compreendendo as orientações, estratégias e técnicas do mediador: um padrão para perplexos. *In*: AZEVEDO, André Gomma de (Org.). *Estudos em arbitragem, mediação e negociação*. Brasília: Brasília Jurídica, 2002. v. 1. p. 13-57.

[112] RISKIN, Leonard L. Decision-Making in Mediation: The New Old Grid and the New New Grid System. *Notre Dame Law Review*, v. 79, n. 1, p. 1-54, 2003. Disponível em: https://scholarship.law.ufl.edu/cgi/viewcontent.cgi?article=1647&context=facultypub. Acesso em: 03 set. 2019.

[113] Conforme se verifica no material disponibilizado pelo próprio CNJ para formação de mediadores judiciais em: http://www.cnj.jus.br/programas-e-acoes/conciliacao-e-mediacao-portal-da-conciliacao/cursos-formacao/curso-de-formacao-de-instrutores-em-mediacao-e-conciliacao/material-didatico. Acesso em: 03 set. 2019.

A respeito do "antigo" gráfico de Riskin, Kimberlee K. Kovach e Lela P. Love sustentam que mecanismos avaliativos não podem ser confundidos com a mediação, uma vez que a postura avaliativa colocaria em risco as propostas fundamentais do instituto: participação das partes, colaboração criativa e resultado ganha-ganha.[114] Ressalvam que esses mecanismos avaliativos são úteis em certas situações, inclusive quando misturados com procedimentos facilitadores ou mesmo adjudicatórios em processos mistos, como a mediação-arbitragem (*med-arb*), a avaliação de terceiro (*neutral evaluation*) e o júri simulado (*summary jury trial*), porém não devem ser entendidos como vertentes da mediação.[115] Procedimentos avaliadores usados no curso da mediação, como a sugestão de acordos ou a avaliação do possível desfecho que a disputa teria caso fosse a julgamento, seriam indesejáveis interferências no processo criativo das partes, além de colocá-las em uma posição adversarial (e não colaborativa), em que, em vez de buscar a construção de soluções de interesse mútuo, passariam a traçar estratégias para convencer o terceiro de sua razão na disputa.[116]

Também sobre meios consensuais de vertente avaliativa, Érica Barbosa e Silva argumenta que a conciliação não pode ser equiparada a um método de orientação avaliativa de resolução de conflitos, sob o risco de que as partes sejam influenciadas a tomar uma decisão próxima do que seria a sentença, descaracterizando o propósito construtivo do método. O conciliador no Brasil não precisa ter formação jurídica, o que de pronto o desqualificaria para realizar qualquer avaliação do

---

[114] KOVACH, Kimberlee K.; LOVE, Lela P. Mapeando a mediação: os riscos do gráfico de Riskin. *In*: AZEVEDO, André Gomma de (Org.). *Estudos em arbitragem, mediação e negociação*. Brasília: Grupos de pesquisa, 2004. v. 3. p. 124-136.

[115] KOVACH; LOVE, 2004, p. 105.

[116] "Como o mediador não avalia nem toma decisões, as partes não possuem motivo para assumir a mentalidade tradicional ou para utilizar estratégias típicas de situações que envolvem o compartilhamento de informação com um avaliador. Trabalhar com um profissional deste tipo requer um sistema de pensamento adversarial. As estratégias para essas situações envolvem: apresentar informações no momento mais propício para si mesmo e da maneira mais prejudicial ao seu oponente; manter e esconder informações que podem inclinar o avaliador a decidir de forma favorável a seu oponente; não elaborar ofertas ou acordos, inclusive ofertas favoráveis, tendo em vista que o avaliador pode interpretar tal atitude como um sinal de endividamento para com a outra parte. Se ao final do processo o mediador tiver que proferir uma avaliação, então ele não pode esperar receber informações diferentes daquelas que seriam compartilhadas em um procedimento adversarial. Isso fica ainda mais evidente quando as partes envolvidas possuem total domínio e conhecimento do processo. Dessa forma, o mediador-avaliador é incapaz de estabelecer uma base de informações sobre a qual possam ser construídas resoluções do tipo 'ganha-ganha'" (KOVACH; LOVE, 2004, p. 128).

conflito voltada a uma decisão judicial.[117] Mesmo ao sugerir soluções, o conciliador deve se ater aos aspectos estritamente objetivos do conflito em questão, priorizando sempre o auxílio às partes para que busquem soluções próprias.

2.2 Mecanismos consensuais no processo e no Judiciário

2.2.1 Brasil

As origens das políticas de promoção de mecanismos consensuais pelo Judiciário brasileiro remontam à Constituição do Império do Brasil, de 1824, que instituiu a figura do juiz de paz (artigo 162)[118] e tornou a conciliação obrigatória, condicionando o ingresso em juízo à tentativa prévia de conciliação, referida por "reconciliação" no texto do artigo 161.[119]

Em 1827, foi promulgada a Lei Orgânica das Justiças de Paz, aumentando significantemente a autoridade dos juízes de paz, que, além de exercerem a função conciliatória, detinham atribuições judiciárias e policiais. Ao se contrapor aos juízes togados, ainda fortemente vinculados com o governo real, a justiça de paz tornou-se um ponto nodal dos planos de reforma liberal e um símbolo de resistência local à autoridade central e ao controle social do Império.[120]

Em 1850 foi criado o Regulamento nº 737, que, além de regular o processo de julgamento de causas comerciais, passou a ser aplicado também para outras disputas cíveis (em virtude do Decreto nº 763/1890). Seu artigo 23[121] também estabelecia a obrigatoriedade da conciliação prévia, prevendo, ainda, a possibilidade do comparecimento voluntário das partes também no âmbito pré-processual.[122]

---

[117] SILVA, Érica Barbosa e, 2013, p. 184-186.

[118] "Art. 162. Para este fim [conciliação prévia] haverá Juízes de Paz, os quais serão eletivos pelo mesmo tempo, e maneira, por que se elegem os vereadores das Câmaras. Suas atribuições e distritos serão promulgados por lei".

[119] "Art. 161. Sem se fazer constar que se tem intentado o meio de reconciliação, não se começará processo algum, e, sem se demonstrar que se tentou uma solução amigável, ninguém será admitido em juízo".

[120] GABBAY, 2013, p. 103-113.

[121] "Art. 23. Nenhuma causa commercial será proposta em Juizo contencioso, sem que préviamente se tenha tentado o meio da conciliação, ou por acto judicial, ou por comparecimento voluntario das partes".

[122] "Art. 36. Independente de citação poderão as partes interessadas em negocio commercial apresentar-se voluntariamente na audiencia de qualquer Juiz de Paz, para tratarem da conciliação, sendo o seu processo e effeitos os mesmos determinados nos arts. 33, 34 e 35".

Após a Proclamação da República, essa autoridade dos juízes de paz e os demais incentivos às vias consensuais foram revistos, a partir da promulgação do Decreto nº 359, de 26 de abril de 1890, que afastou a obrigatoriedade da tentativa de conciliação prévia, sob os argumentos de que a conciliação obrigatória representava tutela do Estado sobre direitos e interesses particulares que podem ser transacionados independentemente da interferência do juízo e de que a experiência mostrava que a conciliação é bem-sucedida quando as partes optam livremente pelo procedimento.[123] Também se argumentava que a obrigatoriedade era onerosa às partes e ao procedimento, além de acometer "coação moral em que são postos os cidadãos pela autoridade publica encarregada de induzi-los a transigir sobre os seus direitos para evitar que sofram mais com a demora e incerteza da justiça constituída".[124] Nesses termos, embora não se opusesse à conciliação

---

[123] "(...) considerando: que a instituição do juizo obrigatorio de conciliação importa uma tutela do Estado sobre direitos e interesses privados de pessoas que se acham na livre administração de seus bens e na posse da faculdade legal de fazer particularmente qualquer composição nos mesmos casos em que é permittido a conciliação, naquelle juizo, e de tornal-a effectiva por meio de escriptura publica, ou por termo nos autos e ainda em juizo arbitral de sua escolha; Que a experiencia ha demonstrado que as tentativas de conciliação no juizo de paz sómente são bem succedidas quando as partes voluntariamente comparecem perante elle nas mesmas disposições, em que podem produzir identico effeito os conselhos de amigo commum, o prudente arbitrio de bom cidadão á escolha dos interess dos e ainda as advertencias que o juiz da causa, em seu inicio, é autorizado a fazer na conformidade da ord. liv. 3º, tit. 20, §1º; Que, entretanto, as despezas resultantes dessa tentativa forçada, as difficuldades e pro rastinação que della emergem para a propositura da acção, e mais ainda as nullidades procedentes da falta, defeito ou irregularidade de um acto essencialmente voluntario e amigável, acarretadas até ao gráo de revista dos processos contenciosos, além da coacção moral em que são postos os cidadãos pela autoridade publica encarregada de induzil-os a transigir sobre os seus direitos para evitar que soffram mais com a demora e incerteza da justiça constituida, que tem obrigação legal de dar promptamente a cada um o que é seu; são outros tantos objectos de clamor publico e confirmam a impugnação de muitos jurisconsultos, quaes Meyer, Benthan, Bellot, Boncene, Boitard, Corrêa Telles, a essa obrigatoriedade, nunca admittida ou ja abolida em muitos paizes e notavelmente reduzida, modificada em seus effeitos, para não dizer annullada, pela carta de lei de 16 de junho de 1855 e novo Codigo de Processo Civil promulgado em 8 de novembro de 1876, no proprio reino de Portugal, donde o Imperio a adoptou com supplementos da legislação franceza; (...)" (Decreto nº 359, de 26 de abril de 1890).

[124] "Artigo 1º É abolida a conciliação como formalidade preliminar ou essencial para serem intentadas ou proseguirem as acções, civeis e commerciaes, salva ás partes que estiverem na livre administração dos seus bens, e aos seus procuradores legalmente autorizados, a faculdade de porem termo á causa, em qualquer estado e instancia, por desistencia, confissão ou transacção, nos casos em que for admissivel e mediante escriptura publica, ternos nos autos, ou compromisso que sujeite os pontos controvertidos a juizo arbitral".

de disputas, o Estado não mais se propunha a disponibilizar estrutura própria para sua promoção.[125]

O reacendimento recente do interesse do Estado e do Judiciário pelos meios consensuais, principalmente no âmbito cível, deu-se com mais ênfase na década de 1980, no contexto da redemocratização e dos movimentos pela expansão de direitos e pela democratização do acesso à justiça,[126] quando então a conciliação ganhou considerável destaque enquanto política judiciária. A criação dos juizados de pequenas causas (Lei nº 7.244/1984 e, posteriormente, no bojo da Lei dos Juizados Especiais Cíveis) foi orientada, dentre outros critérios, pela solução conciliada de conflitos,[127] fazendo obrigatória a presença das partes na audiência preliminar de conciliação, sob pena de desídia do autor (e consequente extinção do processo)[128] e revelia do réu.[129]

Nos anos que se seguiram, outras importantes alterações legislativas aumentaram os incentivos processuais à transação no curso do processo. A Lei nº 8.952/1994 incluiu no CPC/1973 o artigo 125, IV,[130] instituindo como dever do juiz a tentativa de conciliação a qualquer tempo, enquanto a Lei nº 8.953/1994 alterou a redação do artigo 584, incluindo o acordo homologado no rol de títulos executivos judiciais, o que foi mantido pela Lei nº 11.232/2005 no texto do artigo 475-N, III.

Também foi nessa época que apareceu a primeira referência legislativa à mediação no Brasil, no Decreto nº 1.572/1995, que regulamenta a mediação e as negociações coletivas de natureza trabalhista, estabelecendo que, caso seja frustrada a negociação direta ou caso uma das partes considere não possuir condições adequadas para participar da negociação em situação de equilíbrio, é possível solicitar ao Ministério do Trabalho a designação de um mediador. Em 1998, foi

---

[125] LUCHIARI, Valéria Ferioli Lagrasta. Comentários da Resolução nº 125, do Conselho Nacional de Justiça, de 29 de novembro de 2010. *In*: GROSMAN, Claudia Frankel; MANDELBAUM, Helena Gurfinkel (Orgs.). *Mediação no Judiciário*: teoria e prática. São Paulo: Primavera, 2011. p. 281-318. p. 281-284.

[126] Sobre esse contexto, ver item 2.1.

[127] Artigo 2º da Lei nº 9.099/1995: "O processo orientar-se-á pelos critérios da oralidade, simplicidade, informalidade, economia processual e celeridade, buscando, sempre que possível, a conciliação ou a transação".

[128] "Artigo 51. Extingue-se o processo, além dos casos previstos em lei: I - quando o autor deixar de comparecer a qualquer das audiências do processo";

[129] "Artigo 20. Não comparecendo o demandado à sessão de conciliação ou à audiência de instrução e julgamento, reputar-se-ão verdadeiros os fatos alegados no pedido inicial, salvo se o contrário resultar da convicção do Juiz".

[130] "Artigo 125. O juiz dirigirá o processo conforme as disposições deste Código, competindo-lhe: (...) IV - tentar, a qualquer tempo, conciliar as partes".

apresentado na Câmara dos Deputados o Projeto nº 4.827 (que tramitou no Senado como Projeto de Lei nº 94/2002), que tinha como objetivo institucionalizar e disciplinar a mediação como método de prevenção e solução consensual de conflitos. A referida proposta sugeria, em seu artigo 4º, que o juiz poderia, a qualquer tempo, buscar "convencer as partes da conveniência de se submeterem à mediação extrajudicial, ou, com a concordância delas, designar mediador, suspendendo o processo pelo prazo de até três meses, prorrogável por igual período".[131]

Ainda em busca de incentivar o uso de técnicas consensuais pelos juízes no curso do processo, em meio às reformas processuais de 2002 a redação do artigo 331 foi alterada para instituir a audiência preliminar de conciliação como uma fase do processo de conhecimento anterior à audiência de instrução e ao julgamento.[132]

Com o tempo, juízes e tribunais passaram a investir cada vez mais em mutirões e centros de conciliação, bem como na institucionalização de programas de mediação, especialmente no âmbito familiar. Com a criação do Conselho Nacional de Justiça pela Emenda Constitucional nº 45/2004, foram organizados grupos e comissões de trabalho para discutir a Reforma do Judiciário e o Pacto de Estado em Favor de um Judiciário Mais Rápido e Republicano, quando então o incentivo à conciliação e à mediação judiciais passou a integrar a agenda de reformas judiciárias.

---

[131] Sobre referido projeto de lei, Kazuo Watanabe comenta: "Vários são os objetivos nela colimados. Um deles é a melhor explicitação da preocupação de tornar o juiz brasileiro mais ativo na condução do processo, fazendo com que, desde o início da ação, identifique as questões relevantes da causa, promovendo contatos mais frequentes dele com as partes, e destas entre si, privilegiando a oralidade e a imediatidade que possibilitem a solução amigável da controvérsia e, quando inatingível a transação, ao menos a condução mais adequada e menos custosa do processo até o final do julgamento. Procura-se, ainda, criar uma mentalidade que prestigie os meios alternativos de solução de conflitos, fazendo com que o próprio magistrado estimule as partes à utilização de vários meios, ditos alternativos, de solução de conflitos, como a mediação, a conciliação, a arbitragem e a opinião neutra de terceiro. E procura o novo texto transmitir a ideia de que é prioritária a busca da 'pacificação das partes ao invés da solução adjudicada do conflito', reputando como 'de relevante valor social', considerada inclusive para efeito de promoção por merecimento a dedicada atuação do juiz, nesse sentido. E, para tornar mais eficaz a conciliação e a mediação, a proposta autoriza a lei local a 'instituir juiz conciliador ou recrutar conciliadores para auxiliarem o juiz da causa na tentativa de solução amigável dos conflitos'" (WATANABE, Kazuo. Cultura da sentença e cultura da pacificação. *In*: YARSHELL, Flávio Luiz; ZANOIDE DE MORAES, Maurício. *Estudos em homenagem à professora Ada Pellegrini Grinover*. São Paulo: DPJ, 2004. p. 640).

[132] "Art. 331. Se não ocorrer qualquer das hipóteses previstas nas seções precedentes, e versar a causa sobre direitos que admitam transação, o juiz designará audiência preliminar, a realizar-se no prazo de 30 (trinta) dias, para a qual serão as partes intimadas a comparecer, podendo fazer-se representar por procurador ou preposto, com poderes para transigir".

A MEDIAÇÃO E A CONCILIAÇÃO DE DEMANDAS REPETITIVAS

Em 2006, a partir da proposta apresentada pela Comissão de Juizados Especiais, foi criado o Movimento pela Conciliação, aprovado pelo CNJ na sessão de 8 de agosto, e editada a Recomendação nº 6, de 24 de outubro de 2006, recomendando que os Tribunais Regionais Federais, Tribunais Regionais do Trabalho e Tribunais de Justiça adotassem providências no sentido de que os acordos homologados judicialmente fossem valorados como sentenças para todos os efeitos. A proposta era apoiada pela Associação de Magistrados Brasileiros, a Associação de Juízes Federais do Brasil e a Associação Nacional de Magistrados da Justiça do Trabalho (AMB, Ajufe e Anamatra) e pelo Fórum Nacional dos Juizados Especiais Cíveis e pelo Fórum Nacional dos Juizados Especiais Federais (Fonaje, Fonajef).[133] Uma das primeiras ações do movimento foi a realização do Dia Nacional da Conciliação, que em 8 de dezembro de 2006 contou com 84 mil audiências, das quais 55% resultaram em acordos homologados pelo Judiciário.[134]

O movimento em prol dos mecanismos consensuais dentro do Judiciário culminou com a edição da Resolução nº 125/2010 pelo CNJ e a instituição da Política Judiciária Nacional de Tratamento Adequado dos Conflitos de Interesses, que objetiva proporcionar a todos o "direito à solução dos conflitos por meios adequados à sua natureza e peculiaridade" (artigo 1º). Para tanto, estabelece obrigações para o CNJ e para os tribunais no sentido de disseminar a cultura da pacificação e fomentar a utilização de meios consensuais, criando estruturas denominadas Núcleos Permanentes de Métodos Consensuais de Solução de Conflitos, incumbidas, dentre outras atividades, de instalar os Centros Judiciários de Soluções de Conflitos e Cidadania (CEJUSCs), que são estruturas capazes de ofertar outros mecanismos de solução de conflitos e de prestar atendimento e orientação ao cidadão. Estabelece-se também que a implementação dessa política deverá observar: a centralização das estruturas judiciárias; a adequada formação e treinamento de servidores, conciliadores e mediadores; e o acompanhamento estatístico específico (artigo 2º). Com a resolução, a regra passou a ser a realização de audiências de conciliação e mediação

---

[133] MORAES, Germana de Oliveira; LORENZONI, Eduardo Kurtz. A bandeira da paz na justiça brasileira (nascimento, berço e vida durante a gestão inicial do CNJ). *In:* PELUSO, Antonio Cezar; RICHA, Morgana de Almeida (Coords.). *Conciliação e mediação:* estruturação da Política Judiciária Nacional. Rio de Janeiro: Forense, 2011. p. 74-84.

[134] PACHA, Andréa Maciel. Movimento pela conciliação: o foco na sociedade. *In:* PELUSO, Antonio Cezar; RICHA, Morgana de Almeida (Coords.). *Conciliação e mediação:* estruturação da Política Judiciária Nacional. Rio de Janeiro: Forense, 2011. p. 85-91. p. 86-87.

por conciliadores (e não mais pelos próprios juízes)[135] capacitados nos CEJUSCs. Tais conciliadores e mediadores estão sujeitos ao Código de Ética previsto pelo anexo III da resolução.

A pesquisa empírica demonstrou que, desde sua publicação, a resolução vem sendo o principal marco regulatório dos programas judiciais de conciliação e de mediação que, em maior ou menor medida, vêm se estruturando ou reestruturando de modo a observar as diretrizes estabelecidas pelo CNJ.

Finalmente, o Código de Processo Civil de 2015 e a Lei de Mediação (Lei nº 13.140/2015) consolidaram essa tendência de juridificação dos meios consensuais de resolução de controvérsia, decorrente, justamente, desse movimento protagonizado pelo Judiciário e pelos operadores do direito de consolidação e institucionalização dessas práticas consensuais.

O texto do CPC/2015 incorpora a diferenciação entre mediação e conciliação que concebe esta como um procedimento mais célere e que visa à solução da disputa em si e aquela como um processo focado mais no relacionamento entre as partes.[136] Nesse sentido, determina que o conciliador atuará preferencialmente em casos nos quais as partes não tiverem vínculo anterior à controvérsia, podendo sugerir soluções ao litígio, enquanto o mediador lidará com as disputas que envolvam vínculos anteriores entre as partes, cabendo-lhe auxiliá-las a restabelecer a comunicação para melhor compreender as questões e os interesses em conflito.[137] Similarmente, a Lei de Mediação define o mecanismo como sendo "a atividade técnica exercida por terceiro imparcial sem poder decisório, que, escolhido ou aceito pelas partes, as auxilia e estimula a identificar ou desenvolver soluções consensuais para a controvérsia" (artigo 1º, §1º).

---

[135] "Artigo 8º, §1º. As sessões de conciliação e mediação pré-processuais deverão ser realizadas nos Centros, podendo, excepcionalmente, as sessões de conciliação e mediação processuais ser realizadas nos próprios Juízos, Juizados ou Varas designadas, desde que o sejam por conciliadores e mediadores cadastrados junto ao Tribunal (inciso VI do art. 7º) e supervisionados pelo Juiz Coordenador do Centro (art. 9º)".

[136] Sobre os diferentes posicionamentos acerca da diferenciação entre mediação e conciliação, ver item 2.1.

[137] Artigo 165 (...) §2º: "O conciliador, que atuará preferencialmente nos casos em que não houver vínculo anterior entre as partes, poderá sugerir soluções para o litígio, sendo vedada a utilização de qualquer tipo de constrangimento ou intimidação para que as partes conciliem.
§3º O mediador, que atuará preferencialmente nos casos em que houver vínculo anterior entre as partes, auxiliará aos interessados a compreender as questões e os interesses em conflito, de modo que eles possam, pelo restabelecimento da comunicação, identificar, por si próprios, soluções consensuais que gerem benefícios mútuos".

O CPC/2015 também estabelece como princípios da conciliação e da mediação a independência, a imparcialidade, a autonomia da vontade, a confidencialidade, a oralidade, a informalidade e a decisão informada (artigo 166) e dispõe sobre o credenciamento de mediadores, conciliadores e câmaras e sobre a remuneração destes, a ser fixada pelos tribunais de acordo com parâmetros estabelecidos pelo CNJ (artigo 167), dentre outros. Em termos similares, a Lei de Mediação também coloca como princípios da mediação (extrajudicial e judicial) a imparcialidade, isonomia, oralidade, informalidade, autonomia das partes, busca do consenso, confidencialidade e boa-fé (artigo 2º), além de disciplinar outras questões mais específicas atinentes à mediação extrajudicial, como o caráter mandatório da cláusula de mediação (artigo 22) e a suspensão do processo judicial ou da arbitragem durante o curso da arbitragem (artigo 23).

2.2.2 Estados Unidos

Assim como no Brasil, o estímulo ao uso de meios consensuais de solução de controvérsias no âmbito do processo e pelo Judiciário também foi protagonizado, em grande medida, pelos próprios juízes, em um contexto de aumento no volume de processos e de incapacidade do sistema de absorver, tramitar e julgar todas as disputas ajuizadas.

Ao estudar o movimento de promoção ao uso de meios alternativos e ao acordo (*settlement*) pelo Judiciário, Marc Galanter concluiu que o crescimento econômico e a facilitação do acesso à justiça geraram um ingresso cada vez maior de demandas, ocasionando também o inchaço das estruturas judiciárias. Essa crescente litigiosidade pressiona o sistema, que se torna mais custoso e moroso, dificultando a tramitação ordinária e completa, até um julgamento final (*full-blown adjudication*) de todas as demandas judiciais. Tais fatores, aliados à incerteza jurídica também decorrente de um excesso de processos em curso, são fortes estímulos para o uso de meios alternativos de solução de disputas e para a promoção do acordo pelo judiciário.[138] Uma das consequências

---

[138] *"Historically, as society and the economy have grown and an increasing portion of the population has gained access to the courts (whose users now include women, racial minorities, prisoners, and other once legally quiescent groups), the potential for invocation of the courts has multiplied more rapidly than the size of the judicial 'plant'. Fewer cases that come to court can get full-blown adjudication. (And our notion of full-blown adjudication has become more refined and elaborate). The available 'plant' only allows courts to provide trials for a smaller and smaller minority of cases. As waiting times, cost, and uncertainty increase, settlement becomes more attractive. Increasingly,*

desse movimento foi uma significativa redução no número de casos cíveis efetivamente julgados perante um júri (*trial*), tanto na esfera estadual quanto na federal.

Judith Resnik também relaciona o aumento da litigiosidade com os incentivos para realização de acordos no curso do processo e com a busca por meios alternativos de solução de disputas pelo Judiciário e pelos governos, que investem em agências e tribunais administrativos, ao mesmo tempo em que sistemas privados de resolução de controvérsias ganham espaço em contratos de diversas naturezas.[139]

Disso decorreria também uma nítida mudança no papel dos juízes: além de ter poder decisório, passariam a protagonizar o gerenciamento do processo e o incentivo às partes para que busquem soluções amigáveis às demandas judiciais.[140]

Em sentido semelhante, Carrie Menkel-Meadow afirma que, enquanto seu foco e de demais entusiastas desses meios de solução de disputas – aos quais ela se refere como "meios apropriados", por entender que o papel do sistema jurídico é de proporcionar uma variedade de meios para resolução de conflitos[141] – sempre foi a busca pela qualidade e pelo mecanismo mais adequado para cada tipo de

---

courts supply signals, markers, and sufficient background threats to induce resolution (or abandonment) of claims. This shift is facilitated by the increased number of lawyers who can read judicial signals and devise bargains. (...) So we can understand the long-term decline of trials as the result of a conjunction of a restricted supply of judicial resources with the generation of signals and threats that manage to stretch the small supply of adjudication to meet increased demand" (GALANTER, Marc. The hundred year decline of trials and The Thirty Years War. *Stanford Law Review*, v. 57, n. 1255, p. 1115-1123, 2005. p. 1263-1264).

[139] RESNIK, Judith. *Processes of the law*: understanding courts and their alternatives. New York: Foudation Press, 2004b. p. 2-4.

[140] Um dos argumentos da autora é que essa assunção de novos papéis traria mais poder aos juízes, além de acesso a informações que não são submetidas ao crivo da publicidade e do contraditório: *"As managers, judges learn more about cases much earlier than they did in the past. They negotiate with parties about the course, timing, and scope of both pretrial and posttrial litigation. These managerial responsibilities give judges greater power. Yet the restraints that formerly circumscribed judicial authority are conspicuously absent. Managerial judges frequently work beyond the public view, off the record, with no obligation to provide written, reasoned opinions, and out of reach of appellate review"* (RESNIK, Judith. Managerial judges. *Harvard Law Review*, Cambridge, US, v. 96, p. 374-448, 1982. p. 374-448).

[141] *"The term 'appropriate' signals that one role of a legal system is to provide a variety of choices about how best to handle particular issues, problems, disputes, conflicts, and transactions now called a menu, a 'multi-door courthouse' or 'variet[ies]' of 'dispute processing'. On the other hand, opponents of the use of 'alternatives' to court, as a critique of increased privatization of disputing (also noted presciently by Galanter in 1974), do not want such processes labeled as 'appropriate' at all"* (MENKEL-MEADOW, Carrie J. Do the "Haves" come out ahead in alternative judicial systems?: repeat players in ADR. *Ohio State Journal on Dispute Resolution*, v. 15, p. 19-61, 1999-2000. p. 23-24).

disputa, o debate sobre a institucionalização de outros mecanismos pelo Judiciário esteve pautado por um discurso de litigiosidade e congestionamento focado no propósito de reduzir e filtrar os processos nas cortes judiciais.[142]

Além da ineficiência de um sistema judiciário pressionado pelo excesso de demandas, os discursos a favor da propagação dos meios alternativos de solução de disputas no Judiciário também se voltaram contra a dependência dos mecanismos adjudicatórios nos advogados e o excesso de despesas inerentes à litigância, que fariam com que o modelo adversarial servisse para perpetuar desigualdades sociais na arena de resolução de disputas. Defendiam-se, assim, processos menos formalistas, menos custosos e mais centrados nos interesses e na autonomia das partes.[143]

Foi nesse contexto que, em 1979, na *Pound Conference: Perspectives on Justice in the Future*, uma conferência sobre as causas da insatisfação popular com a administração da justiça patrocinada pela *American Bar Association*, pela *Conference of Chief Justices* e pela *Judicial Conference of the United States*, que o professor Frank Sander, da Universidade Harvard, apresentou seu famoso artigo "Varieties of Dispute Processing", comumente apontando como a primeira referência à ideia de tribunais multiportas.[144] Partindo de um prognóstico de colapso do sistema em decorrência do aumento contínuo no volume de processos,[145] Frank Sander propõe o desvio de disputas que chegam ao Judiciário para outras portas que não o processo adjudicatório, instalando-se mecanismos de triagem que buscassem o encaminhamento do conflito para o meio mais adequado, de acordo com as suas características e das partes envolvidas.[146]

---

[142] MENKEL-MEADOW, 1999-2000, p. 24.

[143] RESNIK, Judith. For Owen Fiss: some reflections on the triumph and death of adjudication. *University of Miami Law Review*, v. 58, p. 173-200, 2003.

[144] SANDER, Frank. E. A. Varieties of dispute processing. *In*: LEVIN, Leo A.; WHEELER, Russel R. *The Pound Conference*: perspectives on justice in the future. St. Paul, USA: West, 1979. p. 65-87.

[145] BARTON, John. Behind the legal explosion. *Stanford Law Review*, v. 27, 1975.

[146] *"Thus one concern to which we ought to address ourselves here is how we might escape from the specter projected by Professor Barton. This might be accomplished in various ways. First, we can try to prevent disputes from arising in the first place through appropriate changes in the substantive law (...). Another method of minimizing disputes is through greater emphasis on preventive law. Of course lawyers have traditionally devoted a large part of their time to anticipating various eventualities and seeking, through skillful drafting and planning, to provide for them in advance. But so far this approach has been resorted to primarily by the well-to-do. I suspect that with the advent of prepaid legal services this type of practice will be utilized more widely, resulting in a*

Em paralelo, as mudanças realizadas nos anos 1980 e 1990 nas *Federal Rules of Civil Procedure* também evidenciam os incentivos à promoção do acordo e de meios alternativos no curso do processo judicial, em especial a Rule 16, que regulamenta a audiência realizada antes do julgamento (*pretrial*). Em 1983, fora introduzida uma subdivisão de lista de matérias que deveriam ser discutidas nessa audiência, incluindo-se expressamente a tentativa de acordo,[147] consolidando a prática já então existente nessas audiências de fomento à autocomposição.[148] Posteriormente, em 1993, uma emenda passou a estabelecer que, além de promover o acordo, o juízo poderia se utilizar de procedimentos específicos para auxiliar as partes a chegarem a uma solução da disputa, de acordo com o que fosse previsto pela lei local.[149] Segundo as motivações dessa emenda, juízes e advogados podem explorar o uso de meios alternativos, tais como *mini-trials*, *summary jury trials*, mediação, avaliação neutra e arbitragem não vinculante, com o objetivo de promover a resolução consensual da disputa sem um julgamento (*full trial*).

Nessa época, comitês de juízes, membros do congresso, da *American Bar Association* e de grupos de defesa de direitos do consumidor, do meio ambiente, da mulher, dentre outros, reuniam-se já desde o final da década de 1980 para discutir uma reforma judicial

---

probable diminution of litigation. A second way of reducing the judicial caseload is to explore alternative ways of resolving disputes outside the courts, and it is to this topic that I wish to devote my primary attention" (SANDER, 1979, p. 65-87).

[147] De acordo com as discussões sobre a emenda de 1983 à Rule 16, o incentivo ao acordo na *pretrial conference* seria uma forma de aliviar o excesso de processos no Judiciário e economizar recursos deste e das partes: *"Clause (7) explicitly recognizes that is has become commonplace to discuss settlement at pretrial conferences. Since it obviously eases crowded court dockets and results in savings to the litigants and to the judicial system, settlement should be facilitated at as early a stage as possible".*

[148] *"Settlement is a negotiation process in which the plaintiff and defendant, or their attorneys, attempt to reach an agreement regarding their dispute. Generally, it starts with the prospective plaintiff contacting an attorney about a dispute. After some discussion, they decide whether a complaint should be filed. If they decide to file, the plaintiff's attorney may negotiate directly with the defendant or the defendant's attorney before filing the complaint. If no agreement is reached, the complaint is filed. The plaintiff's and defendant's attorney may still conduct negotiations in an attempt to settle out of court. When they fail to reach an agreement, the case is scheduled for a pretrial conference with the judge. He reviews the case with the attorneys, facilitates simplification and stipulation of issues, discusses discovery, schedules the case for trial, and perhaps attempts to facilitate a settlement"* (WALL JR. James A.; RUDE, Dale E.; SCHILLER, Lawrence F. Judicial participation in settlement. *Journal of Dispute Resolution*, v. 1, 1984. p. 26).

[149] O texto ficou com a seguinte redação: *"(2) Matters for Consideration. At any pretrial conference, the court may consider and take appropriate action on the following matters: (...) (I) settling the case and using special procedures to assist in resolving the dispute when authorized by statute or local rule;".*

capaz de reduzir o tempo e o custo da tramitação de processos judiciais.[150] A partir desse debate, foi promulgado, em 1990, o *Civil Justice Reform Act* (CJRA), determinando que as cortes federais (*district courts*) desenvolvessem planos para redução dos custos e da duração do processo por meio de: facilitação do julgamento de mérito das ações cíveis; monitoramento da fase de produção de provas (*discovery*); melhorias no gerenciamento de casos; e promoção de meios justos, céleres e menos custosos de resolução de disputas cíveis.[151]

Dentre os princípios adotados pelo CRJA, estabeleceu-se a utilização de meios alternativos de solução de disputas, em casos tidos como apropriados, como um dos meios de gerenciamento processual considerados efetivos em termos de redução de custos e tempo de tramitação do processo.[152]

Corroborando essa tendência de institucionalização dos meios alternativos pelo Judiciário, o Congresso norte-americano aprovou, em 1998, o *Alternative Dispute Resolution Act*, que, também sob o argumento de que meios alternativos poderiam promover mais satisfação das partes e eficiência na tramitação processual,[153] estabelecia que todas as cortes federais autorizassem, mediante regulamentação específica, o uso de meios alternativos de resolução de controvérsias em todas as ações cíveis.[154]

---

[150] KAKALIK, James S. *et al. Implementation of the Civil Justice Reform Act in pilot and comparison districts.* Santa Monica, CA: RAND Institute of Civil Justice, 1996. p. xiii.

[151] *"There shall be implemented by each United States district court, in accordance with this chapter, a civil justice expense and delay reduction plan. The plan may be a plan developed by such district court or a model plan developed by the Judicial Conference of the United States. The purposes of each plan are to facilitate deliberate adjudication of civil cases on the merits, monitor discovery, improve litigation management, and ensure just, speedy, and inexpensive resolutions of civil disputes"* (Civil Justice Expense and Delay Reduction Plans. 28 USC Sec. 471).

[152] *"(5) Evidence suggests that an effective litigation management and cost and delay reduction program should incorporate several interrelated principles, including (...) (D) utilization of alternative dispute resolution programs in appropriate cases".*

[153] *"Section 2 – Findings and declaration of policy: Congress finds that: (1) alternative dispute resolution, when supported by the bench and bar, and utilizing properly trained neutrals in a program adequately administered by the court, has the potential to provide a variety of benefits, including greater satisfaction of the parties, innovative methods of resolving disputes, and greater efficiency in achieving settlements; (2) certain forms of alternative dispute resolution, including mediation, early neutral evaluation, minitrials, and voluntary arbitration, may have potential to reduce the large backlog of cases now pending in some Federal courts throughout the United States, thereby allowing the courts to process their remaining cases more efficiently (...)"* (Alternative Dispute Resolution Act of 1998. Pub. L. No. 105-315 Stat. 1993 [1998]).

[154] *"Section 3 – Alternative dispute resolution processes to be authorized in all district courts. (b) AUTHORITY Each United States district court shall authorize, by local rule adopted under section 2071(a), the use of alternative dispute resolution processes in all civil actions, including adversary proceedings in bankruptcy, in accordance with this chapter, except that the use of arbitration may*

Também levando em consideração o uso crescente da mediação nas cortes judiciais, comitês reunidos na *National Conference of the Comissioners on Uniform State Laws* e na *American Bar Association's Section of Dispute Resolution* elaboraram, em 2001, o texto do *Uniform Mediation Act*, com propósito de uniformizar a regulação da mediação nos estados, que passaram a poder adotá-lo e promulgá-lo como lei local.[155]

Contando com a legitimidade e com os incentivos conferidos por esses atos normativos, os programas de solução de disputas proliferaram-se nas cortes federais e estaduais. O estímulo à autocomposição antes do julgamento também continuou crescente, tornando a negociação um elemento central do sistema judicial e da prática advocatícia até mais, segundo alguns autores,[156] do que a preparação e a realização do julgamento em si.[157]

Entretanto, diferentemente do que vem ocorrendo no contexto brasileiro, em que há clara tendência para a centralização e a uniformização de programas judiciais de conciliação e mediação, o estabelecimento de parâmetros legislativos manteve a autonomia das instâncias jurisdicionais para customização de programas e práticas adaptadas às suas estruturas organizacionais e às necessidades das diferentes localidades.

---

be authorized only as provided in section 654. Each United States district court shall devise and implement its own alternative dispute resolution program, by local rule adopted under section 2071(a), to encourage and promote the use of alternative dispute resolution in its district".

[155] Segundo o *site* da National Conference of the Commissioners on Uniform State Laws, os estados que já promulgaram o *Uniform Mediation Act* são: Dakota do Sul, Distrito de Columbia, Havaí, Idaho, Illinois, Iowa, Nebraska, New Jersey, Ohio, Utah, Vermont e Washington. Disponível em: http://www.uniformlaws.org. Acesso: 04 set. 2019.

[156] Nesse sentido, *vide*: RESNIK, Judith. Mediating preferences: litigant preferences for process and judicial preferences for settlement. *Journal of Dispute Resolution*, n. 155, p. 155-169, 2002; GALANTER, Marc. The portable soc. 2., or, what to do until the doctrine comes. *In*: MACALOON, John J. *General education in the social* sciences: centennial reflexions on the college of the University of Chicago. Chicago: University of Chicago Press, 1992; MCMUNIGAL, Kevin C. The costs of settlement: the impact of scarcity of adjudication on litigating lawyers. *UCLA Law Review*, v. 37, p. 833-881, 1989-1990.

[157] *"The settlement process in not some marginal, peripheral aspect of legal disputing in America; it is the central core. Over 90 percent of civil cases are settled (and of course many more disputes are settled before reaching the stage of filing). Lawyers spend more time on settlement discussion than on research or on trials and appeals. Much of the other activity that lawyers engage in (e.g., discovery) is articulated to the settlement process. Even in the case that departs from the standardized routines of settlement, negotiation and litigation are not separate processes, but are inseparably entwined. Negotiation is not the law's soft penumbra, but the hard heart of the process. The so-called hard law turns out to be only one (often malleable) set of counters for playing the litigation game".* (GALANTER, 1992, p. 255).

2.3 Meios consensuais no Judiciário e acesso à justiça

2.3.1 O movimento de acesso à justiça e os meios alternativos de solução de disputas

A relação entre o movimento de ampliação do acesso à justiça e o uso de meios alternativos (à adjudicação estatal) integra uma das vertentes do famoso estudo *Access to Justice: the World-Wide Movement to Make Rights Effective*, também conhecido como *Florence Project*, coordenado por Mauro Cappelletti e Bryant Garth e financiado pela Ford Foundation nos anos 1970.[158]

Partindo de uma desconstrução da igualdade formal do liberalismo e do acesso à justiça enquanto um direito meramente formal de ingresso com a demanda judicial, os autores discorrem sobre o direito de acesso à justiça à luz das transformações decorrentes da massificação das relações sociais, da expansão do *welfare state* e do reconhecimento dos direitos sociais e concluem que, na medida em que surgem novos conflitos e direitos que demandam ações afirmativas do Estado, as estruturas judiciárias demonstram sua inadequação, surgindo a necessidade de busca pela simplificação de procedimentos e por mecanismos eficazes de resolução de conflitos e vindicação de direitos. No seu entender, a expressão "acesso à justiça" deve remeter às duas finalidades básicas de um sistema jurídico, concebido no qual as pessoas podem reivindicar seus direitos e/ou resolver seus litígios sob os auspícios do Estado. Esse sistema deve ser igualmente acessível a todos, produzindo resultados individualmente e socialmente justos e removendo as barreiras (ou os obstáculos) para se atingir uma situação de "paridade de armas", de tal modo que o resultado final do processo dependa apenas dos méritos de cada uma das partes e não seja influenciado por diferenças externas que afetem a postulação e a vindicação de direitos.[159]

Partindo dessas premissas, são identificadas três ondas reformatórias que visaram a transpor alguns dos principais obstáculos para o efetivo acesso ao sistema judicial.

A primeira refere-se aos obstáculos econômicos para o acesso à justiça – a pobreza legal e a falta de recursos como informação e representação adequada – e consolida expedientes voltados para a oferta de orientação jurídica e assistência gratuita.

---

[158] CAPPELLETTI, Mauro; GARTH, Bryant. *Access to Justice*: the world-wide movement to make right effective – a general report. Milano: Dott A. Giuffre, 1978.

[159] CAPPELLETTI; GARTH, 1978, p. 6-10.

A segunda onda é contextualizada pela expansão dos direitos sociais e pela massificação das relações humanas, com a consequente propagação de lesões que afetam classes, grupos e até mesmo a sociedade como um todo. Surgem, então, obstáculos organizacionais – ou pobreza organizacional – na postulação desses direitos e na vindicação dessas lesões, na medida em que indivíduo isolado é titular de parcela insignificante desse direito e que sua demanda dificilmente criará um desincentivo ao infrator. Essa segunda onda consiste na criação de mecanismos de coletivização de demandas, como a *civil action* e a ação popular.[160]

A terceira onda enfrenta um obstáculo processual, que é a inadequação do tradicional processo judicial na resolução de determinados tipos de disputas. Sua superação implica a busca de outros mecanismos que se mostrem mais adequados do que os procedimentos usuais para a resolução dessas disputas. Ainda que a arbitragem, a mediação e a conciliação não fossem formas necessariamente novas de se lidar com conflitos, haveria novas razões para as sociedades modernas apostarem nessas alternativas, vislumbrando nelas a possibilidade de obtenção de resultados qualitativamente melhores do que os do processo contencioso, além de maior acessibilidade, maior informalidade e custos mais baixos.[161]

Eliane Junqueira argumenta que, no Brasil, o interesse pelo tema do acesso à justiça não foi motivado pelas mesmas questões que nortearam o movimento internacional retratado no *Florence Project*, mas sim pelo processo de abertura política e de emergência de movimentos sociais que questionavam a exclusão da grande maioria da população de direitos básicos, como saúde e educação.[162]

---

[160] CAPPELLETTI, Mauro. Os métodos alternativos de solução de conflitos no quadro do movimento universal de acesso à justiça. *Revista de Processo*, São Paulo, v. 74, p. 82-97, 1994.

[161] "Essa idéia decerto não é nova: a conciliação, a arbitragem, a mediação foram sempre elementos importantes em matéria de solução de conflitos. Entretanto, há um novo elemento consistente em que as sociedades modernas descobriram novas razões para preferir tais alternativas. É importante acentuar que essas novas razões incluem a própria essência do movimento de acesso à Justiça, a saber, o fato de que o processo judicial agora é, ou deveria ser, acessível a segmentos cada vez maiores da população, aliás, ao menos teoricamente, a toda a população. Esse é sem dúvida o preço do acesso à Justiça, o qual é o preço da própria democracia: um preço que as sociedades avançadas devem sentir-se dispostas a (e felizes em) pagar" (CAPPELLETTI, 1994, p. 88).

[162] "Invertendo o caminho clássico de conquista de direitos descrito por Marshall, o caso brasileiro não acompanha o processo analisado por Cappelletti e Garth a partir da metáfora das três 'ondas' do 'access-to-justice-movement'. Ainda que durante os anos 80 o Brasil, tanto em termos da produção acadêmica como em termos das mudanças

MARIA CECÍLIA DE ARAUJO ASPERTI
A MEDIAÇÃO E A CONCILIAÇÃO DE DEMANDAS REPETITIVAS

As primeiras pesquisas voltadas para o acesso coletivo à justiça no Brasil revelam uma preocupação com a incompatibilidade entre as demandas sociais e coletivas postuladas pelos movimentos sociais então emergentes e a configuração do Poder Judiciário, eminentemente formalista e inacessível e tradicionalmente estruturado para o processamento de demandas individuais. Esses estudos foram fortemente influenciados pelo pluralismo jurídico de Boaventura de Sousa Santos retratado em "Pasárgada", uma das principais bases teóricas para as pesquisas jurídicas sociologicamente orientadas no final dos anos 1970.[163] A partir dos anos 1980, a agenda de pesquisas brasileira voltou-se para temas relacionados a acesso à justiça, conflituosidade coletiva e mecanismos paralelos de solução de conflitos.[164]

Em termos de mudanças legislativas, é de especial relevo a promulgação da Lei nº 7.244/1984, que instituiu os juizados de pequenas causas, posteriormente derrogada pela Lei nº 9.099/1995, ou Lei dos Juizados Especiais Cíveis e Criminais.

Sustentava-se que os juizados ampliariam o acesso à justiça formal daquilo que o professor Kazuo Watanabe chamara de "litigiosidade contida", assim entendida como sendo os "conflitos que ficam completamente sem solução, muitas vezes até pela renúncia total do direito do prejudicado" e que, por falta de via adequada e em virtude

---

jurídicas, também participe da discussão sobre direitos coletivos e sobre a informalização das agências de resolução de conflitos, aqui estas discussões são provocadas não pela crise do Estado de bem-estar social, como acontecia então nos países centrais, mas sim pela exclusão da grande maioria da população de direitos sociais básicos, entre os quais o direito à moradia e à saúde" (JUNQUEIRA, Eliane. Acesso à justiça: um olhar retrospectivo. *Revista Estudos Históricos*, Rio de Janeiro, n. 18, p. 389-401, 1996, p. 390).

[163] SANTOS, Boaventura de Sousa. The law of the oppressed: the construction and reproduction of legality in Pasargada. *Law & Society Review*, Denver, v. 12, n. 1, p. 5-126, 1977.

[164] Merece destaque a dissertação de mestrado de Luciano Oliveira, que se volta para as práticas "judiciais" dos comissários de polícia de Recife e para o costume das classes populares de recorrer a delegacias de polícia para resolver seus conflitos interpessoais ("dar queixa no distrito"). O estudo conclui que essas comunidades não concebiam o Poder Judiciário como instância disponível para resolução desse tipo de conflito: "Sob um enfoque bastante comum dentro da sociologia jurídica, o encaminhamento desses pequenos casos para agências informais de resolução passa por ser um dos capítulos da velha história da inacessibilidade do Judiciário a determinados tipos de causas e, consequentemente, da busca, pelos interessados, de locais alternativos para onde possam se dirigir. Mas aqui, talvez, caiba uma correção. É que a formulação convencional dá errônea impressão de que as pessoas, depois de se terem defrontado com a inacessibilidade do Judiciário, é que se voltam para outras instâncias. Em termos de Brasil, historicamente nada mais falso. Com efeito, se considerarmos os casos de natureza pessoal que levantamos, veremos que o seu tratamento sempre esteve noutras mãos que não o Judiciário" (OLIVEIRA, Luciano. Polícia e classes populares. *Cadernos de Estudos Sociais*, Recife, p. 85-94, jan./jun. 1984. p. 94).

dos custos do processo judicial, acabavam sendo solucionados "de modo inadequado, em Delegacias de Política, ou pela atuação de 'justiceiros', ou mesmo pela prevalência da lei do mais forte, etc.".[165] Os juizados reuniriam as estratégias de canalização desses conflitos para a via judicial: gratuidade, simplificação de procedimentos, possibilidade de se litigar independentemente da representação de um advogado e incentivos à busca de soluções conciliadas,[166] sendo vedados procedimentos complexos de instrução e recursos que pudessem prolongar a tramitação do feito.[167]

Mais recentemente, a propagação da conciliação e da mediação judiciais tem sido propagada como forma de ampliação do acesso à justiça, crescendo-se o apoio à institucionalização e a promoção desses meios pelo próprio Judiciário.[168]

É nesse sentido que a Política Judiciária Nacional de Tratamento Adequado dos Conflitos de Interesses declara em seus objetivos que "o direito de acesso à Justiça, previsto no art. 5º, XXXV, da Constituição Federal além da vertente formal perante os órgãos judiciários, implica acesso à ordem jurídica justa" e, ainda, que

> cabe ao Judiciário estabelecer política pública de tratamento adequado dos problemas jurídicos e dos conflitos de interesses, que ocorrem em larga e crescente escala na sociedade, de forma a organizar, em âmbito nacional, não somente os serviços prestados nos processos judiciais, como também os que possam sê-lo mediante outros mecanismos de solução de conflitos, em especial dos consensuais, como a mediação e a conciliação.

Ao adotar o conceito de acesso à ordem jurídica justa, conforme expressão utilizada pelo professor Kazuo Watanabe,[169] a política remete

---

[165] WATANABE, Kazuo. Filosofia e características básicas do Juizado Especial de Pequenas Causas. *In*: WATANABE, Kazuo (Org.). *Juizado Especial de Pequenas Causas (Lei 7.244, de 7 de novembro de 1984)*. São Paulo: RT, 1985. p. 2.

[166] Sobre a conciliação nos juizados especiais no contexto do movimento pela conciliação no Brasil, ver Capítulo 4, item 4.1.

[167] SADEK, Maria Tereza. Juizados especiais: um novo paradigma. *In*: SALLES, Carlos Alberto de (Org.). *As grandes transformações do processo civil brasileiro*: homenagem ao professor Kazuo Watanabe. São Paulo: Quartier Latin, 2009. p. 417-430.

[168] O Capítulo 4 tratará mais detalhadamente sobre o movimento pela conciliação no Brasil, para contextualizar a análise empírica realizada em centros/núcleos judiciais de mediação e conciliação.

[169] "A problemática do acesso à justiça não pode ser estudada nos acanhados limites do acesso aos órgãos judiciais já existentes. Não se trata apenas de possibilitar o acesso à

MARIA CECÍLIA DE ARAUJO ASPERTI
A MEDIAÇÃO E A CONCILIAÇÃO DE DEMANDAS REPETITIVAS

a uma visão mais ampla de acesso, que não se restringe ao ingresso com a demanda judicial, mas que compreende também

(1) o direito à informação e perfeito conhecimento do direito substancial e à organização de pesquisa permanente a cargo de especialistas e ostentada à aferição constante da adequação entre a ordem jurídica e a realidade sócio-econômica do país; (2) direito de acesso à justiça adequadamente organizada e formada por juízes inseridos na realidade social e comprometidos com o objetivo de realização da ordem jurídica justa; (3) direito à pré-ordenação dos instrumentos processuais capazes de promover a efetiva tutela de direitos; (4) direito à remoção de todos os obstáculos que se anteponham ao acesso efetivo à Justiça com tais características.[170]

A relação entre as ideias de acesso à justiça, litigiosidade repetitiva e meios consensuais é evidenciada pelo fato de que a ampliação do acesso à justiça facilita um ingresso cada vez maior de demandas individuais semelhantes, o que incentiva o Judiciário a buscar outras respostas para essas demandas que não o processo judicial. O reconhecimento dessa dinâmica é fundamental para que sejam pensadas sistemáticas pré-processuais, processuais ou gerenciais capazes de lidar com essa configuração de litigiosidade sem que isso signifique uma obstaculização do acesso às instituições judiciárias.

2.3.2 A inafastabilidade da jurisdição em face dos meios consensuais judiciais

Como visto no capítulo anterior, os processos repetitivos (disputas repetitivas judicializadas) estiveram no foco de reformas judiciárias e processuais que objetivaram, de modo geral, lidar com a litigiosidade repetitiva por meio do uso de mecanismos de julgamento baseados na racionalidade dos precedentes judiciais e da agregação de demandas. O presente estudo pretende averiguar se a existência e a multiplicação de disputas repetitivas repercutem também no seu gerenciamento pelo Judiciário mediante a utilização de mecanismos de natureza consensual

---

Justiça, enquanto instituição estatal, e sim de viabilizar o acesso à ordem jurídica justa" (WATANABE, Kazuo. *Acesso à justiça e sociedade moderna. In*: GRINOVER, Ada Pellegrini; DINAMARCO, Cândido Rangel. *Participação e processo*. São Paulo: Revista dos Tribunais, 1988. p. 128).

[170] WATANABE, 1988, p. 135.

pelo Judiciário como filtro ou como técnica para processamento de demandas repetitivas.

A oferta e a promoção de outros meios de solução de disputas pelo Judiciário, seja mediante práticas no curso do processo, seja por meio do estabelecimento de programas judiciais anexos às estruturas judiciárias, remete a uma reflexão sobre o conceito de jurisdição e sobre as funções da jurisdição estatal e da garantia de sua inafastabilidade, prevista pelo artigo 5º, XXXV, da Constituição Federal.

Segundo Carlos Alberto de Salles, a concepção trifacetada de jurisdição como poder, função e atividade sustentada pela doutrina processual[171] parte de um modelo exclusivamente judicial de solução de controvérsias, no qual a jurisdição é, ao mesmo tempo, o poder conferido ao juiz estatal de decidir imperativamente, a função do Estado de pacificar conflitos (realização dos escopos do processo) e a atividade exercida pelo juiz estatal no exercício desse poder e da função que lhe são prescritos pela lei.[172]

Em um cenário de crescente utilização de outros arranjos de solução de disputas, como alternativa ao processo judicial, inclusive no ambiente do Judiciário, o conceito de jurisdição pode assumir uma perspectiva mais ampla, na qual os elementos da função e da atividade – essenciais ao conceito que se restringe ao monopólio da jurisdição estatal – perdem relevância. Assim, faria mais sentido dar ênfase à faceta da jurisdição enquanto poder, ou como a capacidade de decidir imperativamente controvérsias caso as partes não encontrem uma solução consensual,[173] de modo que a função adjudicatória da jurisdição fosse exercida somente quando necessário, ou seja, quando as partes não chegassem por si só a uma resolução mutuamente vantajosa.

É também nesse sentido que Cândido Rangel Dinamarco afirma que os meios alternativos como mecanismos de pacificação social merecem especial preocupação dos processualistas, que devem se voltar aos diversos meios de acesso à ordem jurídica justa, ainda que não

---

[171] "Da jurisdição (…) podemos dizer que é uma das funções do Estado, mediante a qual este se substitui aos titulares dos interesses em conflito para, imparcialmente, buscar a pacificação do conflito que os envolve, com justiça. (…) Que ela é uma função do Estado e mesmo um monopólio estatal, já foi dito; resta agora, a propósito, dizer que a jurisdição é ao mesmo tempo, *poder, função e atividade*" (CINTRA, Antonio Carlos de; GRINOVER, Ada Pellegrini; DINAMARCO, Cândido Rangel. *Teoria geral do processo*. 21. ed. São Paulo: Malheiros, 2005. p. 139-140, grifo dos autores).

[172] SALLES, Carlos Alberto de, 2011, p. 88-89.

[173] SALLES, Carlos Alberto de, 2011, p. 18-27.

sejam estritamente fiéis ao direito substancial.[174] Segundo ele, esses meios não visam a dar efetividade ao direito material ou à atuação da vontade concreta da lei, mas sim ao escopo pacificador da jurisdição.

Especificamente sobre a garantia da inafastabilidade da jurisdição, Salles pondera que o atual conteúdo da referida cláusula constitucional deve ser entendido não apenas sob a ótica da vedação imposta ao Estado, mas também de seu dever de prestação jurisdicional.[175] Sob essa perspectiva, os mecanismos alternativos de solução de controvérsias são vistos não como formas de exclusão ou limitação da jurisdição, mas sim como instrumentos auxiliares desta, propiciando "novos canais para dar efetividade à garantia de prestação do serviço judiciário".[176]

Diverso é o entendimento de José Ignácio Botelho de Mesquita, para quem a promoção da conciliação judicial pelo Judiciário configura-se como uma equivocada atribuição à jurisdição voluntária dos fins da jurisdição contenciosa, em prejuízo das salvaguardas asseguradas por esta e pelo processo judicial.[177]

Sendo a essência da jurisdição a sua faceta contenciosa, que consiste na atividade estatal que objetiva transformar a realidade do direito ou a realidade dos fatos para que passem a comportar-se em conformidade com o previsto abstratamente numa norma preestabelecida,[178] a pacificação e a promoção do bem comum pretendidas pela conciliação não estariam inseridas nesse escopo; por serem fins assistenciais, devem ser buscados pelo Estado por meio da colaboração com o povo e com as instituições de solidariedade social, não por meio do exercício da jurisdição.[179] Mesquita argumenta que

---

[174] DINAMARCO, Cândido Rangel. *Fundamentos do processo civil moderno*. São Paulo: Malheiros, 2010. v. 1. p. 391-392.

[175] SALLES, Carlos Alberto de. Mecanismos alternativos de solução de controvérsias e acesso à justiça: a inafastabilidade da tutela jurisdicional recolocada. *In*: FUX, Luiz; NERY JÚNIOR, Nelson; WAMBIER, Teresa Arruda Alvim. *Processo e Constituição*: estudos em homenagem ao professor José Carlos de Barbosa Moreira. São Paulo: RT, 2006. p. 779-792.

[176] SALLES, 2006, p. 781-782. Fernanda Tartuce (2008, p. 165) concorda com esse argumento, acrescentando que "não há pretensão em substituir a via judiciária por outras instâncias de composição de conflitos; busca-se, em realidade, disponibilizar mais mecanismos e permitir a adoção de vias diferenciadas mais adequadas ao tratamento das controvérsias em relação de complementariedade com o mecanismo tradicional clássico".

[177] MESQUITA, José Ignácio Botelho de. As novas tendências do direito processual: uma contribuição para o seu reexame. *In*: MESQUITA, José Ignácio Botelho de. *Teses, estudos e pareceres de processo civil*. São Paulo: RT, 2005. p. 263-307.

[178] MESQUITA, 2005, p. 267-268.

[179] "A redução da litigiosidade contida, a pacificação social e a promoção do bem comum, por exemplo, não se conseguem alcançar com reformas legislativas e menos ainda as processuais. Constituem objeto de outro setor da atividade do Estado – a assistência social –

ao se promover a conciliação, deixa-se de submeter o produto do processo, por meio do devido processo legal, a um controle de qualidade consistente na adequação do resultado à promessa contida na lei.

Haveria, ainda, um estímulo à autocomposição decorrente da certeza da demora do processo e da incerteza de seu resultado, incentivando-se o descumprimento espontâneo da lei posta motivado pela crença de que essa infração não será submetida ao crivo da jurisdição contenciosa.[180] Assim, a despeito das possíveis vantagens da conciliação e da transação, conferir-lhes maior valor do que à solução adjudicada teria um custo institucional muito alto, levando ao enfraquecimento do próprio direito.[181]

No contexto do Judiciário e do ordenamento norte-americano, Owen Fiss critica a promoção do consenso argumentando que a adjudicação estatal tem a função de "explicar e conferir força aos valores contidos em textos de grande autoridade, como a Constituição Federal e as leis"[182] e que não se resume a um mero instrumento de resolução privada de controvérsias que visa à maximização dos objetivos de particulares ou à garantia da paz.[183] Para Fiss, sendo o sistema político norte-americano calcado na inércia do Judiciário, o incentivo ao acordo acabaria privando as cortes de interpretarem o direito à luz de questões concretas e de participarem em controvérsias de grande repercussão social nas quais uma sentença judicial seria um resultado mais justo e coerente com os valores públicos do que uma transação realizada interpartes.[184]

---

que não é da competência dos juízes. A única contribuição efetiva que os juízes têm para oferecer à sociedade está em proporcionar a certeza de que os litígios serão resolvidos segundo a lei e no tempo mais curto possível; o que só se consegue com estudo e muito trabalho em quantidade compatível com o número dos feitos" (MESQUITA, 2005, p. 296).

[180] "A certeza de que os processos demoram um tempo enorme e de que, por isso mesmo, juízes, conciliadores, mediadores e árbitros tudo farão para que se encerrem por autocomposição do litígio, aliada à incerteza sobre se o juiz decidirá segundo a lei e não pela ideologia de sua preferência, constitui um poderoso estímulo ao descumprimento das obrigações e, portanto, à criação de litígios onde, não fora isso, maiores seriam as probabilidades de adesão ao império da lei" (MESQUITA, 2005, p. 296).

[181] MESQUITA, 2005, p. 289.

[182] FISS, 2004b, p. 139.

[183] FISS, 2004b, p. 121-145.

[184] "Ser contra o acordo é apenas sugerir que quando as partes celebram um acordo a sociedade obtém menos do que parece, por um preço que não se sabe quem está pagando. As partes podem compor-se amigavelmente sem que a justiça seja feita. O acordo celebrado em um processo judicial que tenha por objeto a dessegregação escolar pode assegurar a paz e, contudo, deixar de garantir a igualdade racial. Não obstante o fato de as partes estarem preparadas para viver sob as condições acordadas e embora tal coexistência pacífica possa

Fiss também deduz outros argumentos para se posicionar contra a promoção do acordo no Judiciário: a disparidade de recursos entre as partes; a ausência de consentimento legítimo;[185] e a falta de bases para o envolvimento judicial continuado após a celebração do acordo.[186] As questões levantadas sobre a influência do desequilíbrio de poder e de recursos no procedimento de negociação e em acordos são fundamentais para a investigação da conciliação e da mediação judiciais em disputas repetitivas, considerando, como já exposto no Capítulo 1, a relação entre o litigante repetitivo e o litigante ocasional inerente a esse tipo de litigância.[187]

Embora não faça parte do escopo deste trabalho uma redefinição do conceito de jurisdição em vista da institucionalização de outros meios de solução, a análise do protagonismo do Judiciário na promoção do uso desses mecanismos evidencia uma significativa diversificação das funções e das atividades por este exercidas.

Como visto no capítulo anterior, vive-se atualmente um momento de reflexão acerca do papel que se espera do Judiciário ante uma nova e intensificada demanda pela tutela jurisdicional. Enquanto a consagração de novos direitos e a facilitação do acesso, aliadas a outros fatores diversos – como a dinamização das relações interpessoais e do fluxo de informações, a atuação de grandes entes estatais e privados e de agentes reguladores, a proliferação de normas, etc. –, viabilizaram e incentivaram o ingresso de um volume progressivamente maior de demandas no sistema, as estruturas judiciárias se viram incapazes de responder à crescente busca pela tutela jurisdicional do Estado.

---

constituir um pré-requisito necessário para a justiça, cuidando-se de uma situação a ser avaliada, não há propriamente justiça. Celebrar um acordo significa aceitar menos do que o ideal" (FISS, 2004b, p. 140).

[185] Parte-se da constatação de que muitas vezes as partes em litígio não são indivíduos que manifestam de forma autônoma seus interesses, mas sim entes representados por prepostos ou advogados ou grupos de interesses ou classes representadas em procedimentos coletivos, situações nas quais não há clareza quanto ao consentimento dos efetivos titulares de direitos quanto às transações engendradas por seus representantes em juízo (FISS, 2004b, p. 128-134).

[186] Fiss descrói uma visão tradicional do processo enquanto mero instrumento de solução de disputa e defende que, por vezes, a via judicial é palco de grandes conflitos nos quais o juiz é colocado no centro da implementação de decisões judiciais que exigem verdadeiras reformas estruturais em organizações burocráticas (como no famoso caso *Brown vs. Board of Education*) que demandam um envolvimento judicial continuado. Ao encerrar um processo com um acordo, não são colhidas as provas necessárias para subsidiar um pedido futuro de revisão das bases estipuladas para implementação dessa reforma estrutural, sujeita a variáveis inerentes a provimentos de execução em médio e longo prazo (FISS, 2004b, p. 134-138).

[187] Esses argumentos são analisados no item 2.6.

Contudo, esse aumento da litigiosidade não é um dado por si só negativo ou uma problemática a ser combatida.[188] Poder-se-ia observar esse diagnóstico com bons olhos se evidenciasse um aumento do acesso pela população ao sistema de justiça e a informações acerca de seus direitos. É necessário atentar, contudo, para situações em que essa litigiosidade não reflete o acesso, mas sim a falta de opções extrajudiciais de solução de conflitos ou o excesso de entraves burocráticos embutidos nas relações consumidor-fornecedor e cidadão-Estado, fazendo com que uma dessas partes tenha de inevitavelmente recorrer à via judicial.

Ao ser afetado diretamente pelo crescimento no volume de ações ajuizadas, o Judiciário vem protagonizando medidas para reduzir o volume de demandas e recursos (filtros processuais ou pré-processuais), facilitar a tramitação processual, gerenciar e julgar processos de forma agregada e, ainda, ofertar ao jurisdicionado outros mecanismos de solução de disputas que não o processo judicial adjudicatório, principalmente mecanismos consensuais, como a conciliação e a mediação. Há, portanto, uma clara diversificação de funções da jurisdição, passando o Estado-juiz a atuar como gestor e legitimador de outras práticas de resolução de disputas, fazendo com que o acordo passe a ser visto como um outro "produto" do Judiciário, ao lado da sentença judicial.[189]

Essa diversificação de funções deve ser vista com cautela quando a utilização de outros meios de solução de disputas substitui ou ganha preferência sobre o processo judicial em si ou quando a busca pelo acordo relega para segundo plano a função decisória exercida mediante a adjudicação judicial.

---

[188] Como colocado pela pesquisa sobre as causas do aumento da litigiosidade repetitiva no Brasil, é necessário se perguntar se o crescimento do volume de demandas judiciais é necessariamente prejudicial ao sistema de justiça. Esse aumento também resulta da democratização do acesso à justiça e da conscientização da população acerca dos seus direitos. É possível identificar o que seja um "bom" e um "mau" volume? O mau volume é necessariamente relacionado à demanda repetitiva? Essas são questões fundamentais no estudo da litigiosidade repetitiva e de políticas judiciárias voltadas para o seu tratamento (CUNHA, Luciana Gross; GABBAY, Daniela Monteiro [Coords.]. *Litigiosidade, morosidade e litigância repetitiva*: uma análise empírica. São Paulo: Saraiva, 2013. [Série Direito e Desenvolvimento]. p. 155).

[189] "A diversificação de suas funções [do Judiciário] parece evidente: não se identifica mais apenas como o órgão julgador de conflitos de interesses através da aplicação da lei. A crise da justiça e do processo lhe tem imposto funções de gestão, legitimação dos mecanismos alternativos de resolução de conflito, elaboração de políticas de redução de demandas judiciais, de cooperação interinstitucional com órgãos da Administração Pública e instituições privadas ligadas aos grandes litígios etc" (CUNHA; GABBAY, 2013, p. 155).

Isso se dá quando o incentivo à utilização da conciliação, da mediação e de outros mecanismos de solução de disputas é pautado somente por metas quantitativas, com vistas apenas à redução do acervo de processos e do ingresso de processos judiciais (filtros), sem maiores preocupações com a qualidade do procedimento e de seus resultados.[190] Esse risco é ainda maior em se tratando de disputas repetitivas, tendo em vista a representatividade de seu volume e os impactos decorrentes em termos de congestionamento e morosidade processual. Se as repercussões dessas disputas e a análise perfunctória das causas de contingente de disputas repetitivas (litigância) forem relegadas em prol de uma busca unicamente por efetividade, celeridade e informalismo, o Judiciário estará de fato privilegiando uma *justiça de segunda classe*,[191] em detrimento de seu dever de prestação jurisdicional assegurado constitucionalmente e de um acesso à justiça efetivo à população.

2.4 Tribunais multiportas

Como visto, a institucionalização de outros meios de solução de disputas pelo Judiciário norte-americano foi fortemente influenciada pela noção de tribunal multiportas, propagada pelo texto de

---

[190] Sobre as condições que devem ser buscadas para uma boa interação entre a mediação e o processo judicial, Daniela Monteiro Gabbay sustenta que a mediação não pode ser vista apenas como um contraponto ao processo judicial ou como uma alternativa à morosidade e ao sistema adversarial; deve ser avaliada levando em consideração suas bases constitutivas, os predicados e os valores que lhe são próprios. Assim, a institucionalização da mediação também tem de resguardar a identidade funcional desta perante o Judiciário, evitando-se distorções e polarizações entre uma "justiça artesanal" e uma "justiça de massa", ou justiças de primeira e segunda classe. Para tanto, a autora defende a necessidade de uma definição clara do desenho institucional, dos objetivos, das escolhas (mediação obrigatória ou voluntária, pré-processual ou processual), da forma de triagem dos conflitos, do procedimento adotado e do papel assumido pelos atores envolvidos nos programas judiciais de mediação, fatores esses que exercem grande influência na relação entre a mediação e o processo judicial (GABBAY, Daniela Monteiro. *Mediação & Judiciário no Brasil e nos EUA*: condições, desafios e limites para a institucionalização da mediação no Judiciário. Brasília: Gazeta Jurídica, 2013).

[191] Cappelletti fala sobre os riscos de a conciliação e a mediação tornarem-se uma "justiça de segunda classe" quando padrões e garantias mínimos, a serem observados: "Outra questão árdua é a de determinar os padrões e garantias mínimos a ser mantidos nessas espécies alternativas de órgãos julgadores e procedimentos. O risco, obviamente, é de que a alternativa só proporcione uma justiça de segunda classe, porque e quase inevitável que falte aos julgadores nos tribunais alternativos, pelo menos em parte, as salvaguardas de independência e treino de que dispõem os juízes ordinários" (CAPPELLETTI, Mauro. Os métodos alternativos de solução de conflitos no quadro do movimento universal de acesso à justiça. *Revista de Processo*, São Paulo, v. 74, p. 82-97, 1994. p. 89).

Frank Sander apresentado na *The Pound Conference* em 1979.[192] A essência do tribunal multiportas reside em um uso mais flexível e eclético de processos de solução de disputas e em um conceito de foro que mais se assemelharia a um "centro de resolução de disputas", que pudesse direcionar o demandante para um ou para uma sequência de procedimentos que se mostrassem mais adequados a seu caso.

Dentro de um tribunal multiportas, é possível que disputas sejam encaminhadas a diferentes mecanismos de solução de disputas (ou portas) mediante critérios de triagem definidos em lei ou em normas judiciais; remetidos por juízes (discricionariamente ou com base em critérios predefinidos); ou de acordo com vontade das partes. Também há a possibilidade de o legislador definir que, para disputas envolvendo determinados direitos materiais, certos procedimentos de solução de conflitos específicos deverão ser utilizados de forma mandatória ou voluntária.[193]

Qualquer que seja a forma de encaminhamento, a análise das características do conflito é fundamental. Revisitando os critérios sugeridos por Sander, Marco Antônio Garcia Lopes Lorencini propõe que os seguintes elementos sejam levados em consideração quando da triagem de disputas em um sistema multiportas: (i) existência de vários focos (policêntrico) ou de apenas um no conflito; (ii) envolvimento ou não de interesse público; (iii) existência de relação continuada entre as partes (*e.g.* vizinhança, familiar, empresarial) ou eventual (*e.g.* batida de carro, relação de consumo, relação com a administração pública); (iv) valores envolvidos, predisposição e recursos das partes para custear a resolução do conflito; (v) tempo a ser gasto com a resolução do conflito e predisposição e possibilidade de as partes aguardarem esse tempo; (vi) interesse das partes de preservar a confidencialidade ou de dar publicidade à disputa; (vii) intenção das partes de gerar ou não um precedente judicial.[194]

Com o tempo, estudiosos dos meios alternativos de solução de disputas (*alternative dispute resolution* [ADR]) nos Estados Unidos foram

---

[192] SANDER, Frank. E. A. Varieties of dispute processing. *In*: LEVIN, Leo A.; WHEELER, Russel R. *The Pound Conference*: perspectives on justice in the future. St. Paul, USA: West, 1979. p. 65-87.

[193] SANDER, 1979, p. 84.

[194] LORENCINI, Marco Antônio Garcia Lopes. Sistema multiportas: opções para tratamento de conflitos de forma adequada. *In*: SALLES, Carlos Alberto de; LORENCINI, Marco Antônio Garcia Lopes; SILVA, Paulo Eduardo Alves da (Coords.). *Negociação, mediação e arbitragem*: curso básico para programas de graduação em Direito. São Paulo: Método, 2013. p. 77-78.

desenvolvendo esses critérios de triagem com base em dois vieses principais: o estudo das características do procedimento de solução de disputas para definição do perfil das demandas que deverão ser direcionadas a esse mecanismo (*fit the fuss to the forum*) ou o exame da natureza do conflito, dos atores envolvidos e de seus objetivos para a escolha de um mecanismo existente ou desenho de um procedimento que melhor se adequaria aos interesses das partes e às características do caso (*fit the forum to the fuss*).[195] Enquanto a primeira abordagem parte do pressuposto de que o mecanismo já existe e de que, por isso, é possível definir previamente que tipo de conflito pode lhe ser direcionado, pela segunda torna-se possível o exame das peculiaridades do caso em concreto uma vez já surgido o conflito. São analisados fatores como objetivos das partes, facilitadores e impedimentos para o acordo, características do caso, perfil das partes, ambiente em que se insere o conflito, entre outros.[196]

O momento da escolha do meio também se mostra relevante. Por exemplo, no caso de meios consensuais de cunho facilitativo, argumenta-se pelas vantagens de se remeter o caso antes da apresentação da defesa e da instrução probatória, propiciando que as partes cheguem mais "desarmadas" para a sessão e não se atenham às suas posições, que se consolidam ao longo do processo de elaboração da defesa, réplica e preparação para os demais atos processuais. Nesse sentido, poderia ser vantajoso o encaminhamento para a conciliação ou a mediação no âmbito pré-processual, ou seja, já dentro do Judiciário, porém antes do ajuizamento da demanda judicial, evitando-se os desgastes e os custos decorrentes do processo.

Também é importante levar em consideração que, ao abrir novas portas para encaminhamento de disputas, estas também podem se tornar portas de entrada que viabilizam o ingresso de novas disputas (litigiosidade contida) ou de conflitos que outrora não eram

---

[195] SANDER, Frank E. A.; ROZDEICZER, Lukasz. Matching cases and dispute resolution procedures: detailed analysis leading to a mediation-centered approach. *Harvard Negotiation Law Review*, Cambridge, US, v. 11, p. 1-41, 2006.

[196] Alguns estudos e guias podem ser mencionados, como: SANDER, Frank E. A. GOLDBERG, Stephen B. Fitting the forum to the fuss: a user-friendly guide to selecting an ADR procedure. *Negotiation Journal*, v. 10, 1994; INTERNATIONAL INSTITUTE FOR CONFLICT PREVENTION & RESOLUTION. *ADR suitability guide*: featuring mediation analysis screen. Disponível em: http://www.cpradr.org/Resources/ALLCPRArticles/tabid/265/ID/644/ADR-Suitability-Guide-Featuring-Mediation-Analysis-Screen.aspx. Acesso em: 16 dez. 2012; e NIEMIC, Robert J.; STIENSTRA, Donna; RAVITZ. Randall E. *Guide to judicial management of cases in ADR*. Disponível em: http://www.fjc.gov/public/pdf.nsf/lookup/ADRGuide.pdf/$file/ADRGuide.pdf. Acesso em: 16 dez. 2012.

reconhecidos como disputas passíveis de postulação por quaisquer vias.

Há, segundo Sander, um claro *trade-off* entre os benefícios de se ter um sistema de resolução de disputas eficiente e mais acessível e os custos decorrentes da abertura de mais uma via de entrada de disputas no sistema, correndo-se o risco de que os recursos estruturais e humanos deste não sejam suficientes para suportar esse aumento de volume.[197]

No Brasil, percebe-se a influência do conceito de um tribunal multiportas na elaboração da Resolução n° 125/2010, na medida em que esta determina a estruturação de núcleos e centros de solução de conflitos e cidadania anexos às instâncias judiciárias (Justiça Estadual, Federal e do Trabalho) para encaminhamento de disputas para meios consensuais de solução de disputas antes ou após o ajuizamento da demanda.

Em seu texto original, a resolução previa a atuação, no setor pré-processual, de um servidor treinado que faria o encaminhamento de casos para a conciliação, a mediação ou outro método de solução consensual de disputas disponível[198] (à semelhança do *screening clerk* idealizado por Frank Sander). No setor processual, os processos seriam encaminhados pelos próprios magistrados, que indicariam por despacho o método de solução de conflitos a ser seguido[199] (anexo II, revogado pela Emenda n° 1/2013).

Na atual redação da resolução o artigo 9, §2°,[200] ainda faz referência ao servidor encarregado da triagem, que tem de ser capacitado

---

[197] *"It is important to realize, however, that by establishing new dispute resolution mechanisms, or improving existing ones, we may be encouraging the ventilation of grievances that are now being suppressed. Whether that will be good (in terms of supplying a constructive outlet for suppressed anger and frustration) or whether it will simply waste scarce societal resources (by validating grievances that might otherwise have remained dormant) we do not know. The important thing to note is that there is a clear trade-off: the price of an improved scheme of dispute processing may well be a vast increase in the number of disputes being processed"* (SANDER, 1979, p. 67-68).

[198] "O setor pré processual poderá recepcionar casos que versem sobre direitos disponíveis em matéria cível, de família, previdenciária e da competência dos Juizados Especiais, que serão encaminhados, através de servidor devidamente treinado, para a conciliação, a mediação ou outro método de solução consensual de conflitos disponível" (Texto revogado pela Emenda n° 1/2013).

[199] "O setor de solução de conflitos processual receberá processos já distribuídos e despachados pelos magistrados, que indicarão o método de solução de conflitos a ser seguido, retornando sempre ao órgão de origem, após a sessão, obtido ou não o acordo, para extinção do processo ou prosseguimento dos trâmites processuais normais" (Texto revogado pela Emenda n° 1/2013).

[200] "Artigo 9 (...) §2°. Os Tribunais deverão assegurar que nos Centros atuem servidores com dedicação exclusiva, todos capacitados em métodos consensuais de solução de conflitos e, pelo menos, um deles capacitado também para a triagem e encaminhamento adequado de casos.
§3° O treinamento dos servidores referidos no parágrafo anterior deverá observar as diretrizes estabelecidas pelo CNJ conforme Anexo I desta Resolução".

em métodos consensuais de solução de disputas, porém não define critérios de triagem ou de remessa. O estudo empírico em programas de conciliação e mediação no Brasil demonstrou que os programas judiciais vêm se estruturando nos termos da política judiciária do CNJ e que a remessa e a triagem de disputas é bastante influenciada pelo volume de processos repetitivos e pela atuação dos litigantes repetitivos, que muitas vezes são os responsáveis pelo encaminhamento de relações de processos ou de reclamações/pedidos para montagem de pautas e mutirões de conciliação. Não se visualizou, portanto, a atuação desse servidor especificamente focado na triagem, como se verá mais detidamente a seguir.

2.5 Desenho de resolução de disputas

No estudo das práticas e das escolhas realizadas pelos principais atores envolvidos e das iniciativas de institucionalização da mediação e da conciliação no Judiciário, é possível introduzir os conceitos inerentes à técnica de desenho de sistemas de resolução de disputas, que trata da customização de sistemas para lidar com gestão e solução de conflitos em contextos específicos.[201]

Programas judiciais de solução de disputas, sejam os que adotam uma sistemática de multiportas (triagem e encaminhamento de disputas para determinados mecanismos), sejam aqueles desenhados e estruturados a partir de conflitos específicos,[202] não deixam de ser

---

[201] Referências sobre essas técnicas podem ser encontradas em: URY, William L.; BRETT, Jeanne M.; GOLDBERG, Stephen B. *Getting disputes resolved*: designing systems to cut the costs of conflict. Cambridge, US: PON Books, 1993; CONSTANTINO, Cathy. Using interest-based techniques to design conflict management systems. *Negotiation Journal*, v. 12, n. 207, p. 207-214, 1996; SMITH, Stephanie; MARTINEZ, Janet. An analytic framework for dispute systems design. *Harvard Negotiation Law Review*, Cambridge, USA, v. 14, n. 123, p. 123-169, 2009; e BINGHAM, Lisa B. Designing justice: legal institutions and other systems for managing conflict. *Ohio State Journal on Dispute Resolution*, v. 1, n. 23, p. 1-150, 2009.

[202] Faz-se referência à abordagem dúplice adotada por Frank Sander e Lukasz Rozdeiczer, já mencionada, de busca pelo mecanismo mais adequado de acordo com as características da disputa (*"fit the fuss to the forum"*) e de customização de mecanismos de acordo com os objetivos das partes e as características do caso (*"fit the forum to the fuss"*). Segundo os autores, a segunda possibilidade teria maior potencial de proporcionar um foro adequado à resolução da controvérsia. No entanto, as duas abordagens são pertinentes: *"The first method assumes that the dispute resolution procedures are somewhat fixed, and therefore, prior to knowing the case, one can predict what kind of case should be matched to a certain procedure. To some extent this is true, and such predictions are possible. However, since disputes usually include a great number of elements that can influence and determine the most appropriate procedure, the latter approach of fitting the forum to a described fuss seems more efficient. Beginning the*

sistemas de solução de disputas inseridos em um contexto específico (o foro judicial), razão pela qual a análise estruturada de seu desenho é fundamental para compreensão de sua lógica de funcionamento. A metodologia de desenho de resolução de disputas, segundo William L. Ury, Jeanne M. Brett e Stephen B. Goldberg, tem como ponto de partida a premissa de que disputas podem ser dirimidas por meio da reconciliação de interesses (*interests-based*) ou de uma determinação de quem está certo (*rights-based*) ou de quem tem mais poder (*power-based*).[203] Para os autores, a resolução por meio da convergência de interesses é geralmente menos custosa do que aquela em que se determina quem tem razão e esta, por sua vez, envolve menos custos do que a solução que favorece quem tem mais poder. Assim, partes envolvidas em disputas devem tentar estruturar sistemas que privilegiem a reconciliação de interesses quando possível e, caso não se obtenha uma solução por essa via, viabilizem o uso de métodos baseados em direitos e em poder de forma menos custosa. Custos, para os autores, não são somente recursos financeiros, mas também as oportunidades desperdiçadas e o tempo e a energia emocional gastos com a disputa. Da mesma forma, os ganhos também não são somente monetários, pois se refletem na satisfação dos envolvidos com os resultados e com o processo, nos efeitos sobre as relações e na não recorrência das disputas dirimidas.[204]

O procedimento para construção desses sistemas inicia-se com um diagnóstico dos meios de resolução de disputas existentes: *quais* são as disputas que surgem no contexto do sistema, *como* elas são dirimidas (e com que custo) e *por que* determinados procedimentos são utilizados.[205] Com base nesse mapeamento, um novo sistema – ou aprimoramentos no sistema atual – pode ser delineado, de modo a reduzir os custos e aumentar os ganhos para os envolvidos. Para tanto, apresentam-se seis princípios básicos a serem observados no desenho de um sistema: (i) o foco deve estar nos interesses; (ii) é necessário

---

analysis from the parties' goals and case characteristics, which are hard to change, and then fitting (tailoring) the most appropriate forum for such a case seems a more reasonable approach. Moreover, since one procedure can have a variety of forms, knowing the case allows one not only to match it to one of the known procedures, but also to adapt a procedure to best fit the given dispute. Although the latter approach seems to be superior in most circumstances, in this Article we combine both perspectives" (SANDER; ROZDEICZER, 2006, p. 6-7).

[203] URY; BRETT; GOLDBERG, 1993, p. 3-19.

[204] URY; BRETT; GOLDBERG, 1993, p. 11-12.

[205] URY; BRETT; GOLDBERG, 1993, p. 20-40.

que haja mecanismos pelos quais as partes possam voltar a negociar caso entrem em uma disputa de direitos ou de poder; (iii) deve haver procedimentos subsidiários de solução de disputas baseados em direitos e em poder; (iv) deve-se estabelecer meios de consultar os envolvidos antes e após o conflito; e (v) deve-se organizar os procedimentos em uma sequência que vai do menos para o mais custoso.[206]

Esses conceitos e princípios foram utilizados para estruturação de fundos de indenização a vítimas de acidentes de grandes proporções, tais como o *9/11 Compensation Fund*, criado para indenização das vítimas do atentado terrorista de 11 de setembro de 2001,[207] e o *Gulf Coast Claims Facility*, referente ao derramamento de petróleo no Golfo do México em 2010.[208] Também são comumente usados em programas instalados dentro de organizações para lidar com conflitos internos, como o *USPS REDRESS Program*, estabelecido pelo *US Postal Service* para reclamações de discriminação com base em raça, gênero, nacionalidade, religião, idade ou deficiência (*equal employment opportunity*).[209]

No Brasil, a metodologia do desenho de solução de disputas inspirou a estruturação da Câmara de Indenização (CI 3054), montada para indenizar os beneficiários das 199 vítimas do acidente aéreo do voo TAM 3054. Tratou-se de uma iniciativa do Ministério da Justiça que envolveu as companhias aéreas, suas seguradoras, órgãos integrantes do Sistema Nacional de Defesa do Consumidor e do Sistema de Justiça e os próprios familiares das vítimas.[210] A experiência serviu de exemplo para o Programa de Indenização 447, originado com o acidente do voo Air France, e para o caso das indenizações coletivas negociadas pela Defensoria Pública no acidente do metrô em São Paulo, em 2007.[211]

---

[206] URY; BRETT; GOLDBERG, 1993, p. 41-64.

[207] ACKERMAN, Robert M. The September 11th Victim Compensation Fund: an effective administrative response to national tragedy. *Harvard Negotiation Law Review*, Cambridge, US, v. 10, n. 135, p. 135-230, 2005. p. 137-140.

[208] Mais informações no relatório elaborado pela BDO Consulting a pedido do U.S. Department of Justice: *Independent evaluation of the Gulf Coast Claims Facility – Report of findings & observations*. Disponível em: http://www.justice.gov/opa/documents/gccf-rpt-find-obs.pdf. Acesso em: 05 set. 2019.

[209] BINGHAM, Lisa B.; HALLBERLIN, Cynthia J.; WALKER, Denise A.; CHUNG, Won-Tae. Dispute system design and justice in employment dispute resolution: mediation at the workplace. *Harvard Negotiation Law Review*, Cambridge, USA, v. 14, n. 1, 2009.

[210] Sobre a Câmara de Indenização do Acidente da TAM, *vide*: FALECK, Diego. Introdução ao design de sistema de disputa: Câmara de Indenização 3054. *Revista Brasileira de Arbitragem*, Porto Alegre, v. 5, p. 7-21, jul./ago./set. 2009.

[211] Mais informações sobre o sistema estruturado para indenização das vítimas do acidente do metrô estão disponíveis no *site* do Prêmio Innovare: https://www.premioinnovare.com.

Ao se estruturar programas judiciais de solução de disputas, há uma série de potencialidades e dificuldades a serem analisadas, especialmente em se tratando de disputas individuais repetitivas que integrem um contingente volumoso e representativo.

Como visto no Capítulo 1, essas disputas repetitivas podem versar sobre questões de interesse público e sobre direitos individuais homogêneos, situações essas em que há outros fatores que devem ser levados em consideração. Em pesquisa realizada para o Ministério da Justiça (série Pensando o Direito) denominada *Desenho de sistemas de resolução alternativa de disputas para conflitos de interesse público*,[212] foram levantadas dificuldades e potencialidades do uso de meios extrajudiciais de solução de conflitos e da customização de sistemas de resolução de disputas envolvendo direitos e interesses difusos, coletivos e individuais homogêneos.[213]

Dentre as dificuldades apontadas, destacaram-se a questão da responsabilidade objetiva do Estado e as restrições à autocomposição e os limites à negociação pela administração pública, bem como o pagamento de dívidas por meio de precatórios, as restrições orçamentárias, a responsabilidade do gestor público (sob o efeito das leis de responsabilidade fiscal e de improbidade administrativa), a indisponibilidade do bem público, a inafastabilidade da jurisdição e a posição restritiva do Tribunal de Contas quanto aos meios alternativos de solução de conflitos.[214] A falta de clareza quanto ao conceito de indisponibilidade do bem público e a responsabilidade pessoal dos agentes (que acabam por preferir decisões judiciais que os isente de responsabilidade) são fatores que também dificultam a tomada de decisões inovadoras para resolução de conflitos envolvendo o interesse público.[215]

---

br/praticas/l/indenizacoes-extrajudiciais-relacionadas-ao-acidente-do-metro-em-sao-paulo-2546. Acesso em: 05 set. 2019.

[212] Cf. CUNHA, Luciana Gross; GABBAY, Daniela Monteiro (Coords.). *O desenho de sistemas de resolução alternativa de disputas para conflitos de interesse público*. Brasília: Secretaria de Assuntos Legislativos do Ministério da Justiça, 2011. (Série Pensando o Direito, nº 38/2011).

[213] A pesquisa destaca a tramitação do Projeto de Lei nº 5139/2009, propondo a revogação de normas que disciplinam a ação civil pública e a propositura de um novo regime legal que prevê, dentre outras mudanças, a possibilidade de o demandado em ação civil pública apresentar em juízo um programa extrajudicial de prevenção ou reparação de danos a interesses ou direitos difusos, coletivos ou individuais (capítulo 10, artigos 57 a 60). Esse programa poderá compreender diversos métodos de solução de disputas e deverá ser necessariamente submetido ao crivo do Ministério Público e do juízo competente.

[214] CUNHA; GABBAY, 2011, p. 14.

[215] CUNHA; GABBAY, 2011, p. 74-75.

No estudo empírico realizado no Brasil e nos EUA, pretendeu-se analisar programas judiciais de mediação e conciliação para se identificar quais características dessas iniciativas repercutem (e como) no tratamento de disputas repetitivas, bem como as práticas especificamente adotadas para lidar com esse tipo de disputa. Esse estudo de aspectos e de escolhas realizadas pelo Judiciário quando da montagem do programa pode ser realizado sob o prisma dos critérios propostos pelos estudiosos de sistemas de solução de disputas.

Para tanto, o modelo proposto por Stephanie Smith e Janet Martinez mostra-se bastante adequado, na medida em que, diferentemente de muitos estudos que se propõem a estabelecer um "passo a passo" para construção de um sistema, as autoras estabelecem critérios e terminologias úteis para o estudo e a avaliação de sistemas existentes:

1. Objetivos:
   Que tipos de conflito são remetidos ao programa?
   Quais são os objetivos do programa?
2. Processos e estrutura:
   Quais processos (ou mecanismos) são utilizados para prevenir, gerenciar ou resolver disputas?
   Se há mais de um processo/mecanismo, como estão ligados ou integrados?
   Quais são os incentivos e os desincentivos para se utilizar o programa?
   Qual a interação do programa com o sistema formal de justiça?
3. **Atores (ou** *stakeholders***):**
   Quem são os *stakeholders*?
   Qual o seu poder relativo?
   Como seus interesses estão representados no programa?
4. Recursos:
   Quais são os recursos financeiros envolvidos?
   Quais são os recursos humanos envolvidos?
5. Sucesso e transparência:
   Quão transparente é o programa?
   Há uma avaliação?
   O programa é considerado bem-sucedido?[216]

---

[216] SMITH; MARTINEZ, 2009, p. 133.

Com base nessas categorias, foram delimitados eixos de análise condizentes com o objeto de estudo (programas de resolução de disputas anexos ao Judiciário) e com o objetivo de se investigar a repercussão das demandas repetitivas sobre a conciliação e a mediação judiciais.

2.6 Mediação e conciliação em disputas repetitivas

Percebe-se que, além dos mecanismos processuais estudados no Capítulo 1, os meios consensuais de solução de disputas são uma resposta do legislador – por intermédio dos instrumentos inseridos na legislação processual e no âmbito dos juizados especiais, como já demonstrado – e do Judiciário – por meio de práticas e políticas judiciárias – à litigiosidade. Mais recentemente, verifica-se também o estímulo ao uso desses meios como forma específica de se lidar com a litigância repetitiva. Prova disso são os diversos programas e mutirões de conciliação realizados por iniciativa (ou contando com a participação) do Judiciário quando da constatação de um volume expressivo de demandas envolvendo determinado litigante repetitivo.[217]

Mesmo as semanas de conciliação promovidas pelo Conselho Nacional de Justiça têm se voltado para o tratamento de disputas repetitivas por mecanismos consensuais. Na Semana de Conciliação de 2011,[218] por exemplo, o CNJ explicitamente decidiu focar as "demandas

---

[217] "MUTIRÕES DO SFH DEVEM RECUPERAR R$ 180 MILHÕES: Os mutirões de conciliação do Sistema Financeiro de Habitação devem recuperar, até o final do ano, R$ 180 milhões. (…) Segundo a corregedora nacional de Justiça, ministra Eliana Calmon, a meta para 2012 é fazer 10.707 audiências em todo o país e assim reduzir o estoque de processos relacionados ao SFH. 'São processos que fazem volume enorme na Justiça e os juízes não sabem como resolver, pois muitos mutuários não têm como pagar a dívida. Mais do que tirar essas ações da Justiça, nós resolvemos os problemas de milhares de mutuários, que solucionam suas pendências e agora podem conquistar o seu bem mais precioso, que é a casa própria', afirmou a ministra" (Disponível em: http://www.conjur.com.br/2012-jun-11/mutiroes-conciliacao-sfh-recuperar-180-milhoes. Acesso em: 05 set. 2019.). "MUTIRÃO DA CONCILIAÇÃO REÚNE 700 PESSOAS EM UBERLÂNDIA: Pessoas com processos judiciais na Comarca de Uberlândia que envolvem o banco Bradesco terão a oportunidade de negociar com a instituição bancária durante o mutirão de conciliação realizado pelas dez varas cíveis da cidade a partir desta segunda-feira (22) até quinta. (…) a maioria dos processos é de pessoas que devem ao banco. O restante são ações movidas contra o Bradesco, como dano moral e apólice de seguro (…). A assessoria de imprensa do banco Bradesco afirmou que mutirões como esse são feitos com frequência em todo o país para tentar uma negociação com os clientes (Disponível em: http://www.correiodeuberlandia.com.br/cidade-e-regiao/mutirao-da-conciliacao-reune-700-pessoas/. Acesso em: 12 dez. 2012).

[218] Parte do estudo exploratório que precedeu a coleta de dados no Brasil consistiu no acompanhamento de audiências na Semana de Conciliação de 2011. Foram acompanhadas mais de 20 audiências tanto no setor processual (dentro do Fórum João Mendes) quanto

de massa", estabelecendo parcerias com representantes de litigantes repetitivos (*e.g.* Federação das Indústrias do Estado de São Paulo [Fiesp], Federação Brasileira de Bancos [Febraban], entidades públicas) para que estes indicassem processos que pudessem ser remetidos para conciliação.[219] A própria Resolução nº 125/2010 do CNJ traz em seu bojo uma clara preocupação com o excesso de processos e, especificamente, com a litigiosidade repetitiva. Ao estabelecer que cabe ao Judiciário "oferecer outros mecanismos de soluções de controvérsias, em especial os chamados meios consensuais, bem como prestar atendimento e orientação ao cidadão" (artigo 1º, parágrafo único), tal norma faz referência, em seu preâmbulo, à necessidade de se buscar outras formas de resolução dos conflitos de interesses que ocorrem em "larga e crescente escala na sociedade".[220]

O parecer do professor Kazuo Watanabe justificando a necessidade de promulgação da referida política judiciária também trata da questão dos processos repetitivos, reconhecendo ser esse um dos principais fatores causadores da sobrecarga do Judiciário:

---

no pré-processual (no recém-inaugurado CEJUSC-SP) e na tenda montada no Memorial da América Latina. Em sua maioria, as audiências versavam sobre renegociação de dívidas bancárias, dívidas com a Companhia de Desenvolvimento Habitacional Urbano do Estado de São Paulo (CDHU) e com a Eletropaulo.

[219] "Demandas de massa – Este ano, conforme informaram participantes da reunião [representantes do comitê gestor do Movimento Nacional pela Conciliação], a Semana Nacional de Conciliação terá como foco as audiências de conciliação referentes às demandas judiciais de massa, que envolvem grandes números de partes – em geral ações coletivas movidas por consumidores contra bancos, empresas de telefonia, serviços de água e luz etc. Por conta disso, o CNJ já tem mantido contatos com a Federação das Indústrias do Estado de São Paulo (FIESP), Federação Brasileira dos Bancos (FEBRABAN), entidades públicas e algumas das principais instituições financeiras, com vistas a formar parcerias que levem à conciliação de processos" ("Semana Nacional de Conciliação acontecerá de 28 de novembro a 2 de dezembro". Disponível em: http://www.cnj.jus.br/noticias/cnj/15924:semana-nacional-de-conciliacao-acontecera-entre-28-de-novembro-e-3-de-dezembro. Acesso em: 11 dez. 2012).

[220] "(...) CONSIDERANDO que o direito de acesso à Justiça, previsto no art. 5º, XXXV, da Constituição Federal além da vertente formal perante os órgãos judiciários, implica acesso à ordem jurídica justa; CONSIDERANDO que, por isso, cabe ao Judiciário estabelecer política pública de tratamento adequado dos problemas jurídicos e dos conflitos de interesses, que ocorrem em larga e crescente escala na sociedade, de forma a organizar, em âmbito nacional, não somente os serviços prestados nos processos judiciais, como também os que possam sê-lo mediante outros mecanismos de solução de conflitos, em especial dos consensuais, como a mediação e a conciliação; (...)".

esta situação [de sobrecarga do sistema de justiça e consequente crise de desempenho e de credibilidade] é decorrente, em grande parte, das transformações por que vem passando a sociedade brasileira, de intensa conflituosidade decorrente de inúmeros fatores, um dos quais é a economia de massa. Alguns desses conflitos são levados ao Judiciário em sua configuração molecular, por meio de ações coletivas, mas a grande maioria é judicializada individualmente, com geração, em relação a certos tipos de conflitos, do fenômeno de *processos repetitivos*, que vem provocando a sobrecarga de serviços no Judiciário.[221]

Com a Emenda nº 1/2013, a resolução passou a prever que caberá ao CNJ, para implementação da política judiciária, "atuar junto a entes públicos e grandes litigantes de modo a estimular a autocomposição" (artigo 6º). Ou seja, na institucionalização dos meios consensuais, é reconhecido o papel exercido pelos grandes litigantes, cuja atuação é considerada uma das características das disputas repetitivas que repercute de modo mais significativo no seu tratamento via mecanismos consensuais de solução de disputas.

Dessa forma, é necessário ponderar como a existência e os impactos da litigiosidade repetitiva e as características de seus litigantes impactam a estruturação, funcionamento e práticas adotadas pelos programas (centros e núcleos) encarregados da promoção e oferta da conciliação e a mediação judiciais.

Assim como no processo judicial, Galanter pondera que os litigantes repetitivos têm significativas vantagens em termos de *poder de barganha* em procedimentos negociais, na medida em que podem transacionar apenas nos casos nos quais sabem da probabilidade de obtenção de um desfecho desfavorável. Por outro lado, litigantes ocasionais preferem transigir em casos individuais a litigar e recorrer em busca de uma mudança do precedente jurisprudencial. Nesse jogo, precedentes acabam sendo moldados pela atuação desses litigantes repetitivos, que escolhem recorrer apenas nos casos que já lhes são mais favoráveis.[222]

Richard Posner corrobora essa perspectiva ao afirmar que a negociação de um acordo pode ser mais difícil se uma das partes,

---

[221] WATANABE, Kazuo. Política pública do Poder Judiciário nacional para tratamento adequado dos conflitos de interesses. *Revista de Processo (RePro)*, São Paulo, ano 36, n. 195, p. 381-389, maio 2011. Disponível em: http://www.tjsp.jus.br/Download/Conciliacao/Nucleo/ParecerDesKazuoWatanabe.pdf. Acesso em: 05 set. 2019. p. 1-2, grifo no original.

[222] GALANTER, 1974, p. 6-7.

sabendo que poderá se envolver em disputas semelhantes àquela ao longo do tempo, quiser difundir uma fama de ser um negociador inflexível (*tough bargainer*).[223] Essa parte também pode considerar o custo da transação maior do que o do processo se vislumbrar que isso acarretará um maior volume de casos semelhantes no futuro.[224]

Outro ponto importante levantado por Posner é que o acordo realizado extrajudicialmente (ou no âmbito pré-processual) dificilmente é levado a juízo e publicizado tal como uma sentença judicial. A *confidencialidade do acordo* estimularia, portanto, os réus envolvidos em contingentes volumosos de disputas ou em disputas de grande porte (com potencial volume de indivíduos afetados) a transacionar em sigilo, deixando de reconhecer sua responsabilidade pelo fato alegado e evitando um julgamento público, que encorajaria outras pessoas afetadas pelo evento a ajuizar demandas semelhantes.[225]

Nesse sentido, decisão recente de um juiz federal do Distrito de Nova York causou grande polêmica ao indeferir um pedido de homologação de acordo proposto pela U.S. Securities and Exchange Comission (SEC) e pelo Citigroup referente a uma penalidade que seria imposta à instituição financeira por ter criado um fundo de investimento de títulos mesmo sabendo de sua duvidosa liquidez (*dubious assets*) e da conjuntura que culminaria na crise do *subprime* em 2008.[226] A decisão aborda alguns critérios consolidados pela jurisprudência americana no escrutínio de acordos firmados em *class actions*, que tem de ser justo, razoável, adequado e se atende ao interesse público. Com base nesses requisitos, foi recusado o pedido de homologação sob o fundamento de que a celebração de um acordo nesse caso inviabiliza a apreciação da justiça e da adequação da solução negociada entre as partes, bem como a publicização dos fatos envolvidos nas questões transacionadas, que são de inegável interesse público.[227]

---

[223] POSNER, Richard. *Economic analysis of law*. 8. ed. New York: Aspen, 2011. p. 763-772.

[224] Esse ponto também é levantado por Galanter: "*The RP must establish and maintain credibility as a combatant. His interest in his bargaining 'reputation' serves as a resource to establish 'commitment' to his bargaining positions. With no bargaining reputation to maintain, the OS has more difficulty in convincingly committing himself in bargaining*" (GALANTER, Marc, 1974, p. 99).

[225] POSNER, 2011, p. 766.

[226] U.S. Securities and Exchange Commission – SEC *vs*. Citigroup Global Markets Inc. 11 Civ. 7387 (JSR).

[227] "*Applying these standards to the case in hand, the Court concludes, regretfully, that the proposed Consent Judgment is neither fair, nor reasonable, nor adequate, nor in the public interest. Most fundamentally, this is because it does not provide the Court with a sufficient evidentiary basis to*

Além da desigualdade em termos de poder de barganha entre o litigante repetitivo e o litigante ocasional, Owen Fiss sustenta que a *disparidade de recursos* entre essas partes pode influenciar o processo de negociação de acordos.[228]

Como a parte mais pobre não consegue reunir e analisar as informações necessárias para prever o desfecho do litígio (por ser essa uma atividade custosa), ficaria em nítida desvantagem no processo de negociação. Além disso, pode ser forçada a celebrar um acordo por não possuir os recursos necessários para o financiamento do processo judicial. Fiss também reconhece a desigualdade de recursos repercute no poder de barganha das partes, porquanto aquela parte que necessitar de imediato da indenização que pleteia pode ser induzida a firmar um acordo como forma de acelerar o pagamento, mesmo sabendo que receberá um valor inferior ao que conseguiria se aguardasse o julgamento.[229]

Essa disparidade de recursos também se refere às informações que os litigantes possuem sobre técnicas e procedimentos consensuais. Por se envolverem com frequência em negociações ou em foros alternativos (mediação, arbitragem, entre outros), os litigantes repetitivos se sentiriam mais à vontade nesses contextos, além de manterem contato frequente com os terceiros envolvidos (mediadores, árbitros, avaliadores).

Carrie Menkel-Meadow também examinou a utilização de meios alternativos de solução de disputas anexos ao Judiciário, especialmente da arbitragem, em disputas envolvendo litigantes repetitivos e litigantes

---

know whether the requested relief is justified under any of these standards Purely private parties can settle a case without ever agreeing on the facts, for all that is required is that a plaintiff dismiss his complaint. But when a public agency asks a court to become its partner in enforcement by imposing wide-ranging injunctive remedies on a defendant, enforced by the formidable judicial power of contempt, the court, and the public, need some knowledge of what the underlying facts are: for otherwise, the court becomes a mere handmaiden to a settlement privately negotiated on the basis of unknown facts, while the public is deprived of ever knowing the truth in a matter of obvious public importance" (U.S. Securities and Exchange Comission – SEC *vs*. Citigroup Global Markets Inc. 11 Civ. 7387 [JSR], p. 8-9).

[228] FISS, 2004b, p. 121-145.

[229] Para Fiss, esse desequilíbrio de recursos e poder também poderia influenciar no julgamento, posto que a parte mais poderosa teria mais condições de apresentar sua pretensão. Contudo, o juiz poderia atuar no curso do processo judicial de modo a diminuir o impacto dessa desigualdade ao, por exemplo, complementar a exposição das partes por meio de perguntas, convocar testemunhas ou convidar indivíduos e instituições para participar do processo como *amicus curiae* (FISS, 2004b, p. 126-127).

ocasionais.[230] Ela parte do argumento de Marc Galanter de que relações menos inclusivas e mais ocasionais (entre litigantes repetitivos e litigantes ocasionais: LR x LO / LO x LR) ficariam mais concentradas no sistema oficial de justiça, enquanto as relações recorrentes e mais inclusivas estariam mais presentes nas arenas privadas (LR x LR / LO x LO)[231] para afirmar que, na realidade, os litigantes repetitivos (*haves*) estariam optando por foros privados justamente em disputas envolvendo contratos de adesão firmados com litigantes ocasionais. As evidências por ela estudadas apontaram que grandes litigantes, como fornecedores de produtos e serviços, indústrias, bancos, seguradoras, instituições de ensino, dentre outros, têm se utilizado com mais frequência de cláusulas de arbitragem em seus contratos com consumidores, empregados e clientes, levando a crer que esses atores extraem vantagens específicas ao utilizar esse meio em disputas contra litigantes ocasionais.[232]

Ademais, Menkel-Meadow também argumenta que nesses foros alternativos *os litigantes repetitivos teriam mais controle sobre o processo e sobre a escolha das regras e dos terceiros envolvidos.*[233] Por conhecerem melhor esses procedimentos, já sabem em quais mecanismos e em quais tipos de demandas conseguem obter mais chances de êxito. Além disso, também conhecem os terceiros (árbitros, mediadores, avaliadores) que integram as listas (*roster*) do Judiciário e das câmaras privadas e estes, por seu turno, também mantêm contato frequente com as disputas nas quais esses litigantes se envolvem. Com isso, litigantes repetitivos conseguiriam escolher não somente seus árbitros, mas também mediadores e avaliadores com os quais se sentem mais confortáveis ou cujo entendimento acerca das matérias envolvidas em suas disputas repetitivas já lhes é conhecido (e favorável).[234]

---

[230] MENKEL-MEADOW, Carrie J. Do the "Haves" come out ahead in alternative judicial systems?: repeat players in ADR. *Ohio State Journal on Dispute Resolution*, v. 15, p. 19-61, 1999-2000. p. 19-61.

[231] Ver Capítulo 1, item 1.3.

[232] *"Of course, as I shall suggest below, we do not actually know much about whether one-shot consumers do worse in merchant operated arbitration or privatized dispute resolution systems than they do in court or in other fora (or if they do nothing at all). We assume they do fare worse because we assume that dispute resolution systems chosen and maintained by one of the disputants therefore must benefit that disputant. Why else would all these institutional disputants be defending their arbitration systems so vigorously against consumer legal attacks? It is clear that such institutional disputants believe that they do better, and that such systems are cheaper and better for them than other forms of disputing, but we do not really know"* (MENKEL-MEADOW, 1999-2000, p. 53).

[233] MENKEL-MEADOW, 1999-2000, p. 32-37.

[234] *"Repeat players such as large corporations, who expect repetitive litigation, may not be able to contract in advance for a particular form of dispute resolution in all cases, but once a case is ripe*

Assim, a frequência com a qual litigantes repetitivos se envolvem em disputas semelhantes também lhes outorgaria vantagens em procedimentos consensuais, porquanto: (i) possuem mais poder de barganha do que o litigante eventual; (ii) têm mais recursos (financeiros) para contratação de advogados que os assessorarão nesses procedimentos; (iii) possuem mais informações sobre os procedimentos e sobre as disputas em si; (iv) beneficiam-se da confidencialidade dos meios alternativos, inclusive dos consensuais; (v) conseguem escolher o procedimento que lhes será mais vantajoso; (vi) por manterem contato com os terceiros com frequência, firmam um relacionamento (convivência) com estes e possuem mais elementos para escolher mediadores e conciliadores com os quais estejam familiarizados.

O estudo empírico realizado em programas judiciais de conciliação e mediação no Brasil e nos Estados Unidos foi realizado com base nos argumentos teóricos abordados nestes dois capítulos e buscando investigar a percepção dos atores envolvidos nesses programas acerca dessas e de outras questões pertinentes ao tratamento consensual de disputas repetitivas pelo Judiciário.

---

or is filed, they may be able to control some aspects of the disputing process. For example, one large law firm which specializes in employment cases uses the same ADR firm repeatedly to mediate its cases when it is able to persuade employment claimants to use 'voluntary' mediation. Thus, some disputants may be repeat players in the use and choice of particular third party neutrals, who may, in turn, have repeat play expertise, either in substance or with respect to the parties (mediators, arbitrators, private judges, or evaluators) or particular processes (some repeat players prefer the finality of decisions in arbitration and others prefer the flexibility of mediation)" (MENKEL-MEADOW, 1999-2000, p. 34-35).

CAPÍTULO 3

MEIOS CONSENSUAIS E DISPUTAS REPETITIVAS NO JUDICIÁRIO BRASILEIRO

3.1 Objeto do estudo de caso e metodologia

A fim de levantar aspectos relevantes atinentes à institucionalização de mecanismos consensuais pelo Judiciário, foram estudados ao todo 18 programas, sendo 9 no Brasil, em 5 diferentes estados,[235] e 9 nos EUA,[236] em 7 diferentes estados.[237]

Antes de se escolherem os programas, foi realizado um estudo exploratório na Semana de Conciliação de 2011, cujo foco era, justamente, a conciliação em demandas repetitivas.[238] Nessa oportunidade, foram acompanhadas mais de 20 audiências no setor processual (dentro do Fórum João Mendes), pré-processual (no recém-inaugurado Centro Judiciário de Resolução de Conflitos e Cidadania [CEJUSC]-SP) e na tenda montada no Memorial da América Latina, onde estavam sendo realizadas audiências da Justiça Estadual, da Justiça Federal e da Justiça do Trabalho. Em sua maioria, as audiências versavam sobre renegociação de dívidas bancárias, dívidas com a Companhia

---

[235] Distrito Federal e Mato Grosso do Sul, Minas Gerais, Rio de Janeiro e São Paulo.

[236] É necessário ressaltar que o objetivo central do trabalho não é a realização de uma pesquisa comparada entre Brasil e Estados Unidos, mas sim a análise dessas duas realidades para identificação de práticas, estruturas e procedimentos voltados para o tratamento consensual de demandas de massa. Nada obstante, é certo que quaisquer análises avaliativas e prescritivas levarão em consideração as diferenças culturais e econômico-sociais entre os sistemas normativos, os costumes judiciários, a formação profissional e cultura jurídica dos atores envolvidos, fatores esses que certamente refletem na estrutura, no desenho e no funcionamento de mecanismos de resolução de conflitos.

[237] Connecticut, Distrito de Columbia, Illinois, Indiana, Nova Jersey, Nova York e Pensilvânia.

[238] Ver Capítulo 2, item 2.5.

de Desenvolvimento Habitacional Urbano do Estado de São Paulo (CDHU) e com a Eletropaulo e renegociação de contratos do Sistema Financeiro de Habitação (SFH).

Assim, com base nesse mapeamento exploratório, definiu-se um recorte e uma primeira minuta do roteiro de entrevistas, baseada no estudo da literatura acerca de demandas repetitivas, promoção de meios consensuais no Judiciário, desenho de solução de disputas e tribunais multiportas, dentre outros temas trabalhados nos capítulos 1 e 2.

A escolha dos programas a serem visitados levou em consideração, primordialmente, a diversidade de estrutura e de âmbito de atuação (Justiça Federal, Justiça Estadual e juizados especiais cíveis):

Quadro 2 – Programas estudados no Brasil:
jurisdição, estrutura e entrevistados

Nome do programa	Jurisdição	Estrutura	Entrevistados
Posto Avançado de Conciliação Extraprocessual (PACE) – São Paulo	Justiça Estadual (parceria com Associação Comercial de São Paulo)	Pré-processual	Coordenador administrativo e conciliadores
Centro Judicial de Solução de conflitos (EJUSC-SP) – São Paulo	Justiça Estadual	Processual e pré-processual	Coordenador administrativo e conciliadores
Central de Conciliação da Justiça Federal (CECON) – São Paulo	Justiça Federal	Processual e pré-processual	Juiz coordenador e coordenador administrativo
Centro Permanente de Conciliação dos Juizados Especiais Cíveis – Rio de Janeiro	Juizados Especiais Cíveis	Processual e pré-processual	Juiz coordenador e servidor
Centro Judiciário de Solução de Conflitos e Cidadania (CEJUSC-MG) – Minas Gerais	Justiça Estadual	Processual e pré-processual	Juízes coordenadores e mediadores
Centro Judiciário de Solução de Conflitos e Cidadania (CEJUSC-Brasília) – Distrito Federal	Justiça Federal	Processual	Coodenador administrativo e mediador/conciliador
Centro Judiciário de Solução de Conflitos dos Juizados Especiais Cíveis de Brasília (CEJUSC-JEC Brasília) – Distrito Federal	Distrito Federal - Juizados Especiais Cíveis	Pré-procesual	Juiz coordenador
Núcleo Permanente de Métodos consensuais de Solução de Conflitos – Mato Grosso do Sul	Justiça Estadual	Processual	Coodenador administrativo e mediador
Conciliação nos Juizados Especiais Cíveis do Mato Grosso do Sul	Juizados Especiais Cíveis	Processual	Coordenador administrativo

Fonte: elaboração própria.

Definido esse recorte, a coleta de dados envolveu as seguintes ações: (i) análise de documentação legislativa para conhecer os termos em que o mecanismo foi instituído (contexto normativo); (ii) elaboração do guia para realização do estudo de campo, com principais pontos a serem observados e questionamentos aos entrevistados; (iii) realização das entrevistas semiestruturadas e em profundidade com atores envolvidos na concepção, na implantação e na coordenação do programa; e (iv) observação *in loco* do funcionamento do projeto e dos processos cotidianos (atendimento das partes, sessões de conciliação e de mediação, trâmites burocráticos, comportamento dos atores, etc.).

Desde o início, o intuito era a realização de um estudo qualitativo sobre o desenho desses programas, de modo a identificar não só escolhas e práticas especificamente voltadas para a identificação e o tratamento de disputas repetitivas, mas também como a estrutura, os objetivos, os critérios de triagem, os papéis exercidos pelos atores envolvidos, as condições de acesso e os critérios de avaliação adotados poderiam influenciar o tratamento conferido a essas disputas (*vide* roteiro de entrevistas nos Apêndices A e B).

Com esse objetivo, as entrevistas foram transcritas para operacionalizar a análise das falas dos atores, o que foi feito por meio do preenchimento de um roteiro analítico (*frame* de análise), através do qual as informações foram organizadas de acordo com os principais pontos de interesse da pesquisa:

Quadro 3 – Eixos de análise dos dados coletados na pesquisa empírica

FRAME DE ANÁLISE

Implementação e trajetória

Quando o programa foi criado?
Quais eram seus principais objetivos?
Quem eram os atores envolvidos no processo?
Quais foram as principais mudanças que o progrma implementou desde sua e por quê?

Objetivos, estrutura e recursos

Quais são os objetivos do programa?
Quais são os mecanismos de solução de disputas utilizados?
Dc onde vêm os seus recursos?

Atores

Partes
Mediadores/conciliadores
Advogados
Prepostos

Adequação

Disputas que são direcionadas ao programa
Critérios de triagem/encaminhamento

Condições de acesso

com quais custas as partes têm de arcar (taxas, honorários do neutro, etc.)?
O programa oferece assessoria e/ou orientações jurídicas?

Tratamento dedemandas repetitivas

Há disputas envolvendo questões de fato ou de direito semelhantes cujo volume seja especialmente representativo?
Há práticas específicas que sejam adotadas nesses casos?
Há presença de litigantes erpetitivos? Quem são eles?
O programa recebe muitos processos repetitivos? O que são consideraods processos repetitivos?
Como o programa lida com a relação entre o litigante repetitivo e o litigante ocasional?

Avaliação do programa

Quais são os critérios de avaliação do programa?
Número de acordos realizados?
satisfação das parrtes?
Há metas? Quais?

Fonte: elaboração própria.

Ao longo da coleta e análise dos dados, confirmou-se a importância da percepção dos atores envolvidos para compreensão das repercussões da litigiosidade repetitiva sobre os programas de conciliação e de mediação e dos impactos e das possibilidades do uso desses meios para tratamento de disputas repetitivas. São os atores envolvidos com os programas judiciais que criam os procedimentos de gerenciamento e que vivenciam o dia a dia dos centros e dos núcleos de mediação e conciliação anexos ao Judiciário. Também são eles que possuem informações (e percepções) sobre como as características dessas disputas e a atuação dos litigantes repetitivos repercutem no âmbito das vias conciliatórias.

Os resultados são descritos e analisados com base nos eixos propostos, destacando-se as informações e as percepções relatadas pelos entrevistados julgadas mais relevantes para investigação das perguntas propostas.

3.2 Análise dos resultados

3.2.1 Justiça Federal

Na esfera federal, o programa judicial estudado foi a Central de Conciliação da Justiça Federal de São Paulo (Cecon-SP), onde são realizadas as conciliações pré-processuais, processuais em primeiro e segundo grau e de casos encaminhados pelo Juizado Especial Federal de São Paulo.[239]

3.2.1.1 Implementação e trajetória

As iniciativas de conciliação no âmbito do Tribunal Regional Federal da 3ª Região (TRF3) resultaram-se na publicação da Resolução nº 258/2004, que instaurou o Programa de Conciliação no Tribunal Regional Federal da 3ª Região, originalmente um projeto-piloto voltado para a conciliação em casos relativos ao SFH. Em 2010, por meio da Resolução nº 392/2010, foram instituídas as Centrais de Conciliação (Cecon), que passariam a atuar também em primeira instância e em fase pré-processual em litígios de naturezas diversas.

---

[239] Entrevista realizada *in loco* com uma das juízas coordenadoras e com o coordenador administrativo, além de observação de audiências conciliatórias.

Desde a instalação formal da Cecon em São Paulo, foram identificados os grandes litigantes e dada continuidade ao trabalho de realização de mutirões que já era realizado para os casos de SFH junto à Caixa Econômica Federal (CEF), que desde o início participou da montagem desses mutirões e da implantação da central.

3.2.1.2 Desenho, atores e condições de acesso

De acordo com a Resolução 392/2010, o objetivo da Cecon é realizar conciliação e mediação no âmbito processual e pré-processual em "litígios envolvendo discussão de direitos patrimoniais disponíveis" e naqueles em que "pela natureza do direito em discussão a lei permite a transação" (artigo 1º). Os mecanismos utilizados são a conciliação e a mediação.

Os conciliadores e os mediadores são voluntários, sendo que, na prática, muitos deles servidores do TRF3. Exercem papéis de destaque os juízes e servidores do Gabinete da Conciliação e os juízes coordenadores dos programas, responsáveis por geri-lo, homologar acordos e realizar o controle estatístico das audiências realizadas.

Com relação às partes, é de especial relevância a participação da CEF, que na Central de Conciliação de São Paulo conta com uma sala e estruturas próprias para seus representantes e seus prepostos. Também é significativa a atuação do INSS, dos Correios e de conselhos profissionais, como o Conselho Regional de Engenharia e Agronomia (Crea), o Conselho Regional de Enfermagem (CRE), o Conselho Regional de Psicologia (CRP), dentre outros.

No que diz respeito à atuação dos advogados, mesmo após a criação dos juizados especiais federais, onde a presença do advogado não é obrigatória, sua atuação é significativa[240] nas conciliações realizadas na Cecon, especialmente no âmbito previdenciário.[241]

---

[240] Isso já havia sido constatado pelo estudo de caso acerca da litigiosidade no âmbito previdenciário, desenvolvido na pesquisa *Litigiosidade, morosidade e litigância repetitiva*. As causas levantadas nessa pesquisa foram a limitação da competência dos juizados (em termos de valor), a existência de certa desconfiança das partes quanto à possibilidade de se conduzir um processo sem a assistência de um advogado e, ainda, as práticas de cobrança de honorários nessa área, muitas vezes estipulada com base em valores a serem recebidos pelos segurados no caso de êxito (CUNHA; GABBAY, 2013, p. 61).

[241] Relata-se, inclusive, que esse é um valor que potencialmente dificulta a realização de acordos entre segurados e o INSS, visto que os advogados em audiência revelam certa resistência à aceitação de acordos. "A semana que é INSS, no andar que está o INSS a gente praticamente não tem como atuar. A gente vai atuar em 1, 2, 3 casos e só. O resto todo

CAPÍTULO 3
MEIOS CONSENSUAIS E DISPUTAS REPETITIVAS NO JUDICIÁRIO BRASILEIRO | 111

No âmbito pré-processual, os grandes litigantes (CEF, INSS, conselhos profissionais) geralmente procuram a Cecon com uma listagem dos casos para uma tentativa prévia de conciliação.[242] A parte contrária é convidada a comparecer à central mediante o envio de carta-convite, cujo encaminhamento é feito por intermédio de um convênio com esses grandes litigantes, que custeiam o envio dessa correspondência. Indivíduos também podem procurar diretamente a Cecon,[243] que entra em contato previamente com o ente federal para pré-negociar as condições gerais da proposta que este pretende apresentar e insere a disputa na semana da respectiva pauta temática.

Para a conciliação processual, os processos são encaminhados a critério do juiz do feito, por ofício ou provocação das partes (artigo 7º da Resolução nº 392/2010). Independentemente da intimação dos advogados por meio de intimação na Imprensa Oficial, as partes são intimadas por carta a comparecer na audiência, privilegiando-se a participação desta no procedimento.[244] Mesmo a parte que comparece

---

mundo com advogado. Diferente até de outras audiências, de outros produtos, em que muita gente vem desacompanhado de advogado. E daí a atuação da Defensoria Pública é bastante, é bem ativa" (Juíza coordenadora da Cecon-SP).

[242] "O grandes litigantes eles vão passar uma listagem, por exemplo, de 5 mil execuções fiscais, de CDAs [Certidão de Dívida Ativa], na verdade. Eles fazem o pedido, juntam a CDA, da comprovação de que existe um débito a ser cobrado. Então, eles passam o pré-processual ele todo virtual, ele não tem papel. Então a gente já montou o pré-processual num sistema moderno da justiça. Então eles passam para a gente uma listagem daquilo que eles iriam distribuir, juntam as CDAs, fazem a petição pedindo a audiência e posteriormente isso a gente cadastra. Hoje, pela Resolução nº 125, pré-processual ele tem um número, com 20 dígitos, igual o número processual, chama-se 'reclamação pré-processual'. Aí a gente solta carta-convite, que não chama 'intimação', convidando a parte a resolver a situação. Então ela vem, há uma audiência normal com conciliadores, na presença, na Justiça Federal sempre há juiz presente no Centro de Conciliação; embora no pré-processual a gente homologue virtualmente depois, tem sempre juiz aqui acompanhando. A gente está sempre acompanhando" (Juíza coordenadora da Cecon-SP).

[243] "É diferente da Justiça Estadual, bastante. Não é uma triagem aleatória. É claro que eu não atendo só pedido do ente público federal. Eu também atendo pedido da parte, claro. Então, ela fala: 'Eu tenho um processo e eu quero conciliar. O que eu tenho que fazer?'. Só que eu não consigo imediatamente marcar a audiência. Eu falo: 'Olha, a gente entrará em contato'. A gente pede o prazo de dez dias para a parte. Por quê? Porque eu tenho que ir para o ente público contra a qual ela está litigando e falar: 'Olha, qual que é a sua proposta?'. Daí a gente vai encaixar na semana temática, que a gente tem, para ele apresentar uma proposta, analisar aquele caso e apresentar a proposta para trazer para a audiência" (Juíza coordenadora da Cecon-SP).

[244] "Para audiência basta publicar no Diário Oficial, se ele tem advogado, só publicar para o advogado, você não precisaria necessariamente intimar a parte, mas a gente intima a parte porque ela quer a parte aqui. E quando a gente fala, a gente fala com a parte e a gente nota que muitos advogados até se ele estivesse sozinho ele não fecharia, mas a parte: 'Eu quero'. Ela fala: 'Não, eu quero'. Então a presença da parte é muito importante" (Juíza coordenadora da Cecon-SP).

sem advogado não é impedida de participar do procedimento conciliatório, tampouco de firmar um acordo passível de homologação judicial.

Tanto no pré-processual quanto no processual, a pauta de conciliações é organizada de forma *concentrada*, considerando os grandes litigantes e as disputas mais frequentes. Essa pauta é constante e recorrente, de modo que em cada dia a Cecon receba determinadas disputas repetitivas e consiga estruturar seu funcionamento com base no perfil dessas disputas:

> O calendário, eu falo que nossa pauta é temática, então a cada andar é um tema e normalmente a gente divide por semanas mesmo. A gente fecha uma semana inteira de INSS, uma semana inteira com a Caixa, uma semana inteira de processos de execução fiscal. Por exemplo, esta semana eu tenho: no 1º andar a Caixa com Sistema Financeiro da Habitação, 2º andar a Caixa com alienação fiduciária e 3º andar execução fiscal. Essa semana eu tenho metade é Crea, metade Coren [Conselho Regional de Enfermagem], Conselho de Engenharia e outro Conselho de Enfermagem. (Juíza coordenadora da Cecon-SP).

Além de sua estrutura permanente, a Cecon também encabeçou algumas iniciativas de desenhos voltados para conflitos centrados em eventos específicos, como o caso da desapropriação de famílias para ampliação do Aeroporto de Guarulhos.[245] Nessa oportunidade, o Judiciário se reuniu com a União, a Infraero, a Defensoria Pública, a Prefeitura de Guarulhos e os indivíduos afetados para estruturar uma espécie de mutirão de conciliação que viabilizasse uma indenização célere aos moradores do Jardim Novo Portugal, em Guarulhos. Eram 348 processos de desapropriação e todos resultaram em acordos de indenização, nos quais as quase mil famílias envolvidas receberam indenizações mediante depósito judicial ou a possibilidade de ingressar no programa Minha Casa, Minha Vida.

As partes não têm de arcar com nenhuma custa. Em termos de assistência jurídica, a Defensoria Pública da União exerce um importante papel na Central de Conciliação da Justiça Federal de São Paulo, especialmente nas disputas não previdenciárias, como as referentes aos contratos do SFH, empréstimos diversos, etc.

---

[245] "Desapropriações em Guarulhos atingem 100% de acordos", 30 out. 2013. Disponível em: http://www.conjur.com.br/2012-out-30/desapropriacoes-aeroporto-guarulhos-alcancam-100-acordos. Acesso em: 06 set. 2019.

3.2.1.3 Tratamento de disputas repetitivas

Quanto às práticas reconhecidamente adotadas para o tratamento de disputas repetitivas, *a sistemática de pauta concentrada com os grandes litigantes* é a principal forma com que a Cecon lida com essa realidade inerente a sua competência de atuação.

Antes de montar as pautas de processos, são realizadas *reuniões interinstitucionais* entre os juízes coordenadores da Cecon, os demais membros do tribunal e os representantes dos grandes litigantes (INSS, CEF, Fazenda Pública, conselhos profissionais) para discussão dos termos gerais das propostas de acordo a serem praticadas. Nessas ocasiões, esses entes são instados a formularem propostas de acordos mais vantajosas (para os litigantes ocasionais) do que as que costumam apresentar em juízo.[246]

Nas demandas envolvendo o INSS, há muitas vezes a necessidade de realização de perícia médica e, caso esta seja favorável à concessão do benefício, é preciso encaminhar os autos para o contador para cálculo do valor a ser pago. Somente os casos com laudo e valores já calculados são remetidos para conciliação, quando então o INSS costuma praticar um desconto de 20% no valor dos benefícios vencidos e a implementar imediatamente o pagamento dos valores vincendos. Em virtude desse desconto de 20%, alguns juízes resistem a encaminhar casos envolvendo benefícios previdenciários para conciliação, entendendo que é melhor que o jurisdicionado aguarde a prolação da sentença para recebimento do valor integral dos atrasados.[247]

---

[246] "Aí que a gente montou a ideia de fazer uma reunião institucional com o núcleo da conciliação e às vezes até o nosso presidente do tribunal participa dessas reuniões com a chefia desse grande litigante, dizendo: 'olha, a gente faz, só que a gente quer que seja melhor do que aquela audiência na vara. Eu não quero um preposto indo lá para colocar aquela mesma proposta que ele vai achar lá na agência. A gente quer algo especial aqui, então tem que ser melhor'. 'Tem que ser melhor que a sentença', a gente fala para eles. 'A sentença produzida, eu quero que o acordo, a proposta de vocês, seja melhor'" (Juíza coordenadora da Cecon-SP).

[247] "Aquilo que laudo é positivo e já está líquido, passou pela contadoria, está apto para vir à conciliação. Aquilo que o laudo foi negativo, o INSS fala: 'Olha, não tenho proposta'. Então é o INSS que indica, no final das contas. Há juízes previdenciários que não encaminham processos para conciliação no sentido de só paga 80% e a sentença é 100%. Só que esquecem que dão a tutela antecipada para implantar, mas o atrasado tem que aguardar o trânsito em julgado e o início do processo de execução. Então o que os juízes talvez se atenham é que da sentença dele até a execução a gente está falando de seis, sete, oito anos e o que a gente sempre fala é que quem tem que optar não é o juiz, é a parte, se ela quer aguardar os sete, oito anos e receber os 100% ou se ela tem necessidade premente de receber agora os 80%" (Juíza coordenadora da Cecon-SP).

Há também questões específicas atinentes nas disputas envolvendo a Fazenda Pública, que, em razão do princípio da estrita legalidade, exige a edição de lei específica prevendo qualquer tipo de isenção ou parcelamento de dívida tributária. Tendo em vista essas restrições, a Cecon vem instando a Fazenda Pública a trazer propostas de acordo em execuções fiscais que eximam o devedor da multa de 20% que incide quando do ajuizamento da demanda executiva e dos honorários devidos à procuradoria.

Com relação às cobranças manejadas por conselhos profissionais, trata-se de volume bastante expressivo e, como os valores são baixos e os conselhos têm interesse em encerrar os processos, a maioria dos casos resulta em acordo.

Reconhecendo o *desequilíbrio entre o litigante ocasional (indivíduo) e o litigante repetitivo (ente federal)*, entrevistados enfatizaram a necessidade de que os juízes coordenadores estejam presentes no dia a dia da Cecon, participando de sua administração e acompanhando a atuação dos conciliadores e dos representantes das partes nas audiências de conciliação.[248]

Também em razão desse desequilíbrio, *espera-se dos conciliadores um papel mais ativo*, suprindo o litigante ocasional com informações sobre o caso e sobre o procedimento, e cuidado no relacionamento que pode surgir em razão da convivência com os prepostos.

3.2.1.4 Critérios de avaliação

As centrais de conciliação devem publicar anualmente os seguintes dados: quantidade de casos atendidos, audiências designadas (indicando as realizadas e as não realizadas), conciliações obtidas ou não obtidas, prazo da pauta de audiências, percentual de conciliações obtidas e não obtidas, número e natureza das matérias atendidas e total dos valores financeiros envolvidos nos acordos (artigo 14, §2º, da Resolução nº 392/2010).[249] O TRF3 também disponibiliza os resultados

---

[248] "Tem que ter juiz, até por causa do desequilíbrio. É ele que vai tentar trazer todo mundo para o mesmo pé. A longo prazo, não vai precisar mais ter juízes. Os juízes homologam hoje com o sistema virtual, homologa-se depois da própria vara, a distância. Mas eu acho que a gente ainda é essencial aqui. A gente sempre vai ter um ente federal de um lado, uma pessoa com um privado do outro lado, ainda que seja uma pessoa jurídica, às vezes é um microempresa ou uma pessoa. Então a gente tem que fazer esse equilíbrio da coisa" (Juíza coordenadora da Cecon-SP).

[249] Segundo informações disponibilizadas pelo Gabinete de Conciliação do Tribunal Regional Federal da 3ª Região, em 2012 foram designadas 33.564 audiências de conciliação, das

CAPÍTULO 3
MEIOS CONSENSUAIS E DISPUTAS REPETITIVAS NO JUDICIÁRIO BRASILEIRO | 115

de pesquisas de satisfação (com o resultado e com o processo em si) realizadas com essas pessoas atendidas.[250]

3.2.2 Justiça Estadual

Na Justiça Estadual, foram visitados os seguintes programas: (i) Posto Avançado de Conciliação Extraprocessual (Pace) – SP; (ii) CEJUSC-SP; (iii) CEJUSC-MG; (iv) CEJUSC-Brasília; e (v) Núcleo de Mediação e Conciliação do Tribunal de Justiça do Mato Grosso do Sul (TJMS). Os programas estaduais estudados, em sua maioria, foram instaurados antes de a Resolução nº 125/2010 entrar em vigência, tendo sofrido algumas alterações para se adequar à política judiciária instituída pelo CNJ.

3.2.2.1 Implementação e trajetória

Em São Paulo, as primeiras iniciativas de conciliação no âmbito processual datam de 2004, quando da instalação de um setor de conciliação no Tribunal de Justiça do Estado de São Paulo (TJSP) e no Foro Central da Capital (Fórum João Mendes). Com a Resolução nº 125/2010, foram estabelecidas as exigências de capacitação ditadas pelo CNJ, com consequente aumento no rigor do cadastramento de conciliadores. Em novembro de 2011, foi inaugurado o centro pré-processual, que teve dentre as primeiras iniciativas a realização de dias específicos de conciliação de disputas envolvendo a CDHU.

Nessa época, já havia em São Paulo, além dos setores de conciliação (processual), o Pace, instalado em 2008 por meio de uma

---

quais aproximadamente 75% foram efetivamente realizadas. Do total de audiências realizadas, pouco mais de 58% resultaram em acordos que, segundo os números do Judiciário, movimentaram um total de mais de R$ 156 milhões. Ao todo, foram 92.204 pessoas atendidas em sede de conciliação. Informações consolidadas de 2012 fornecidas pelo Gabinete de Conciliação do TRF3, disponíveis em: http://www.trf3.jus.br/trf3r/fileadmin/docs/conciliacao/2012/Acumulado_Anual.pdf. Acesso em: 18 ago. 2013.

[250] O percentual de satisfação com o atendimento recebido dos servidores da Justiça Federal é de 82,9%, enquanto os que se sentiram bem atendidos pelos juízes federais foram 78,4% do total de respondentes. Com relação, especificamente, ao atendimento do conciliador, todos os respondentes deram avaliações entre bom (37,3%) e muito bom (62,7%). Importante notar também que 93,5% dos usuários reportaram não terem se sentido pressionados para firmar um acordo e que 98,1% acreditam que a conciliação poderia auxiliá-los a resolver novos problemas no futuro. Informações consolidadas de 2012 fornecidas pelo Gabinete de Conciliação do TRF3, disponíveis em: http://www.trf3.jus.br/trf3r/fileadmin/docs/conciliacao/2012/Acumulado_Anual.pdf. Acesso em: 18 ago. 2013.

parceria entre o Tribunal de Justiça do Estado de São Paulo e a Associação Comercial de São Paulo (ACSP).[251] Em Minas Gerais, o programa judicial de conciliação data de 2002, quando da instalação do primeiro Centro Judiciário do Tribunal de Justiça do Estado de Minas Gerais (TJMG) em Belo Horizonte. Em 2007, passou-se a trabalhar também com a mediação de conflitos em processos de família. Com a Resolução nº 125/2010, foram criados o setor pré-processual e o setor de cidadania, sendo que essas três frentes – processual, pré-processual e cidadania – formam o CEJUSC-MG.

As primeiras iniciativas no Distrito Federal também ocorreram em 2002, quando então foi criado o Programa de Estímulo à Mediação, fruto de uma iniciativa conjunta da Presidência e da Vice-Presidência da Corregedoria do Tribunal de Justiça do Distrito Federal e Territórios (TJDFT). Com a política do CNJ, os programas de mediação e de conciliação judiciais passaram a ser coordenados pelo Núcleo Permanente de Mediação e Conciliação (Nupemec) e centralizados nos CEJUSCs, enquanto a coordenação das iniciativas já existentes e voltadas para públicos-alvo específicos (justiça comunitária, justiça restaurativa e apoio judicial de idosos) passou a ser exercida pelo Núcleo Permanente de Métodos Consensuais de Solução de Conflitos (Nupecon).[252]

O núcleo do TJMS é o mais recente dentre os estudados. Criado em 2010, já sob a égide da Resolução nº 125/2010, restringiu-se, inicialmente, ao oferecimento de mediação em processos de família.

---

[251] Mais informações sobre a parceria entre o TJSP e a ACSP para instalação do Posto Avançado de Conciliação Extraprocessual estão disponíveis no texto encaminhado para a sexta edição do Prêmio Innovare, em 2009. Disponível em: http://www.premioinnovare.com.br/praticas/conciliacao-extrprocessual-ferramenta-eficaz-para-solucao-de-conflitos/. Acesso em: 4 de nov. 2013.

[252] O Nupecon recepcionou as atividades outrora exercidas pelo Sistema Múltiplas Portas de Acesso à Justiça (SMPJ), criado em 2009 com intuito de ampliar as atividades exercidas pelo Programa de Estímulo à Mediação, com exceção das mediações cíveis e familiares, hoje coordenadas pelo Nupemec. O Nupecon é responsável pelos seguintes projetos: Centro Judiciário de Solução de Conflitos e de Cidadania do Programa Justiça Comunitária, Núcleo de Formação e Pesquisa em Justiça Comunitária, Centro Judiciário de Solução de Conflitos e Cidadania da Central de Apoio Judicial aos Idosos e Centro Judiciário de Solução de Conflitos e de Cidadania do Programa Justiça Restaurativa (TRIBUNAL DE JUSTIÇA DO DISTRITO FEDERAL E TERRITÓRIOS. Núcleo Permanente de Mediação e Conciliação. *Relatório de Atividades do NUPEMEC 2012.* 2012. Brasília, 2013. Disponível em: https://www.tjdft.jus.br/informacoes/cidadania/nupemec/institucional/publicacoes/relatorios/cejuscs-e-juizados/cejusc-tag/2012/Relatorio%20anual%20de%20Atividades%202012%20-%20CEJUSC-TAG.pdf. Acesso em: 06 set. 2019.

Apenas em 2013 foram realizadas as primeiras ações para realização de audiências de conciliação, com a organização de mutirões de disputas relacionadas ao Seguro de Danos Pessoais Causados por Veículos Automotores de Vias Terrestres (DPVAT).

3.2.2.2 Desenho, atores e condições de acesso

O CEJUSC-SP, o CEJUSC-MG e o CEJUSC-Brasília são, como determinado pela Resolução nº 125/2010, vinculados aos respectivos núcleos permanentes de métodos consensuais de solução de conflitos de seus estados. No TJMS ainda não havia sido instalado um centro propriamente dito, mas as mediações vêm sendo conduzidas desde 2010 sob a égide do Núcleo Permanente de Métodos Consensuais de Solução de Conflitos do referido tribunal.

Como todos os programas já estão submetidos aos parâmetros do CNJ, relatam, de modo geral, que seus objetivos centrais são a pacificação e a promoção do acesso à justiça pelos meios consensuais de solução de disputas. Há outros valores mencionados pelos entrevistados, como a busca por um meio mais rápido de solução de conflitos (Pace-SP); o estímulo à solução consensual de disputas (CEJUSC-MG); e a redução da excessiva judicialização e recorribilidade dos conflitos de interesses (CEJUSC-Brasília).

Os recursos utilizados são do Judiciário, que deve ceder servidores para compor a estrutura administrativa das centrais e dos núcleos. Como prevê o artigo 3º da Resolução nº 125/2010,[253] poderão ser firmadas parcerias público-privadas para levantamento de recursos para instalação de centros de conciliação e de mediação. É essa a situação do Pace, que, embora seja anterior à referida resolução, mantém-se vinculado ao Judiciário paulista e atua também sob a égide da política judiciária do CNJ.[254]

Com exceção das iniciativas de São Paulo (CEJUSC-SP e Pace-SP), os programas oferecem mediação e conciliação. No Pace-SP, afirma-se que, muito embora não haja essa oferta formal da mediação, ou uma distinção entre mediação e conciliação, em alguns casos são aplicadas

---

[253] "Art. 3º O CNJ auxiliará os tribunais na organização dos serviços mencionados no art. 1º, podendo ser firmadas parcerias com entidades públicas e privadas".

[254] Por essa parceria, é obrigação do Tribunal de Justiça fornecer os conciliadores capacitados e o sistema de gestão, enquanto a Associação Comercial é responsável pelo espaço físico e pelos recursos materiais.

técnicas tidas como próprias da mediação.[255] Contudo, *na grande maioria das situações trata-se de "conciliação pura e simples" entre indivíduos e instituições financeiras*. São Paulo e Minas Gerais já trabalham também no âmbito pré-processual, enquanto o Núcleo do TJMS e o CEJUSC-Brasília só oferecem, até o momento, a conciliação e a mediação processuais.

Com relação aos mediadores/conciliadores, todos os programas trabalham com voluntários (advogados, estudantes, aposentados, etc.) capacitados nos termos da política judiciária do CNJ.

No CEJUSC-SP, são descritas sistemáticas de encaminhamento diversas para o pré e para o processual. No pré-processual, há, de um lado, os casos nos quais *pessoas físicas buscam a conciliação para renegociação de dívida*, especialmente de cartão de crédito, após terem sido atendidas no Procon-SP, e, de outro, grandes litigantes que buscam o centro para propor a organização de mutirões em ações nas quais são credores, com destaque para a CDHU, a Eletropaulo, a Telefônica e bancos. Quando da pesquisa, essa segunda modalidade (*credores organizando mutirões*) correspondia à maior parte da pauta de audiências. Em menor número, o CEJUSC pré-processual também atende casos de família encaminhados pela Defensoria Pública do Estado de São Paulo (DPSP). Já no processual, o encaminhamento é realizado discricionariamente pelos juízes para os setores instalados nos respectivos foros. Também são realizados *mutirões por iniciativa dos grandes litigantes*, que indicam os processos a serem incluídos nas pautas de audiência, ficando o envio destes a critério do juízo.

Ainda no pré-processual, o CEJUSC-SP vem trabalhando com Núcleo de Tratamento de Superendividamento da Fundação Procon-SP para realização de audiências coletivas entre o indivíduo e seus credores (bancos, concessionárias de serviço, predominantemente).[256]

---

[255] "A gente sabe como é que começa uma audiência, mas nunca sabe como é que termina. Ali, por exemplo, está tendo uma briga de família, de vizinhos ali. Chama-se 'conciliação', mas em determinados casos nós acabamos aplicando técnicas de mediação, um pouco mais modificada porque, assim, pelo tempo, pela agilidade, pela quantidade de audiências. Ninguém entra com pedido de mediação. Claro que o que existe são determinados casos que você não pode ter uma postura mais ativa como conciliador, mas você atua como um mediador. Existem casos em que é feita, vamos colocar, uma mediação, se você for ver técnicas aplicadas, as formas de condução do próprio conciliador" (Coordenador do Pace-SP).

[256] O Programa de Superendividamento foi idealizado pelo Núcleo de Pesquisa sobre o Superendividamento, na Universidade Federal do Rio Grande do Sul, coordenado pela professora Claudia Lima Marques, e implantado por um projeto-piloto em 2007 nas comarcas de Charqueadas e Sapucaia do Sul com objetivo de promover "a reinserção social do consumidor superendividado, através da conciliação paraprocessual ou

O atendimento do consumidor inicia-se com uma triagem realizada no próprio CEJUSC ou em postos do Poupatempo, em que se avaliam a condição financeira do consumidor e a sua capacidade de renegociação das dívidas, e segue com uma palestra em que recebe orientações financeiras, com o objetivo de instruí-lo para negociação com os credores. Os conciliadores devem passar por uma capacitação específica para lidar com essas negociações coletivas, inclusive com os aspectos socioeconômicos e psicológicos do endividamento. Relata-se que o Procon e o Judiciário realizam tratativas prévias com as empresas credoras usualmente envolvidas para instá-las a apresentarem propostas de acordo mais vantajosas aos endividados e para sensibilizar seus representantes para o procedimento de audiência coletiva.[257] É comum que os consumidores não compreendam a composição da dívida (juros, principal, prestações) e que sintam mais segurança para negociar no ambiente do Judiciário, com a presença do Procon, do que diretamente com o credor.

O Pace-SP, que atua somente com pré-processual, recebe majoritariamente *casos de dívidas oriundas de empréstimos, cartão de crédito, alienação fiduciária de veículo.* Segundo o coordenador do posto, esses "devedores de massa" muitas vezes buscam o Procon, que os encaminha para a conciliação, depois de terem tentado ser atendidos nos canais de atendimento da empresa credora, sem sucesso.[258] Também é cada vez mais significativo o volume de audiências realizadas no *sistema de mutirões*, nos quais as empresas buscam o Pace para negociar com seus consumidores (geralmente também em casos de dívidas).

---

[257] processual, obtida em audiências de renegociação com a totalidade de seus credores" (BERTONCELLO, Káren Rick Danilevicz; LIMA, Clarissa Costa de. *Tratamento das situações de superendividamento do consumidor*. [S.d.]. Disponível em: http://www.tjrs.jus. br/export/processos/conciliacao/doc/projeto_superendividamento.pdf. Acesso em: 06 set. 2019).

[257] Além da coordenadora do CEJUSC-SP, foram entrevistadas, informalmente, duas conciliadoras que atuam nos casos de superendividamento em São Paulo e a representante do Procon, oportunidade em que também foram observadas *in loco* audiências coletivas realizadas com "superendividados" e seus credores.

[258] "A gente tem dois tipos de público – pessoas físicas querendo pagar, por incrível que pareça, e pessoas jurídicas cobrando pessoas físicas. Se for pensar pelas pessoas jurídicas, sempre cobrança. Tem discussões de contrato, coisas grandes, honorários, essas coisas todas, mas o grosso é cobrança. E as pessoas físicas, por incrível que pareça, eu acho que é uma das informações mais relevantes que o posto tem é assim: são pessoas que não conseguem ser atendidas por lugar nenhum e que só querem pagar sua dívida. Aí entra naquela questão da dificuldade de acesso à empresa, a um banco, *call center*, serviço de atendimento. (…) São devedores de massa. Ou são credores que têm devedores de massa" (Coordenador do Pace-SP).

O CEJUSC-MG também adota uma *sistemática de convênios e mutirões focados em grandes litigantes no âmbito pré-processual e com o encaminhamento de processos por magistrados no processual.* Todos os processos em que são designadas audiências preliminares de conciliação são remetidos para o centro. Indivíduos também podem procurar diretamente o setor pré-processual para solicitar a realização de uma sessão de conciliação ou mediação. No processual, cabe aos juízes definirem qual o encaminhamento do processo (mediação ou conciliação), ao passo que são os mediadores que decidem se um caso atendido no pré-processual deve ser encaminhado para mediação ou para conciliação.

No Mato Grosso do Sul, o Núcleo Permanente de Métodos Consensuais de Solução de Conflitos analisa todos os processos de família da comarca e seleciona aqueles que podem ser remetidos à mediação (excluídos os casos de violência doméstica). As partes são então convidadas a comparecerem e a participação é voluntária. Em 2013, começaram a ser realizadas as primeiras audiências de conciliação já em uma sistemática de mutirão temático (DPVAT). Neste, as partes (empresa e pessoa física) podem inscrever seus processos no *site* do Tribunal de Justiça para que sejam remetidos para conciliação.

O CEJUSC-Brasília adota também uma sistemática denominada *"pauta concentrada"*, na qual uma empresa ou entidade interessada manifesta interesse por um "evento conciliatório", que consiste na realização de audiências de conciliação concentradas em dias determinados.

Todos os centros e núcleos podem ser gratuitamente acessados pelas partes interessadas, sem o pagamento de custas.

Em termos de orientações às partes, é de destaque o papel exercido pelo Procon em São Paulo no Programa de Superendividamento, promovendo palestras para os consumidores e reunindo-se previamente com os credores para instruí-los quanto ao procedimento de conciliação coletiva. Além disso, o CEJUSC-SP e o CEJUSC-Brasília contam com a assessoria da Defensoria Pública e do Ministério Público no âmbito pré-processual, em que frequentemente as partes comparecem sem advogado. Apesar de também atuar no pré-processual, o Pace não conta com a mesma assessoria da Defensoria Pública. Relata-se ser papel do conciliador orientar o indivíduo sobre o procedimento. Em Minas Gerais, investe-se bastante no papel do Setor de Cidadania para prestar informações às partes que não estão assessoradas na conciliação e na mediação.

3.2.2.3 Tratamento de disputas repetitivas

Todos os programas estudados lidam rotineiramente com disputas consideradas repetitivas e com a relação entre litigantes repetitivos e litigantes ocasionais: cobranças de dívidas relacionadas a empréstimos contraídos mediante condições análogas, alienação fiduciária de veículo, ações relacionadas ao seguro DPVAT, dívidas com concessionárias de serviços e operadoras de telefonia celular e ações indenizatórias manejadas por consumidores em face delas e de empresas de varejo fulcradas em produtos e serviços semelhantes.

Em São Paulo, enfatizou-se *a dificuldade de o conciliador intervir quando observa a disparidade de informações entre as partes sem comprometer a sua imparcialidade.*[259] Há também a dificuldade de se lidar com o desequilíbrio em termos de poder de barganha em razão da falta de flexibilidade com que os litigantes repetitivos comparecem na sessão conciliatória,[260][261] especialmente quando são credores.

Para o coordenador do Pace-SP, essa falta de flexibilidade é um dos fatores que se pretendeu "atacar" quando da concepção dos mutirões de conciliação, nos quais se negocia previamente com o grande litigante para que apresente propostas mais flexíveis de acordo até para justificar a paralisação da pauta de audiências para atendimento apenas de disputas de seu interesse:

> a gente tenta negociar antes, com as empresas. A gente tenta falar, "qual é a sua margem?", "o que vocês estão pensando?". Porque no mutirão eu paro o setor para "trabalhar para as empresas". São 300 audiências numa semana, por exemplo. "Eu não atendo mais ninguém, só atendo vocês.

---

[259] "Não pode ser conciliador de graça e pronto, senta lá e faz a sessão. Tem que ser capacitado. Por isso que a Resolução 125 exige a capacitação, para que ele tenha condições de ajudar as duas partes. O conciliador tem que ser imparcial, ele não pode advogar para a parte, ele não pode ser contra uma em favor da outra. A mesma orientação que ele está dando para uma parte, ele tem que dar para a outra também, na mesma proporção" (Coordenadora do CEJUSC-SP).

[260] "Eu acho que a dificuldade maior mesmo é a falta de 'mexer no bolso' dos outros, é uma coisa complicada, mas se de repente o credor não vem tão aberto a ajudar o devedor, não que ele tenha obrigação, mas ele podia ser um pouco mais maleável" (Coordenadora do CEJUSC-SP).

[261] "A maior dificuldade que não sai acordo é justamente, vamos lá, por falta de flexibilidade por parte das empresas. [proposta] Meio que engessada. Se as empresas olhassem isso como uma forma de fidelização, de agradar o cliente, sei lá, uma diferença de uma, duas ou três parcelas, não ia fazer a menor diferença para a empresa. (...) Poderia ser mais flexível" (Coordenador do Pace-SP).

Como é que eu vou justificar isso para o Judiciário e até para a própria Associação Comercial que eu fiquei uma semana trabalhando para você e que você não fez 50% de acordo? Então, assim, eu preciso saber o que você está pensando". É possível conseguir maior flexibilidade das empresas no mutirão (Coordenador do Pace).

O CEJUSC-MG também atua no âmbito processual com a sistemática de mutirões mediante convênios com grandes litigantes.[262] Essas parcerias impõem *certo cuidado com o relacionamento com os prepostos*, que acabam convivendo com os funcionários e os conciliadores no dia a dia das audiências.[263] Ressalta-se também a importância da presença da juíza coordenadora do setor e do treinamento dos conciliadores para que lidem especificamente com essa figura do preposto de modo a evitar que o relacionamento construído pela convivência não interfira na condução das sessões conciliatórias.[264]

Como já mencionado, o CEJUSC-Brasília trabalha essencialmente com a lógica denominada de "pauta concentrada", que se assemelha com um mutirão, porém é realizada recorrentemente e concentra um número menor de audiências por dia.[265] Para tanto, também firma parcerias com os grandes litigantes[266] que fazem contato com o centro,

---

[262] Foram citados na entrevista os convênios com: Cemig, Telefonia Oi, HSBC e Losango.

[263] "Para os conciliadores também é difícil ultrapassar essa barreira com a empresa, ainda mais é só o Cemig por enquanto. E a gente está trabalhando para isso, para que eles consigam. Desde o início, o mesmo preposto vem muito para as audiências. Desde o início, por conta deste convênio, não sei o que eles pensaram. Eles vêm achando como se o TJ estivesse do lado, e não é isso. Existe um convênio, mas ninguém está ali para tomar partido" (Juíza coordenadora do Setor Pré-Processual do CEJUSC-MG).

[264] "A gente está tentando treinar os conciliadores. É difícil, a gente encontra muita resistência em relação a isso. Os estagiários, de certa forma, são menos experientes do que os prepostos. Então no treinamento a gente pega um caso e um é o requerente e o outro é o requerido e faz uma simulação para ver como eles fazem o papel do preposto" (Juíza coordenadora do Setor Pré-Processual do CEJUSC-MG).

[265] "A proposta da Pauta Concentrada tem o objetivo de reunir os esforços conciliatórios em uma estrutura sustentável, que possa ser realizada de modo contínuo. A inovação, quanto ao modelo anterior de mutirões, se baseia no menor número de sessões diárias, contudo, com frequência mensal ou bimestral em suas realizações e maior qualidade no atendimento aos cidadãos. Constatou-se que a mudança do estilo 'mutirão' para o formato de 'pauta concentrada' mostrou-se adequado ao atendimento com qualidade. Por meio desta inovação, realiza-se um número menor de sessões diárias, no entanto, com maior atenção no atendimento aos jurisdicionados (cidadãos e instituições parceiras)" (TRIBUNAL DE JUSTIÇA DO DISTRITO FEDERAL E TERRITÓRIOS, 2013, p. 184).

[266] "Uma das principais atribuições do Nupemec, prevista na Resolução 125 do CNJ, é o estabelecimento de parcerias com entes públicos e privados. Essa atividade de interlocução permite que todos os envolvidos, direta e indiretamente, na resolução de disputas afetas ao Judiciário possam assumir suas responsabilidades na mudança de uma cultura do litígio para uma cultura do consenso. Assim, no ano de 2012, foram estabelecidas parcerias

CAPÍTULO 3
MEIOS CONSENSUAIS E DISPUTAS REPETITIVAS NO JUDICIÁRIO BRASILEIRO | 123

realizando-se uma reunião prévia para discutir procedimentos, ações da empresa "que podem facilitar as negociações, posturas dos representantes que aumentam as chances de acordo e cláusulas usuais dos termos de acordo (custas, honorários, multas etc.)".[267] *O grande litigante encaminha a lista de processos ao centro, que designa uma data para as audiências*, oficiando os juízos para encaminhamento dos processos.

O coordenador administrativo do CEJUSC-Brasília também comenta o desafio de lidar com as partes com menos informações sobre o procedimento e sobre a disputa em si e entende que a pauta concentrada propicia que sejam dadas mais informações a essas partes, bem como que os *conciliadores adotem uma postura mais interventiva* e adequada, considerando o tipo de demanda que compõe a pauta.

No Mato Grosso do Sul, a preocupação com disputas repetitivas e com o relacionamento com litigantes repetitivos começa a surgir na medida em que o núcleo se prepara para realizar seus primeiros mutirões de conciliação com grandes litigantes. Essa relação é vista desde então com cautela, sendo destacada a premissa de que os conciliadores sejam sempre independentes e tenham passado pelo mesmo procedimento de capacitação que hoje em dia forma os mediadores que atuam no núcleo.

3.2.2.4 Critérios de avaliação

No CEJUSC-SP, no Pace-SP e no CEJUSC-MG são levantadas estatísticas quanto à quantidade de audiências realizadas e acordos firmados, não tendo sido relatadas metas formais. O CEJUSC-Brasília desenvolveu, além da coleta estatística, uma pesquisa de satisfação voltada tanto para as partes quanto para seus advogados, que podem avaliar o trabalho do mediador ou do conciliador e do preposto da empresa.

3.2.3 Juizados especiais cíveis

Nos âmbito dos juizados especiais cíveis, foram visitados os seguintes programas: (i) Centro Permanente de Conciliação dos Juizados Especiais Cíveis do Tribunal de Justiça do Estado do Rio de

---

com: a. Bancos, seguradoras, operadoras de cartão de crédito, operadoras de telefonia, grandes lojas e empresas aéreas (...)" (TRIBUNAL DE JUSTIÇA DO DISTRITO FEDERAL E TERRITÓRIOS, 2013, p. 27).

[267] TRIBUNAL DE JUSTIÇA DO DISTRITO FEDERAL E TERRITÓRIOS, 2013, p. 43-44.

Janeiro; (ii) Centro Judicial de Solução de Conflitos do Juizado Especial Cível de Brasília (CEJUSC-JEC Brasília); e (iii) Setor de Conciliação dos Juizados Especiais Cíveis do Tribunal de Justiça do Mato Grosso do Sul.

3.2.3.1 Implementação e trajetória

As primeiras iniciativas de conciliação nos juizados do Rio de Janeiro datam do final da década de 1990, mas a implantação do Centro Permanente de Conciliação se deu com a chegada de seu juiz coordenador em 2010, quando então foram colocadas em prática medidas específicas para aumentar o percentual de conciliações nos juizados, dentre elas o projeto de conciliação pré-processual. Ele relata que o fenômeno das demandas de massa teve impacto decisivo nos baixos percentuais de acordos que encontrou nos juizados da capital, decorrente do crescimento vertiginoso e do assoberbamento do volume de processos nos cartórios dos juizados.[268]

Em Brasília, o CEJUSC-JEC foi instituído com base nos parâmetros definidos pela Resolução nº 125/2010 e, com o passar do tempo, investiu-se cada vez mais no relacionamento com os grandes litigantes para que atuassem na sistemática de "pauta específica" (pautas temáticas ou arranjadas por grande litigante), também com intuito de alavancar o número de acordos.

Quando da visita *in loco*, as iniciativas de conciliação nos juizados do Mato Grosso do Sul estavam começando a se delinear e tiveram como primeira medida um diagnóstico das temáticas das demandas do acervo e um mapeamento dos maiores litigantes.

3.2.3.2 Desenho, atores e condições de acesso

À época da pesquisa, apenas o CEJUSC-JEC de Brasília poderia ser considerado um Centro Judiciário de Solução de Conflitos e Cidadania nos moldes da Resolução nº 125/2010.

---

[268] "Porque esse fenômeno da demanda de massa atingiu também as empresas. Você imagina uma empresa como a Telemar, que tem, no mês de janeiro, 4 mil distribuições. É um mês curto, a gente está em recesso, já começa no dia 7. Mês de fevereiro, é um mês curto, 6 mil. Mês de março, mês inteiro, 31 dias, 8 mil processos. Mês de abril, a gente ainda não fechou os números, mas está a estimativa de 10 mil processos. Então você tem, 10 com 8, 18. Com 6, 24. Com 4, 28 mil processos em quatro meses, que é o que eles tinham em um ano. Quem vai dar conta disso? Como? É impossível" (Juiz coordenador do Centro Permanente de Conciliação dos Juizados Especiais Cíveis – Rio de Janeiro).

Em termos de objetivo institucional, todos relatam que sua criação fora motivada pela necessidade de redução de acervo e aumento no percentual de acordos realizados na esfera dos juizados especiais. Também têm em comum o fato de trabalharem essencialmente com a conciliação, sendo que tanto o Centro Permanente dos Juizados Especiais Cíveis do Rio de Janeiro quanto o CEJUSC-JEC de Brasília oferecem a possibilidade de conciliação pré-processual e processual.

Os três programas afirmam que a imensa maioria das disputas recebidas é pertinente a relações de consumo: bancos, concessionárias de serviços, operadoras de telefonia, companhias áreas, seguradoras, etc.[269] As empresas comparecem majoritariamente com prepostos e advogados terceirizados. No Centro Permanente, observa-se que, no âmbito processual, é dada preferência para o encaminhamento de processos nos quais a parte autora está assessorada por um advogado como forma de facilitar o procedimento de intimação,[270] enquanto no pré-processual é mais raro esses indivíduos comparecerem com patronos. No CEJUSC-JEC, o juiz coordenador relata a percepção de que o juizado atende predominantemente uma classe social mais favorecida e que costuma comparecer com advogados.

---

[269] São narradas também situações em que, diante do recebimento massivo de um volume grande de disputas semelhantes (no caso, uma cobrança de tarifa de tratamento de esgoto), o centro concentrou todas as conciliações, levando em consideração a dificuldade que os juizados teriam de incluir todas essas demandas em suas pautas repentinamente: "Era uma cobrança indevida de esgoto numa área que não tem tratamento de esgoto. Alguns advogados descobriram isso, perceberam isso, os clientes foram procurando eles, os advogados entraram com milhares de ações. Se não me engano, eram mais de 150 mil matrículas nessa situação. Então aqui e em Campo Grande, que é maior, maior município que teve esse problema, foram uma quantidade absurda de ações de uma hora para outra. Então, a gente concentrou tudo aqui, uma questão já de política judiciária, porque os juizados não teriam condições plenas de fazer 4 mil audiências nessa data. Então, a gente trouxe para cá, durante essa época de junho a dezembro de 2011, 2012, perdão, nós fazíamos em média 3.400/3.500 audiências por mês. Teve muita coisa aqui" (Servidor lotado no Centro Permanente de Conciliação dos Juizados Especiais Cíveis – Rio de Janeiro).

[270] "Os judiciais, uma porcentagem é muito pequena que vem sem advogado, principalmente porque pela própria lógica que a gente tem, pela logística de armar o mutirão, na hora de armar o mutirão, é de tentar conseguir a maior quantidade com o mínimo de trabalho possível. Se a gente for pegar 300 processos e fazer o trâmite completo deles, a gente vai ter que fazer 300 mandados de intimação. A gente vai ter que mandar para o oficial de justiça cumprir. Tem que juntar de volta 300 certidões, então não é uma coisa produtiva. A ideia é produzir muito com o mínimo de trabalho possível. Na hora de fazer a seleção, eu foco nos processos que têm advogado porque o autor entrou com advogado porque a gente faz a intimação por meio de diário oficial" (Servidor lotado no Centro Permanente de Conciliação dos Juizados Especiais Cíveis – Rio de Janeiro).

Os conciliadores do Centro Permanente são juízes leigos remunerados por audiência, enquanto no CEJUSC-JEC são conciliadores capacitados pelo TJDFT. Os juizados do Mato Grosso do Sul trabalham tanto com conciliadores quanto com juízes leigos remunerados por audiência.[271] Em termos de triagem e adequação, os programas estudados, à semelhança do constatado nos centros da justiça estadual e federal, *têm atuado predominantemente sob a lógica de mutirões ou pautas concentradas,* tanto no processual quanto no pré-processual.

Além de mutirões organizados para processos já ajuizados, o Centro Permanente tem dado bastante ênfase na sua frente pré-processual, com o objetivo expresso de "reduzir a massificação da judicialização de conflitos, especialmente os de consumo".[272] Com esse intuito, já realizou alguns mutirões pré-processuais e tem investido também na chamada "conciliação pré-processual virtual", em que o consumidor pode se comunicar com as empresas parceiras do projeto, para as quais o tribunal criou *e-mails* institucionais ("@tjrj.jus.br").[273] Caso cheguem a um acordo, este é homologado presencialmente no centro, tornando-se um título executivo extrajudicial (artigo 515, II, do Código de Processo Civil). Não há interferência expressiva do centro ou de seus conciliadores nessa negociação realizada entre as partes por *e-mail*.[274]

---

[271] A dificuldade até o momento relatada é que muitos conciliadores que já atuaram nos juizados ainda não realizaram a capacitação nos termos da Resolução nº 125/2010. A coordenadora do departamento dos juizados afirma também que será necessário que os mediadores treinados pelo TJMS se adaptem à realidade dos juizados, em que se terá menos tempo para realização de cada sessão.

[272] Conforme descrição feita para o Instituto Innovare disponível no *site*: http://www. premioinnovare.com.br/praticas/o-centro-permanente-de-conciliacao-e-a-conciliacao-pre-processual-virtual/. Acesso em: 10 nov. 2013.

[273] Informações sobre o projeto no *site* do Tribunal de Justiça do Estado do Rio de Janeiro: http://www.tjrj.jus.br/web/guest/juiz_especiais/conciliacao-pre-processual. Acesso em: 10 nov. 2013.

[274] Há também os totens de empresas que ficam no Setor de Distribuição dos juizados para que, caso o indivíduo tenha interesse, negocie diretamente com um representante do departamento jurídico por meio de uma conferência via Skype. Caso cheguem a um acordo, o totem imprime os termos da transação já com a assinatura da empresa e de testemunhas, também supostamente com valor de um título executivo extrajudicial. Algumas empresas não possuem totens, mas enviam representantes permanentemente para o centro, que instituiu um procedimento pelo qual, antes da distribuição de uma demanda envolvendo esses entes, se avisa o Centro Permanente e se convida o consumidor a tentar uma negociação antes de prosseguir com o ajuizamento da ação: "E algumas empresas que não têm o totem, elas deixam um representante aqui, caso da Eletro, Santander e a NET, uma vez por semana o rapaz da NET vem para cá também. Eles ficam aqui mas

O CEJUSC-JEC recebe todos os processos do Juizado Especial Cível de Brasília logo após ajuizamento e antes da distribuição e do registro da demanda. Com isso, pretende ser considerado um centro de conciliação estritamente pré-processual, no qual são realizadas todas as diligências necessárias (citação, intimação e condução da audiência) de modo que o processo só seja oficialmente distribuído se a tentativa de conciliação for infrutífera.[275] Trata-se de audiência obrigatória que pode ser realizada tanto em uma data designada individualmente quanto dentro de uma pauta concentrada por grande litigante, por meio de convênios previamente firmados com empresas que figuram dentre as maiores demandadas do juizado. Segundo o relatório anual do Nupemec, um dos objetivos que motivaram a montagem de pautas específicas foi o "desafio de se aumentar o índice de acordos para 50%".[276]

No Mato Grosso do Sul, a ideia desde já é também investir em mutirões processuais e na conciliação pré-processual como requisito para ajuizamento.

Os três programas estudados, assim como os demais centros judiciários estaduais e federais, são gratuitos. Não há parcerias permanentes com a Defensoria Pública para provisão de atendimento a litigantes que não estejam acompanhados de advogados ou que necessitem de orientação jurídica.

---

fica também avisada a distribuição quando a pessoa vai. Levou inicial, escrito 'NET', o camarada já manda para cá. Dá a opção, né, claro. Se a pessoa quiser distribuir do mesmo jeito, distribui" (Servidor lotado no Centro Permanente de Conciliação dos Juizados Especiais Cíveis – Rio de Janeiro).

[275] "No cartório, as iniciais do processo são recebidas e autuadas. Faz-se a expedição dos mandados e praticam-se todos os atos cartorários necessários até a sessão de conciliação prevista pela legislação vigente. Após a sessão, com o alcance de um consenso, o juiz responsável pelo Centro homologa o acordo. Caso não seja possível um acordo, o processo é distribuído para um dos sete juizados e, em alguns casos é possível que se agende a audiência de instrução e julgamento no ato, com consequente intimação imediata das partes" (TRIBUNAL DE JUSTIÇA DO DISTRITO FEDERAL E TERRITÓRIOS, 2013, p. 58).

[276] "Um dos fatores que motivaram o início da Pauta Específica foi o desafio de se aumentar o índice de acordos para 50%, uma meta ambiciosa e nunca antes alcançada pelos Juizados Especiais Cíveis de Brasília. Na oportunidade, vislumbraram-se como maiores demandadas nos Juizados Especiais Cíveis de Brasília as pessoas jurídicas, especialmente da área de aviação e de telefonia. Um trabalho mais direcionado a essas empresas com certeza alavancaria os índices de acordo" (TRIBUNAL DE JUSTIÇA DO DISTRITO FEDERAL E TERRITÓRIOS, 2013, p. 59).

3.2.3.3 Tratamento de disputas repetitivas

Sobre o tratamento de disputas (ou demandas) repetitivas, o juiz coordenador do Centro Permanente afirma tratar-se de realidade patente nos juizados especiais cíveis no estado do Rio de Janeiro, onde a judicialização massiva seria incentivada pelo fácil acesso e pela atuação "agenciadora" de advogados de consumidores.[277] Entende-se que a concentração de sessões envolvendo a mesma empresa ou a mesma temática (ou, ainda, a mesma temática envolvendo a mesma empresa) tem facilitado a gestão dessas demandas repetitivas e as tratativas com esses grandes litigantes, permitindo que estes tenham uma noção mais clara do seu passivo perante os juizados e, eventualmente, adotem diferentes posturas comerciais ao verificarem que determinado aspecto relacionado a seus produtos ou serviços tem sido responsável por um número considerável de processos semelhantes:

> A gente está mostrando para as empresas que é uma vantagem, primeiro, ela ter a rédea do passivo, ter controle. Segundo: de ela ter sempre um apego com, um vínculo entre o que está sendo judicializado e o que ela pode evitar ações futuras. Uma análise preventiva. Em muitos casos a gente chega aqui no final do mutirão com mudanças propostas, mudanças de parâmetros de negócio na empresa que participou do mutirão. Ela testa uma prática dela, prática está equivocada, no final do mutirão a proposta é: ou muda, ou daqui a três semanas você vai fazer outro mutirão de 300 e você vai gastar mais 600 mil. Não faz sentido. Propaganda enganosa, venda casada, sai daqui com um modelo. (...) Ele não está contratando uma consultoria, ele está recebendo de quem julga ele, a consultoria de graça de como ele pode não vir a ser condenado de novo em 300 processos num dia. Então isso eles vão aprendendo. Não é um mau negócio fazer mutirão. (Juiz coordenador do Centro Permanente de Conciliação dos Juizados Especiais Cíveis – Rio de Janeiro).

---

[277] "A demanda de massa ela é caracterizada pela repetição de ações da mesma empresa com o mesmo objeto e é uma característica do nosso passivo judicial aqui no estado do RJ em decorrência da forma pioneira como a gente instalou os juizados especiais com gratuidade no primeiro grau de jurisdição, amplo acesso, núcleo de primeiro atendimento, convênio com as universidades, então desde o primeiro momento ficou sempre muito fácil para se entrar com uma ação no juizado de graça. Isso fez com que, desde sempre, muitas ações se tornassem repetitivas, vai o boca a boca; eu entrei contra a 'Ricardo Eletro', ganhei 2 mil; você aconteceu a mesma coisa, vai lá entra e a partir daí, isso ninguém pode negar, há um mercado de demanda de massa, explorado pelas partes em muitos casos por advogados que são agenciadores" (Juiz coordenador do Centro Permanente de Conciliação dos Juizados Especiais Cíveis – Rio de Janeiro).

A pauta específica do CEJUSC-JEC de Brasília também é uma medida notadamente voltada para o tratamento de disputas repetitivas envolvendo grandes demandados do Juizado Especial Cível de Brasília.[278] A prática, como um todo, envolve *reuniões prévias com os grandes litigantes*, seus prepostos, seus advogados e seus gestores com poder de decisão final para elaboração dos principais termos das propostas a serem oferecidas e de cláusulas contratuais padronizadas a serem utilizadas nos acordos, além do treinamento obrigatório dos prepostos que comparecerão às audiências. *O grande litigante compromete-se a outorgar mais flexibilidade a seus prepostos ou a manter um gestor com maior poder de decisão de plantão durante as sessões.* Na minuta padrão do termo de parceria firmado entre a empresa e o CEJUSC-JEC, inclusive, há cláusula expressa na qual a empresa se compromete a "elaborar propostas de acordo com margens mais amplas de negociação".[279]

Segundo os entrevistados, tanto os mutirões do Rio de Janeiro quanto a pauta concentrada de Brasília viabilizariam uma *melhor preparação das empresas*, de seus advogados e de seus prepostos, que, sabendo os tipos de disputas que encontrarão nas audiências (relacionadas a determinados produtos, serviços, contratos bancários, etc.), podem prever sua margem de negociação, contingenciando previamente o valor a ser despendido em cada oportunidade,[280]

---

[278] "As Pautas Específicas são a metodologia utilizada na realização das conciliações pelo CEJUSC-JEC/BSB junto aos grandes demandantes. Nessa prática, instituições específicas firmam parceria com o Tribunal, de acordo com a natureza e a quantidade de processos que estão tramitando na Casa e conforme seu interesse em fazer uma proposta de acordo nessas causas. O objetivo das Pautas é, não apenas facilitar a operacionalização das semanas de conciliação, mas, principalmente, oferecer tratamento adequado às partes que procuram o Tribunal para tratar de seus direitos, propiciando um momento de entendimento entre requerentes e requeridos" (TRIBUNAL DE JUSTIÇA DO DISTRITO FEDERAL E TERRITÓRIOS, 2013, p. 29).

[279] Modelo de "Pauta – Proposta de Pauta Específica" elaborado pelo Centro Judiciário de Solução de Conflitos e Cidadania dos Juizados Especiais Cíveis de Brasília – CEJUSC-JEC, item B, subitem 4.

[280] "Os prepostos vêm mais preparados e aí o resultado é melhor, economicamente. Além de ele poder planejar, as empresas que sabem bem gerenciar o mutirão, você logo vê que o sujeito traz o notebookzinho, 300 processos, as propostas, que foram autorizadas pela empresa. Ele vem com uma margem. Invariavelmente se ele vem um 1 milhão ele gasta 900 mil. Ele chega próximo ou abaixo da margem. E assim a gente conseguiu convencer porque, na verdade, o que que ele está perdendo? Nada. Ele não está perdendo nada, ele evita revelia porque ele tem controle absoluto daquela pauta, ele estuda os processos, ele faz análise preventiva, ele faz acordo, sai bem na mídia e ele economiza dinheiro" (Juiz coordenador do Centro Permanente de Conciliação dos Juizados Especiais Cíveis – Rio de Janeiro).

aumentando-se, com isso, os índices de acordo.[281] [282] Por outro lado, também lhes permite *deixar de participar em determinados mutirões ou audiências nos quais sabe que possui chances de êxito ou, em razão de uma indeterminação jurisprudencial quanto ao direito envolvido, não possuem interesse em propor acordos.*[283]

Tanto no Centro Permanente quanto no CEJUSC-JEC, foi relatado que grandes litigantes[284] vislumbram vantagens na conciliação realizada antes do ajuizamento da demanda, porquanto deixam de figurar em listas de empresas mais demandadas e conseguem reportar melhores estatísticas em seus processos de contingenciamento interno.

Muito embora as práticas conciliatórias sejam ainda bastante incipientes nos juizados do Mato Grosso do Sul, a primeira medida adotada para uma política de conciliação judicial foi o diagnóstico do acervo e o mapeamento dos dez maiores litigantes, que são, primordialmente, bancos e empresas de telefonia e de energia. A ideia é entrar em contato com essas empresas para organizar mutirões a partir de 2014.

---

[281] "A conciliação feita pelo juizado [fora dos mutirões do Centro Permanente], ela, eu acho que principalmente com relação aos juízes de leigos, eles não buscam tanto essa conciliação, até porque as próprias empresas às vezes não têm uma política muito grande, né. Tanto é que os índices de conciliação – preciso até confirmar isso, porque eu não tenho certeza dos números –, lá fora são entre 7 e 10%. Aqui dentro, entre 80 e 90%. Inversão, aquilo que lá conseguir é justamente o que aqui não conseguir por volta de uma margem de 90 para 10%" (Servidor lotado no Centro Permanente de Conciliação dos Juizados Especiais Cíveis do Rio de Janeiro).

[282] Segundo relatório anual do Nupemec de 2012, o índice de acordo obtido nas pautas específicas foi de 60,6%, ao passo que no modelo convencional (audiências avulsas) o percentual de transações foi de 26,6% (TRIBUNAL DE JUSTIÇA DO DISTRITO FEDERAL E TERRITÓRIOS, 2013, p. 59-61).

[283] "Teve uma decisão da STJ suspendendo todos os recursos. E diminui, depois disso, a quantidade de processos [encaminhados para conciliação], até porque para os advogados não podem entrar com ação. Eles não fazem mais acordo. Antes [da decisão do STJ] tinha acordo, e nós íamos facilitando a conciliação. De um dia para outro eles [a empresa] deixaram de fazer acordo, por um acaso foi justamente na semana da conciliação e desde então nós paramos de fazer mutirões. É contra a política do centro de conciliação, minha opinião, pelo menos, a gente fazer um mutirão, sem acordo" (Servidor lotado no Centro Permanente de Conciliação dos Juizados Especiais Cíveis do Rio de Janeiro).

[284] Além dos coordenadores e dos funcionários entrevistados, foi possível também entrevistar, no Centro Permanente, um advogado terceirizado e assistir a uma fala de um advogado do jurídico de um banco no CEJUSC-JEC direcionada a juízes presentes em um encontro sobre a conciliação judicial. Ambos afirmaram as vantagens, para as empresas, da conciliação realizada antes da distribuição dos processos. O advogado entrevistado no Rio de Janeiro afirma: "Nesse caso, por exemplo, que eu acabei de fazer por essa empresa, através do conciliar TJ, que é o *e-mail*, aonde a reclamação chega aqui antes que se crie o *actum trium personarum*. Não existe processo. Não existindo processo, obviamente, a empresa que é, não vou dizer 'demandada' porque não tem demanda, mas que é reclamada, ela melhora o seu posicionamento nesse *ranking* porque no *ranking* só vai se fazer valer aquilo que é entrante, aquilo que já virou processo judicial".

3.2.3.4 Critérios de avaliação

No Centro Permanente, não há uma meta oficial de número de acordos (muito embora o percentual seja contabilizado), mas apenas de quantidade de audiências realizadas. O CEJUSC-JEC mensura a quantidade de audiências e acordos, mas também afere a satisfação das partes e dos advogados quanto à atuação dos conciliadores e dos prepostos dos grandes litigantes, utilizando os mesmos formulários de pesquisa do CEJUSC-BSB. A perspectiva nos juizados no Mato Grosso do Sul é a coleta de dados quanto aos acordos realizados e à quantidade de processos arquivados.

3.3 Pesquisa por meio de questionários realizada nos centros e nos núcleos judiciais

Além da coleta de dados por meio de entrevistas semiestruturadas e visitas *in loco*, foi elaborado também um questionário com perguntas sobre práticas voltadas para o tratamento de demandas repetitivas, o qual foi encaminhado eletronicamente a todas as centrais, núcleos e programas judiciais de mediação e conciliação cujos *e-mails* institucionais encontram-se disponíveis no *site* do CNJ.[285]

Foram recebidas ao todo 14 respostas, das quais 8 se identificaram: Núcleo Permanente de Métodos Consensuais de Solução de Conflitos do Tribunal de Justiça do Estado do Ceará (Nupemec/TJCE); Comitê Especial de Conciliação, do TJPE; CEJUSC 2ª instância, do TJSP; Coordenadoria Estadual do Movimento pela Conciliação, do TJTO; Centro Judiciário de Solução de Conflitos e Cidadania de Florianópolis (CEJUSCON-SC); Núcleo Integrado da Conciliação (NIC), do TJBA; Central de Conciliação e Mediação de Caxias do Sul, do TJRJ; e Núcleo Permanente de Solução Consensual de Conflitos, do Tribunal Regional Federal (TRF) 2ª Região.

Nesse formulário, foram direcionadas questões diretamente sobre disputa cujo volume se sobressai, mecanismos de triagem e encaminhamento, sobre a relação entre litigantes repetitivos e litigantes ocasionais e sobre as práticas adotadas em caso de demandas envolvendo temas ou questões jurídicas semelhantes.[286] Como o

---

[285] Disponível em: http://www.cnj.jus.br/programas-de-a-a-z/acesso-a-justica/conciliacao/nucleos-de-conciliacao. Acesso em: 8 ago. 2013.

[286] Nessa pergunta, o respondente poderia optar pelas seguintes alternativas, formuladas após a análise dos dados coletados nas entrevistas semiestruturadas: (i) nenhum

formulário possuía um viés eminentemente qualitativo, foi possível examinar se as respostas obtidas corroboram ou não as percepções registradas nas entrevistas semiestruturadas:[287]

Quadro 4 – Respostas ao formulário eletrônico enviado via *e-mail* a programas judiciais de mediação e conciliação – perguntas relacionadas a disputas repetitivas e mecanismos de triagem e encaminhamento

Programa judicial	Há algum tipo (ou tipos) de disputa cujo volume sobressai em relação às demais?	Qual encaminhamento costuma ser dado para disputas que envolvem temas/questões jurídicas semelhantes?
Núcleo Permanente de Métodos Consensuais de Solução de Conflitos do Tribunal de Justiça do Estado do Ceará (Nupemec/TJCE)	Cobrança de dívida bancária; ação de consumo contra concessionária de serviços (telefonia, água, luz, etc.)	Encaminhamento para mutirões envolvendo determinado litigante
Comitê Especial de Conciliação, do TJPE	Cobrança de dívida bancária; ação de consumo contra bancos/financeiras	Encaminhamento para mutirões temáticos e para mutirões envolvendo determinado litigante
CEJUSC 2ª instância, do TJSP	Ação de consumo contra concessionária de serviços (telefonia, água, luz, etc.); ação de consumo contra bancos/financeiras	"O agrupamento ocorre quando a empresa indica"
Coordenadoria Estadual do Movimento pela Conciliação, do TJTO	Cobrança de dívida bancária; ação de consumo contra concessionária de serviços (telefonia, água, luz, etc.)	Encaminhamento para mutirões envolvendo determinado litigante
Centro Judiciário de Solução de Conflitos e Cidadania de Florianópolis (CEJUSCON-SC)	Cobrança de dívida bancária	Encaminhamento para mutirões temáticos
Núcleo Integrado da Conciliação (NIC), do TJBA	Revisionais e direito de família	Encaminhamento para mutirões temáticos e para mutirões envolvendo determinado litigante
Central de Conciliação e Mediação de Caxias do Sul, do TJRJ	Ação de consumo contra concessionária de serviços (telefonia, água, luz, etc.); ação de consumo contra bancos/financeiras.	Encaminhamento para mutirões envolvendo determinado litigante
Núcleo Permanente de Solução Consensual de Conflitos, do TRF 2ª Região	"Depende da política pública vigente na época"	Encaminhamento para mutirões temáticos

Fonte: elaboração própria.

encaminhamento específico (os casos são analisados individualmente); (ii) encaminhamento para mutirões temáticos (*e.g.* mutirão SFH); (iii) encaminhamento para mutirões envolvendo determinado litigante (*e.g.* mutirão banco Bradesco, mutirão Oi, etc.); (iv) outros (campo aberto para descrição de outras práticas).

[287] Ver inteiro teor do formulário no Apêndice C.

Nesse mesmo formulário, perguntou-se aos respondentes se, pela sua percepção, em disputas entre grandes litigantes e cidadãos, estes se encontrariam em uma situação menos vantajosa e se o programa adota alguma postura específica nesses casos. Estas foram as respostas:

Quadro 5 – Respostas ao formulário eletrônico enviado via *e-mail* a programas judiciais de mediação e conciliação – perguntas relacionadas à relação entre litigantes repetitivos e ocasionais e práticas específicas

Programa judicial	Na sua opinião, em conciliações ou mediações realizadas em disputas entre grandes litigantes (poder público, bancos, concessionárias de serviços, etc.) e cidadãos, estes se encontram em situação menos favorável?	Em caso de disputas entre grandes litigantes e cidadãos, o centro/núcleo adota algum procedimento específico?
Núcleo Permanente de Métodos Consensuais de Solução de Conflitos do Tribunal de Justiça do Estado do Ceará (Nupemec/TJCE)	Sim, em termos de informações sobre a disputa em si (*e.g.* composição da dívida, direitos envolvidos)	"São aplicadas técnicas de empoderamento"
Comitê Especial de Conciliação, do TJPE	Não parece haver disparidade entre as partes nessa situação	"As audiências de mediação e conciliação são presididas por mediadores e conciliadores treinados segundo o programa do CNJ, no qual são tratados os tipos de abordagem mais propícios a cada situação"
CEJUSC 2ª instância, do TJSP	Sim, em termos de poder de barganha e de representação jurídica	"Orientação às empresas participantes no sentido de fazerem uma triagem criteriosa, apresentarem propostas plausíveis e enviarem advogados colaborativos"
Coordenadoria Estadual do Movimento pela Conciliação, do TJTO	Não parece haver disparidade entre as partes nessa situação	Não são adotados procedimentos específicos
Centro Judiciário de Solução de Conflitos e Cidadania de Florianópolis (CEJUSCON-SC)	Sim, em termos de informações sobre a disputa em si (*e.g.* composição da dívida, direitos envolvidos) e de poder de barganha	"Frequentemente são realizadas reuniões com entes públicos e mutirões de conciliação. Sempre que possível, contamos com a participação dos conciliadores nas audiências de conciliação"
Núcleo Integrado da Conciliação (NIC), do TJBA	Sim, em termos de poder de barganha	"Tratativas prévias com o grande litigante"
Central de Conciliação e Mediação de Caxias do Sul, do TJRJ	Sim, em termos de poder de barganha	Não são adotados procedimentos específicos
Núcleo Permanente de Solução Consensual de Conflitos, do TRF 2ª Região	*Sem resposta*	"Reuniões institucionais prévias"

Fonte: elaboração própria.

As respostas aos questionários coadunam-se com as percepções identificadas nas entrevistas, especialmente no que diz respeito às repercussões da repetição de disputas individuais no funcionamento dos programas de conciliação e às práticas de estruturação de mutirões temáticos ou concentrados em um grande litigante e de realização de tratativas prévias com esses litigantes habituais.

CAPÍTULO 4

MEIOS CONSENSUAIS E DISPUTAS REPETITIVAS NO JUDICIÁRIO NORTE-AMERICANO

4.1 Objeto do estudo de caso e metodologia

A pesquisa empírica nos programas judiciais norte-americanos foi realizada no período entre outubro de 2011 e maio de 2012, também com objetivo de averiguar a estrutura, o funcionamento e as práticas utilizadas por programas judiciais de conciliação e mediação.

A experiência acumulada e a diversidade de estruturas, decorrente, em grande parte, da maior autonomia dos estados em termos de organização judiciária, foram fatores que contribuíram para que os dados coletados nos programas norte-americanos trouxesse elementos importantes para o estudo do tratamento consensual de disputas repetitivas e da repercussão desse tipo de litigiosidade na conciliação e na mediação realizadas no ambiente judicial. A ideia não é importar tais elementos ou práticas, mas sim identificá-los e contextualizá-los, construindo-se um repertório mais rico de técnicas de desenho e de gerenciamento.

A escolha dos programas visitados adotou os seguintes critérios: (i) acessibilidade de informações; (ii) proximidade geográfica e receptividade dos atores envolvidos para realização de entrevistas; (iii) diversidade de estrutura, a fim de que fossem analisados tanto programas que realizassem um juízo de adequação e de triagem para remessa da disputa para a conciliação, mediação ou outros meios (*fit the fuss to the forum*) quanto programas especificamente desenhados para lidar com determinados tipos de disputa (*fit the forum to the fuss*).[288]

---

[288] SANDER, Frank E. A.; ROZDEICZER, Lukasz. Matching cases and dispute resolution procedures: detailed analysis leading to a mediation-centered approach. *Harvard Negotiation Law Review*, Cambridge, US, v. 11, p. 1-41, 2006.

MARIA CECÍLIA DE ARAUJO ASPERTI
A MEDIAÇÃO E A CONCILIAÇÃO DE DEMANDAS REPETITIVAS

Com base nesses elementos, foram visitados os programas listados a seguir.

Quadro 6 – Programas estudados nos EUA:
jurisdição, estrutura e entrevistados

Nome do programa	Jurisdição	Estrutura	Entrevistados
The Multi-door Dispute Resolution Division of the Superior Court of the District of Columbia	Distrito de Columbia (Superior court)	Multiportas	Coordenador administrativo e mediadores
Office of Alternative Dispute Resolution of the Judicial Branch of the State of Connecticut	Justiça Estadual de Connecticut	Multiportas	Diretoria e mediadores
Complementary Dispute Resolution Division of the State Court of New Jersey	Justiça Estadual de New Jersey	Multiportas	Diretora
Office of Alternative Dispute Resolution and Court Improvement Programs of The State of New York	Justiça Estadual de Nova Iorque	Órgão voltado para desenho de programas de resolução de disputas	Diretor
Resolution Systems Intitute	Justiça Estadual de Illinois	Órgão voltado para desenho de programas de resolução de disputas	Pesquisadoras
Foreclosure Meditation Program of the Judicial Branch of the State of Connecticut	Justiça Estadual de Connecticut	Programa desenhado para um conflito especifico (execução judicial de hipoteca)	Coodenadora administrativa e mediadores
Foreclosure Setlement Program of the State Court of Indiana	Justiça Estadual de Indiana	Programa desenhado para um conflito específico (execução judicial de hipoteca)	Coordenadora administrativa
Foreclosure Mediation Program of the State Court of New Jersey	Justiça Estadual de Mew Jersey	Programa desenhado para um conflito específico (execução judicial de hipoteca)	Coordenadora administrativa e mediadora
Residential Mortgage Foreclosure Diversion Program of the Court of Common Pleas of Philadelphia	Justiça Estadual - Codade da Filadélfia	Programa desenhado para um conflito específico (execução judicial de hipoteca)	Juíza coordenadora e coordenadora administrativa

Fonte: elaboração própria.

A coleta de dados envolveu o levantamento das normas e dos demais dados de acesso público acerca dos programas e a realização de entrevistas semiestruturadas em profundidade com atores envolvidos na concepção, na implantação e na coordenação dos programas (juízes, coordenadores, mediadores e conciliadores), além de observação *in loco* do funcionamento do projeto e de procedimentos rotineiros (atendimento das partes, sessões de conciliação e de mediação, trâmites burocráticos, etc.). A análise dessas informações foi operacionalizada pelo preenchimento do mesmo roteiro analítico utilizado na pesquisa feita no Brasil (ver Capítulo 3). A seguir, os resultados são apresentados também com base nos eixos de análise propostos, ressaltando-se as informações e as percepções relatadas pelos entrevistados mais relevantes para investigação das perguntas propostas.

4.2 Análise dos resultados

4.2.1 Programas com estrutura multiportas

Dentre os programas visitados nos EUA podem ser considerados multiportas (i) a Multi-Door Dispute Resolution Division of the Superior Court of the District of Columbia; (ii) o Office of Alternative Dispute Resolution of the Judicial Branch of the State of Connecticut; e (iii) a Complementary Dispute Resolution Division of the State Court of New Jersey.

4.2.1.1 Implementação e trajetória

A Multi-Door Dispute Resolution Division of The Superior Court of the District of Columbia foi uma das iniciativas experimentais conduzidas em 1985 pelo American Bar Association's Standing Committee on Dispute Resolution, juntamente com outros três programas em Tulsa, Oklahoma e Houston, Texas.[289] A ideia do comitê, presidido à época pelo próprio Frank Sander, era investigar se o *framework* do tribunal multiportas seria apropriado para uma boa administração da justiça.[290]

---

[289] OSTERMEYER, Melinda. Multidoor on threshold of success. *Bar Leader*, v. 14, p. 14-16, 1988-1989. p. 14.

[290] *"The goals of the multi-door experiment were to provide easy access to justice, to establish networks that would reduce or eliminate citizen frustration, and to develop and improve programs to fill*

Em Connecticut, as primeiras iniciativas surigiram em instâncias especializadas (como as *housing courts* ou as *landlord and tenant courts*) e, com a popularização do conceito de multiportas, um grupo de juízes protagonizou a instalação de um escritório administrativo (o ADR Office) centralizado para administrar todos os programas e fomentar a utilização de diferentes mecanismos nas diversas instâncias judiciárias.

A Complementary Dispute Resolution Division of the State Court of New Jersey também partiu de uma iniciativa de juízes a partir de um diagnóstico de aumento do volume e complexidade dos processos cíveis,[291] objetivando o aperfeiçoamento de técnicas de gerenciamento e do uso de outros mecanismos de solução de disputas.

4.2.1.2 Desenho, atores e condições de acesso

O Multi-Door Dispute Resolution Division of the D.C. Superior Court tem como objetivos facilitar o acesso à justiça, suprimir delongas e disponibilizar uma rede de serviços de resolução de disputas. Embora tenha experimentado uma série de métodos de solução de conflitos desde sua criação, o Multi-Door trabalha hoje em dia, essencialmente, com mediação facilitativa e com arbitragem.

No estado de Connecticut, o objetivo do ADR Office também é o oferecimento de outros mecanismos para a resolução de disputas que não o julgamento judicial. Além dos métodos de resolução de disputas mais usuais, como a mediação[292] e a arbitragem, o ADR Office trabalha com variações de processos de viés mais avaliativo, como o

---

service gaps, thereby making available more doors through which disputes could be resolved" (Trecho do manual de treinamento do Multi-Door Dispute Resolution Division of the D.C. Superior Court).

[291] NEW JERSEY COURTS. *Civil CDR Program Resource Book.* Sept. 2011. v. 2. 67 p. p. 1. Disponível em: https://www.njcourts.gov/courts/assets/civil/civilcdrresourcebook. pdf?cacheID=DtXWHZy. Acesso em: 9 set. 2019.

[292] O Judicial Branch também coordena o programa de *court-annexed mediation*, no qual os juízes atuam como mediadores em processos de outros juízos. Sobre essa prática, a crítica feita pela coordenadora da Civil Division foi de que os juízes não dominam as técnicas de mediação e acabam fazendo na prática uma espécie de *settlement conference*: "Alguns juízes acham que são grandes mediadores, mas, quando você conversa com eles, percebe que na realidade eles não estão mediando nada... o que eles fazem é, na realidade, uma *settlement conference*, e acham que estão fazendo mediação. Assim, uma das conclusões [da comissão do relatório de recomendações] é de que as partes devem entender como verdadeiramente funciona esse procedimento, se é realmente uma mediação ou se é uma *settlement conference*" (Coordenadora da Civil Division do ADR Office do Judicial Branch of the State of Connecticut).

early neutral evaluation,[293] o *summary jury trial*[294] e o *attorney trial referree.*[295] Com exceção deste último, os demais mecanismos avaliativos foram mal avaliados pela comissão designada para elaboração do relatório de recomendações ao ADR Office,[296] que constatou que demandavam um dispêndio de recursos e tempo dos envolvidos (juízes, funcionários, jurados) quase equivalente ao processo judicial, porém sem a produção de um resultado definitivo e vinculante. Segundo a coordenadora do ADR Office, "sempre se lê sobre esses mecanismos [*summary jury trial* e *early neutral evaluation*], mas nunca vemos eles funcionando em lugar algum".[297] A recomendação é que sejam eliminados.

A Complementary Dispute Resolution Division of the State Court of New Jersey, por seu turno, possui um objetivo mais amplo de criar regras, parâmetros de seleção e treinamento de mediadores e árbitros e desenvolver mecanismos uniformes de coleta de dados e avaliação de programas de resolução de disputa. Entende-se que os processos de resolução de disputas são complementos, e não alternativas, ao processo judicial tradicional. O programa é regulamentado pela Rule

---

[293] Segundo definição adotada pelo Judiciário de Connecticut, trata-se de mecanismo pelo qual determinados casos, especialmente casos de indenização por danos pessoais (*personal injury*), podem ser remetidos a um terceiro (*special master*) para realização de uma audiência de tentativa de conciliação logo no início do processo (cf. STATE OF CONNECTICUT JUDICIAL BRANCH. Commission on Civil Court Alternative Dispute Resolution. *Report and recommendations.* 21 Dec. 2011. 136 p. Disponível em: http://www. jud.ct.gov/Committees/ADR/Commission_Final_Report_122111.pdf. Acesso em: 9 set. 2019. p. 26).

[294] Mecanismo em que um caso que normalmente iria para julgamento perante o júri é analisado por um juiz ou por jurados convocados por meio de um procedimento mais célere e no qual o resultado não é vinculante (STATE OF CONNECTICUT JUDICIAL BRANCH, 2011, p. 30).

[295] Mecanismo pelo qual um advogado cadastrado no tribunal é chamado para proferir um parecer com recomendações às partes.

[296] STATE OF CONNECTICUT JUDICIAL BRANCH, 2011, p. 26 e 30.

[297] O Judiciário de Connecticut também inclui em seu rol de mecanismos procedimentos cuja utilização está mais voltada para o gerenciamento de processos, como o *expedited track process* e o *fact-finding*. O *expedited track process* é um procedimento usado em casos com valor inferior a 75 mil dólares e que envolvam questões relacionadas a propriedade, manutenção ou uso de veículo automotor; nele, mais célere, as partes renunciam ao direito a um julgamento perante o júri e ao direito de interpor recurso em face da decisão. O *fact-finding* é o encaminhamento de casos com valor inferior a 50 mil dólares e que discutam questões de responsabilidade contratual baseadas em obrigação de pagamento de quantia certa a um neutro para condução da instrução probatória, observando-se as leis referentes à produção de provas aplicáveis. Ainda de acordo com o relatório de recomendações, tais mecanismos não são suficientemente utilizados na prática, sendo que o *expedited track process* deverá ser eliminado e o *fact-finding*, modificado para incluir a possibilidade de encaminhamento do caso à mediação durante a instrução probatória (STATE OF CONNECTICUT JUDICIAL BRANCH, 2011, p. 26-28).

1:40 do Judiciário de Nova Jersey, que conceitua e divide os processos disponíveis em adjudicatórios (arbitragem, *settlement proceeding*[298] e *summary jury trial*), avaliativos (*early neutral evaluation* e *neutral fact finding, bar paneling*),[299] facilitativos (mediação) e híbridos (*med-arb* e *mini-trial*).

Com relação ao regime de contratação de mediadores, o Multi-Door de D.C. trabalha com mediadores voluntários, enquanto em Connecticut, com exceção da *court-connected mediation*, realizada por juízes voluntários, *senior judges* e *judge trial referees*,[300] os demais programas de mediação empregam mediadores vinculados ao Judiciário (*staff mediators*). Diferentemente, Nova Jersey adota o sistema de *roster*, em que o Judiciário mantém uma relação de mediadores para quem os casos são encaminhados de acordo com a matéria envolvida e a *expertise* de cada um, com exceção dos casos vindos da *special civil part*[301] e da *small claims*,[302] nos quais os mediadores são voluntários, e da *landlord and tenant court*, onde os mediadores são funcionários do Judiciário. A participação de advogados é facultativa.[303]

---

[298] Segundo a Rule 1:40, o *settlement proceeding* é um processo em que partes comparecem diante de um neutro ou um painel de neutros que sugere um acordo. Embora a regulamentação de Nova Jersey classifique esse procedimento como adjudicatório, com base no referencial adotado por esse trabalho tal mecanismo seria considerado consensual (ainda que com um elemento avaliativo), dado que o terceiro não impõe uma solução ao conflito.

[299] Também nos termos da Rule 1:40, o *bar paneling* é um mecanismo em que o caso é encaminhado para um painel de dois ou mais advogados neutros e experientes que fazem uma recomendação não vinculante para realização de um acordo, inclusive com a margem de valores.

[300] Sobre a atuação desses juízes, a comissão do relatório de recomendações ressaltou como vantagens o respeito que têm das partes e a reputação que carregam no sentido de terem conhecimento especializado e *expertise*. Como desvantagens foram apontadas: sua dificuldade de atuar em casos nos quais as partes não são todas representadas por advogados; a falta de uniformidade nos procedimentos adotados e de conhecimento e *expertise* em determinadas áreas; e, ainda, a dificuldade de deixar de lado sua atuação avaliativa/adjudicatória (STATE OF CONNECTICUT JUDICIAL BRANCH, 2011, p. 43).

[301] Valor envolvido de até 15 mil dólares.

[302] Valor envolvido de até 3 mil dólares.

[303] "*Attorneys and their clients are required to make a good faith effort to proceed with a sense of urgency and cooperate with the mediator. They should engage in constructive dialogue regarding ways to meet client interests in a mutually acceptable settlement. Attorneys should prepare their clients prior to mediation by explaining what will happen and what the roles of attorneys and clients are in the process. They should also agree on who will be the principle spokesperson in presenting the party's view early in the mediation session. For example, attorneys may make brief opening summaries of the issues as they see them, but clients should also be given an opportunity to speak. When it comes to discussing terms of settlement, the litigants must play an active part, for it is their case and their settlement. During this process, attorneys should provide counsel on the advisability of settlement options, suggest options and be available for any other consultation with their clients*" (NEW JERSEY COURTS, 2011, p. 4-8).

CAPÍTULO 4 | 141
MEIOS CONSENSUAIS E DISPUTAS REPETITIVAS NO JUDICIÁRIO NORTE-AMERICANO

Nos três programas estudados, a participação dos advogados nas sessões de mediação é facultativa, sendo que estes costumam estar presente com maior frequência em casos cíveis de maior complexidade. Com relação aos critérios de encaminhamento e triagem, em D.C., todos os casos podem ser remetidos para mediação, exceto quando envolvendo uso de armas, lesões graves, histórico de violência doméstica, abuso de menores, ou disparidade de poder de barganha entre as partes. Nas *small claims courts*, o encaminhamento é mandatório.[304] Em Connecticut, a regra é o encaminhamento de acordo com discricionariedade do juízo e/ou vontade das partes, com exceção de programas específicos, como o da *family division* e o de *mortgage foreclosure* (execução de hipoteca), em que as partes são obrigatoriamente encaminhadas para mediação.[305] Já a Complementary Dispute Resolution Division of the State Court of New Jersey é vista como uma parte importante do sistema de gerenciamento de processos do Judiciário de Nova Jersey,[306] em que o encaminhamento dos

---

[304] Após o ajuizamento da demanda, a parte requerida é citada para comparecer ao fórum em data designada, quando então todos os autores e réus convocados para comparecer naquela data participam de uma sessão matinal de orientações conduzida dentro da sala de julgamento e pelo *magistrate judge*. Nessa ocasião, o *magistrate judge* explica a todos os presentes como funciona o programa: a mediação é uma etapa obrigatória após a qual, em não havendo o acordo, as partes podem optar por prosseguir com o processo judicial (e o julgamento é realizado naquela mesma data) ou por participar de uma arbitragem judicial, na qual o juiz é o próprio árbitro.

[305] Segundo as entrevistadas, o ADR Office pretende estabelecer um procedimento de triagem em que certos casos sejam remetidos para programas específicos (desenhados para tipos de disputas ou litigantes: *foreclosure, housing*, família) e os demais para diferentes mecanismos (arbitragem, mediação, avaliação neutra, etc.) com base em um diagnóstico (*case diagnosis*) em que as características da disputa são analisadas previamente para se definir qual o melhor mecanismo (ou "porta") a ser utilizado.

[306] "*Caseflow management refers to the overall court supervision or management of the time and events necessary to move cases from initiation through resolution, regardless of the type of resolution. The New Jersey Civil case tracking system recognizes that all cases are not alike and that the amount and extent of court intervention needed will vary from case to case. By evaluating the likely complexity of each case early, the court can tailor events and preparation time to meet case needs. This system is designed to offer a predictable, orderly flow for each case from filing to termination to achieve the twin goals of timely, cost-efficient resolution and just resolution. The essence of the system is enhancement of the quality of the litigation process and its outcome. This approach offers early court involvement and measured steps to facilitate orderly resolution. CDR programs are a collection of tools or methods for resolving civil disputes without the time and expense ordinarily associated with the conventional trial process. They complement and supplement the traditional litigation process.Having such a range of options available allows the court (and the parties) to match a dispute resolution mechanism to the needs of the particular case. CDR has long been used to resolve disputes, including disputes that have involved traditional litigation. Within the past two decades, however, courts have recognized that the overall process of dispute resolution can be greatly enhanced if the judicial system facilitates the availability of these processes and integrates them into an effective procedure for managing all civil cases*" (NEW JERSEY COURTS, 2011, p. 1-2, 2-2).

processos para determinados tipos de processos de solução de disputa depende de uma classificação[307] realizada logo quando da distribuição do processo,[308] quando então este é inserido em um *track* específico de tramitação.[309] Nesses casos, a realização da primeira sessão de mediação é mandatória.

Em termos de acesso, nenhum dos programas exige o pagamento de custos às partes. Apenas em Nova Jersey, como a primeira sessão de mediação é obrigatória nas causas cíveis, ela é realizada sem nenhum custo para as partes envolvidas; as partes começam a arcar com os honorários do mediador a partir da segunda sessão.

Quanto à possibilidade de se obter assistência judiciária, a *small claims courts* de Washington conta com uma estrutura própria denominada Small Claims Resource Office, além de manter convênios com instituições que oferecem assistência e orientação jurídica gratuitas. Também em Connecticut, onde pesquisas estatísticas apontam para um rápido crescimento no número de litigantes *pro se*,[310] o Judiciário

---

[307] Segundo o manual do programa, os critérios que pautaram a definição dos casos que deverão ser encaminhados à mediação são: partes com relação pessoal ou comercial de negócios ou que tiveram uma relação significativa no passado; problemas de comunicação, barreiras emocionais ou pessoais para o acordo; desejo das partes de customizar uma solução de disputas que atenda às suas necessidades; envolvimento de aspectos técnicos ou científicos específicos; partes com incentivo para transigir em virtude de tempo, custo ou perda de produtividade; desejo de controle do resultado do caso pelas partes; partes interessadas em um fórum mais privado de solução de disputas; partes não representadas por advogado; processo avaliativo privado realizado sem sucesso (NEW JERSEY COURTS, 2011, p. 1-6).

[308] Há também um programa específico que permite que advogados e partes envolvidos na litigância referente à "Lemon Law" (N.J.S.A. 56:12-29 *et seq.*) escolham algum dos mecanismos de solução de conflitos da Complementary Dispute Resolution Division of the State Court of New Jersey. A "Lemon Law" estipula um procedimento específico para demandas referentes a vícios em veículos automotores adquiridos ou financiados. Logo após a apresentação da defesa, as partes serão intimadas para se manifestarem se o caso deverá ser encaminhado para mediação, arbitragem não vinculante ou vinculante. No silêncio, o caso será automaticamente remetido para mediação ao final da *discovery* (NEW JERSEY COURTS, 2011, p. 4-3, 4-4).

[309] Nas *civil courts*, quando do ajuizamento da demanda, as partes preenchem um formulário denominado *"civil case information statement – CIS"*, no qual há um campo denominado *"case type"* (tipo de caso), com legendas. Com base nessa classificação por tipo de caso, a demanda poderá ser encaminhada para uma primeira sessão de mediação mandatória (*presumptive early referral of civil cases to mediation*). Após essa sessão, as partes podem decidir se vão prosseguir ou não com a mediação.

[310] Litigantes *pro se* são aqueles que escolhem litigar sem a representação de um advogado. O direito de atuar em causa própria foi reconhecido antes mesmo da ratificação da Constituição norte-americana, na *Section* 35 do Judiciary Act de 1789, que previa que *"in all the courts of the United States, the parties may plead and manage their own causes personally or by the assistance of counsel"* (ch. 20, 1 Stat. 73). Em Connecticut, registrou-se que, enquanto no ano fiscal de 2005/2006 eram 19% dos casos cíveis aqueles com ao menos uma das

vem investindo em projetos para oferecimento de orientação jurídica.[311] Em Nova Jersey, trabalha-se com advogados *pro bono*, que realizam plantões nos fóruns.

4.2.1.3 Tratamento de disputas repetitivas

Em D.C., especialmente na *small claims court*, há a presença significativa de litigantes repetitivos, especialmente no âmbito de cobrança de dívidas (*e.g.* bancos e financeiras). Segundo um dos mediadores entrevistados, *uma das formas de se lidar com o desequilíbrio de poder inerente a essa relação seria por meio do direcionamento de perguntas abertas (open-ended), na tentativa de pressionar esses litigantes a fornecerem informações para a parte contrária em desvantagem.* Há casos também em que os mediadores se sentem à vontade para fornecer informações – por exemplo, a um senhor de idade que recebe aposentadoria, o mediador pode explicar que sua aposentadoria não pode ser penhorada. O coordenador do programa também afirma que, em razão do bom relacionamento da equipe com os litigantes repetitivos, há abertura para se demandar deles uma conduta menos agressiva nas negociações.

Em Connecticut – bem como em diversos outros estados – as execuções de hipoteca (*mortgage foreclosure*) são identificadas como o exemplo mais contundente de disputas repetitivas, posto que revolvem em torno de questões de fato e de direito praticamente idênticas e envolvem uma clara relação entre um litigante repetitivo (bancos e instituições financeiras credoras) e um litigante ocasional (indivíduos devedores). Nesses processos, o ADR Office identifica situações de desequilíbrio de poder entre litigantes repetitivos e ocasionais, os quais cada vez mais comparecem em juízo sem representação.[312] Para o

---

partes em causa própria, no ano fiscal de 2009/2010 passaram a ser 26% (STATE OF CONNECTICUT JUDICIAL BRANCH, 2011, p. 6).

[311] Segundo a coordenadora do programa, essas iniciativas sofreram resistência por parte de advogados que veem nessa postura do Judiciário uma forma de competitividade, porém se entende que, "se na realidade as cortes estão sendo bombardeadas por casos envolvendo litigantes em causa própria, é dever do Judiciário viabilizar seu acesso à justiça e, felizmente, a *chief justice* do estado acredita nisso, e por isso estão sendo criadas comissões de *pro bono*, de acesso à justiça, tudo com intuito de criar condições para atuação dos usuários da justiça, que não são mais somente os advogados" (Coordenadora da Civil Division do ADR Office do Judicial Branch of the State of Connecticut).

[312] "Adicionalmente, além do aumento no volume de ações de cobrança por inadimplemento contratual e execução de hipoteca, houve um aumento constante no número de partes sem representação tanto nesses quanto no total de casos cíveis. No ano fiscal de 2005-2006, em 19% dos casos cíveis pelo menos uma das partes atuou sem advogado; no ano fiscal de

programa, é sua obrigação lidar com o aumento no número de litigantes *pro se* e com as situações de desequilíbrio de recursos e informações.[313] A percepção que se tem é de que os juízes não se sentem confortáveis para dar orientações jurídicas aos litigantes *pro se*[314] e que, para eles, *é melhor contar com um programa judicial no qual os mediadores orientam as partes sem advogados*. Em razão disso, em programas que lidam com o desequilíbrio de recursos e de informação entre as partes, o Judiciário de Connecticut prefere trabalhar com *mediadores que sejam servidores do judiciário (staff mediators)*.[315] A esses mediadores é dada maior liberdade para intervir no processo e para dar informações para os litigantes sem representação. A coordenadora do programa entende que, ao se trazer a mediação para o Judiciário, é necessário rever certos "purismos", pensando-se no processo numa realidade em que litigantes muitas vezes não negociam em termos paritários.[316]

2009-2010, em 26% dos casos cíveis pelo menos uma das partes atuou sem advogado". (STATE OF CONNECTICUT JUDICIAL BRANCH, 2011, p. 6, tradução livre).

[313] "Somos um programa de mediação judicial e temos a obrigação de fazer com que o acesso à justiça seja igualitário, educando as partes sobre o processo. O fato de sermos um programa judicial é tão crítico que um dos primeiros fatos com os quais temos de lidar é o desequilíbrio de poder entre aqueles que possuem mais recursos financeiros e que, portanto, estão representados por advogados (...). Essa é uma realidade brutal com a qual temos de lidar" (Coordenadora do *ADR Office* do Judicial Branch of the State of Connecticut).

[314] "Em razão do crescente número de litigantes sem representação, o Judiciário adquiriu certos problemas. Você tem um juiz em face de um litigante com representação e outro que não entende nada e que é sua responsabilidade. Há também a questão dos juízes ativistas, mas o que podem fazer quando veem esse desequilíbrio? (...) Para esses juízes, é ótimo ter um mediador que seja servidor do Judiciário. Assim, eles não precisam ser ativistas, podem simplesmente encaminhar as partes para um programa de mediação e um servidor do Judiciário vai orientá-las nesse processo para que o compreendam completamente. As partes se sentem integralmente parte do processo. Essas partes terão informações que são fundamentais para que tomem decisões adequadas no processo" (Coordenadora da Civil Division do ADR Office do Judicial Branch of the State of Connecticut).

[315] "Juízes não se sentem confortáveis para dar orientações jurídicas. Eles reconhecem que litigantes sem advogados podem estar em uma posição inferior, mas não acreditam que é o seu papel empoderá-los, ao passo que os demais funcionários do Judiciário poderiam fazê-lo. É por isso que você vê que uma das recomendações para esses casos com um grande número de litigantes sem advogados é recorrer a mediadores que sejam servidores judiciais, tal como no programa de mediação para execução de hipoteca [*mortgage foreclosure*], que conta com uma equipe que pode empoderar o litigante *pro se* e assegurar que eles compreendam o processo, já que os juízes não se sentem confortáveis em fazer isso" (Coordenadora da Civil Division do ADR Office do Judicial Branch of the State of Connecticut).

[316] "Já conheci muitos mediadores privados que têm uma visão idealista do que é mediação e que entendem que não se pode dar orientações jurídicas, nunca recomendar um acordo e que se deve ser imparcial a todos os momentos. Eles sustentam essa via idealizada da mediação que pode ser maravilhosa para determinados processos, mas, como somos um programa judicial, não podemos agir dessa forma. Há momentos nos quais o mediador

MEIOS CONSENSUAIS E DISPUTAS REPETITIVAS NO JUDICIÁRIO NORTE-AMERICANO

Em Nova Jersey, nos casos envolvendo em que se reconhece uma disparidade de informações entre as partes, os funcionários do Judiciário podem fornecer certas informações diretamente aos litigantes. É permitido prestar informações acerca dos processos; responder a questões sobre "eu posso" ou "como eu..."; dar exemplos de formulários ou petições aos litigantes para auxiliar no preenchimento; responder a perguntas sobre preenchimento de formulários; explicar o significado de termos e documentos e responder questões sobre prazos. Não poderão ser fornecidas informações sobre as quais não se tem certeza; dar conselhos sobre estratégias ou responder a perguntas como "devo..."; tomar partido em uma causa; fornecer informações que o funcionário entende que não poderiam ser reveladas à outra parte; ou informar o resultado de questão que se encontra pendente de apreciação antes de o resultado ser tornado público.

4.2.1.4 Critérios de avaliação

Tanto no Multi-Door de D.C. quanto no ADR Office de Connecticut, não há metas formais quanto ao número de acordos, porém ambos levantam esses dados e afirmam haver certa pressão ou expectativa por parte do Judiciário quanto ao número de transações como de modo a justificar os custos administrativos das iniciativas. Em Nova Jersey, são levantadas estatísticas acerca do número de acordos realizados, mas também são recolhidas informações acerca da satisfação das partes com o processo e com o resultado por meio de questionários direcionados às partes e aos advogados com perguntas sobre a imparcialidade do mediador, a oportunidade conferida para exposição de posições e interesses e a existência ou não de pressão para realização de acordo, dentre outras.[317]

---

tem de fornecer ao litigante sem advogado informações capazes de empoderá-lo, caso contrário não seria um procedimento justo. Quando converso com um mediador purista, ele não entende isso. Espero que estejamos evoluindo para um processo menos purista (...). Nós não chamamos de 'mediação', foi o legislador. É uma forma híbrida de ADR" (Coordenadora da Civil Division do ADR Office do Judicial Branch of the State of Connecticut).

[317] O formulário direcionado às partes contém as seguintes frases: *"1. The mediator explained the process to me; 2. The mediation was conducted fairly and impartially; 3. The mediator gave me full opportunity to convey my positions and interests; 4. The mediator was free from bias; 5. The mediator understood the issues in my case; 6. I was not pressured to reach an agreement; 7. The mediator explained his/her fee structure to me. 8. I was satisfied with the mediation process. 9. The mediation saved me time. 10. The mediation saved me money".*

4.2.2 Customização de programas judiciais

Alguns estados contam com uma divisão ou um órgão cuja função é desenhar programas anexos ao Poder Judiciário que ofertem serviços de resolução de disputas alternativos à adjudicação judicial, mas que sejam customizados levando em consideração as necessidades de cada localidade. Dos programas visitados, dois podem ser analisados sob essa rubrica: (i) o Office of Alternative Dispute Resolution and Court Improvement Programs of the State of New York e (ii) o Resolution Systems Institute (vinculado ao estado de Illinois).

4.2.2.1 Implementação e trajetória

O Office of ADR de Nova York e o Resolution Systems Institute (RSI) de Illinois foram criados em 1994 e em 1999, ambos por iniciativa de juízes e com objetivo de expandir e fomentar a utilização de meios alternativos de solução de disputas no estado de Illinois. Com o tempo, tiveram seu escopo de atuação ampliado, passando a atuar com desenho de programas regionais e levantamento de dados, conforme se verá a seguir.

4.2.2.2 Desenho, atores e condições de acesso

Tanto o Office of ADR de Nova York quanto o RSI trabalham com a customização de programas de resolução de disputas no Judiciário, estabelecendo parâmetros mínimos e mecanismos de avaliação.[318] [319]

---

[318] "Da forma como trabalho é que atuo em conjunto com o juiz local para implementar programas de ADR que sejam responsivos às necessidades do distrito. Alguns são mais rurais, outros mais urbanos, outros são uma combinação e há certas coisas relativas a ADR que devem ser uniformizadas, então nós desenvolvemos regras uniformes que são vinculantes, mas também trabalhamos com regras locais. Por meio dessa combinação de procedimentos uniformes e locais, temos programas de ADR que são flexíveis e que atendem aos interesses da cultura local (...). Quando eu vou a um distrito, chego com uma série de quesitos para auxiliar no desenvolvimento de um estatuto de procedimentos: é mandatório ou voluntário? Se for mandatório, é automático ou os juízes possuem discricionariedade? Será para todos os casos ou apenas para conflitos conjugais, comerciais, casos aleatórios? Ou será caso a caso? Ou terá alguns tipos de casos excluídos? Etc." (Diretor do Office of ADR).

[319] Segundo seu *site*, o RSI possui o objetivo de "fortalecer a justiça aumentando o uso de formas alternativas de solução de disputas por meio de *expertise* em desenvolvimento de programas, pesquisas e levantamento de recursos" (tradução livre). Ver no *site*: http://www.aboutrsi.org/mission.php. Acesso em: 9 set. 2019.

Com relação aos terceiros envolvidos nos procedimentos de resolução de disputas, trabalha-se em Nova York com mediadores vinculados aos centros comunitários (voluntários) e com o sistema de *roster*, especialmente nos conflitos comerciais e de divórcio. Há também *staff mediators*[320] no âmbito da família. Como o foco do RSI é a prestação de consultoria para as diversas instâncias jurisdicionais do estado, adota regimes diversos de contratação de mediadores, árbitros e outros terceiros em cada localidade.

No que diz respeito a critérios de triagem e encaminhamento, nos programas comunitários vinculados ao Office of ADR, são os próprios mediadores que realizam uma triagem junto às para determinar se o caso é ou não apropriado para mediação. Nas demais frentes (programas judiciais que não remetem casos aos centros comunitários), na maioria das vezes a remessa de casos é feita discricionariamente pelo juízo mediante a concordância das partes (remessa voluntária). Entende-se que os meios extrajudiciais de solução de disputas integram uma perspectiva maior de gerenciamento judicial em que a triagem serve para inserir cada disputa em uma via de processamento (*track*) mais adequada, inclusive no que se refere ao encaminhamento para meios de solução de disputas (consensuais ou não).[321] O coordenador do Office of ADR afirmou que, ao invés de buscar definir para quais disputas a mediação é adequada, a maior parte dos programas de Nova York (comunitários e judiciais) prefere definir situações nas quais

---

[320] Sobre os *staff mediators*, o diretor do Office of ADR ressalta que possuem a vantagem de adquirirem experiência e prática com rapidez, dado o volume considerável de mediações realizadas judicialmente. Por outro lado, estão sujeitos a mais pressão institucional para buscarem a realização de acordos, além de terem de lidar com um volume considerável de casos e com a consequente estafa do dia a dia do Judiciário. Ademais, trata-se de um modelo consideravelmente mais custoso, visto que os mediadores têm direito a benefícios, seguro-saúde, etc.

[321] "A ideia de triagem ganhou bastante aderência e nós temos feito aqui em Nova York de duas maneiras. Uma delas nós chamamos de *differentiated case management* [gerenciamento diferenciado de casos]. Não é um meio alternativo propriamente dito, mas se utiliza dos princípios dos meios alternativos. Durante o calendário das cortes cíveis, nos casos de indenização e na divisão comercial, há coordenadores de *differentiated case management*. Quando um caso era ajuizado, advogados tinham a opção de atribuir uma classificação que poderia ser *standard*, *expedited*, dentre outros, e cada uma dessas opções se refere a um tipo de processamento com um calendário específico. A ideia é que os advogados decidam por um processamento e os coordenadores façam uma triagem para designar o processamento definitivo. O juiz que atuará no caso vai gerenciá-lo de acordo com essa definição. É isso que Frank Sander quis dizer quando fez referência ao tribunal multiportas, mas não necessariamente relacionado às portas. Nós estendemos esse conceito até certo ponto. O que as cortes fizeram foi pegar o componente da triagem de modo que possamos oferecer uma porta que seja customizada, alterando-se as regras da litigância de acordo com essa triagem" (Diretor do Office of ADR).

a mediação é inadequada – por exemplo, os conflitos em que sejam identificados sinais de possível violência doméstica ou abuso de crianças ou as situações em que haja um desequilíbrio de poder inerente.[322] O RSI também trabalha com diversos critérios de encaminhamento e de triagem de disputas. Enfatiza-se que, para que esses critérios sejam efetivos, é necessário que os juízes tenham conhecimento das características e do funcionamento dos mecanismos existentes no foro, participando ativamente da elaboração de requisitos de encaminhamento e realizando de forma mais bem informada a remessa de processos para os programas judiciais.[323]

Com relação às condições de acesso e ao pagamento de custas, os programas comunitários de Nova York são totalmente gratuitos, enquanto nos judiciais a primeira sessão é gratuita e as seguintes são custeadas pelas partes (honorários do mediador). No RSI, objetiva-se primordialmente a criação de programas que possam atender às necessidades dos litigantes de baixa renda de Illinois,[324] identificando-se como áreas prioritárias: família; locação e moradia; e consumidor.[325]

---

[322] "Quando comecei, juízes me perguntavam se haveria critérios que eu poderia utilizar para encaminhar os casos e eu dizia 'Vamos reverter isso. Eu tentarei te dar critérios para excluir casos que sejam inapropriados e você pode supor que todo o resto é apropriado. Então, se há um caso de divórcio e você acha que houve violência doméstica, você deverá excluir o caso. Se você acha que há um sério desequilíbrio de poder inerente' (…). Nós chamamos de 'casos altamente conflituosos'. (…). Todas essas exceções deverão ser regulamentadas: violência doméstica e abuso de crianças" (Diretor do Office of ADR).

[323] "Nós desenvolvemos critérios no passado, mas os juízes não os usavam para se referir a casos. Eles tendem a ignorar esses critérios ou a se referir a eles apenas às vezes. Então, nós não achamos que critérios objetivos sejam particularmente úteis. Então, é mais recomendável a elaboração de critérios específicos (…). Eu acho que alguns juízes são capazes de fazer um bom julgamento na hora de remeter casos a mediação, mas a maioria dos juízes, pelo menos em Illinois, não sabe o suficiente sobre a mediação para discernir os casos que devem ser mediados. Então, isso faz parte do que fazemos aqui: tentar educar os juízes para que saibam quais casos são melhores para ir para a mediação, como é que você faz perguntas às partes para ver se eles gostariam de ir para a mediação, mas é muito difícil educar juízes" (Funcionária e pesquisadora do RSI).

[324] Para tanto, embasa-se, dentre outros estudos, em uma extensa pesquisa realizada em 1994 pela American Bar Association que identificou algumas das necessidades jurídicas da população menos favorecida, concluindo que as organizações de assistência jurídica não conseguem atender a todas essas demandas. O *Comprehensive Legal Needs Study* foi realizado no primeiro semestre de 1993 e consistiu em uma pesquisa em que foram entrevistados 3 mil indivíduos com renda considerada baixa ou moderada. Aos entrevistados perguntava-se se haviam enfrentado determinadas circunstâncias, cuja descrição foi elaborada propositalmente para que contivesse um assunto jurídico. Quando os respondentes informavam que haviam passado por tais circunstâncias, perguntava-se sobre o encaminhamento da questão e se de algum modo interagiram com o sistema de justiça. O relatório do estudo foi publicado pela American Bar Association (1994) como *Legal Needs and Civil Justice: a Survey of Americans*.

[325] Além disso, propõe-se um modelo denominado "*stepping stones*", no qual o indivíduo é atendido de forma interdisciplinar, podendo receber serviços de orientação jurídica antes

4.2.2.3 Tratamento de disputas repetitivas

Em Nova York, foi levantada a questão da formação e do papel dos *precedentes judiciais*, que ficam mitigados quando determinado tipo de litigância é remetido ordinariamente para mediação. Entende-se pela necessidade de se orientar as partes sobre a questão do precedente, especialmente em casos nos quais ainda não haja entendimento consolidado.[326]

Quanto às vantagens dos litigantes repetitivos, suscitou-se o fato de que estes acabam travando relações com os mediadores que se envolvem frequentemente em seus casos, que se tornam também atores repetitivos (*repeat players*). Esse é caso, por exemplo, de *empresas de seguro que acabam escolhendo o mesmo mediador para atuar em casos ajuizados por seus consumidores*.[327] Para o diretor do Office of ADR, a melhor forma de se evitar que esse relacionamento influencie a mediação é montando um *rol diversificado de mediadores*, de modo que os casos sejam atribuídos aleatoriamente para mediadores distintos. Também é importante estipular padrões rígidos de conduta no que diz respeito à imparcialidade e à suspeição de mediadores, estabelecendo-se que estes

---

da mediação e contar com a assistência de advogados *pro bono* no momento de redação dos acordos: "O modelo *'stepping stones'* é um exemplo de ideia para integrar serviços jurídicos e de mediação, trazendo um serviço de alto nível aos litigantes pobres e de baixa renda no estado (…). Por exemplo, litigantes podem receber orientação jurídica ou informações antes da mediação. Isso soluciona a preocupação de muitos advogados que prestam assistência jurídica no sentido de que os hipossuficientes estão em desvantagem na mediação por não conhecerem seus direitos. (…) Dependendo do programa, os litigantes podem trabalhar com advogados *pro bono* para escrever os acordos após as mediações serem concluídas. Isso é uma resposta às preocupações dos mediadores sobre a necessidade de orientação jurídica às partes no processo de elaboração do acordo" (Funcionária e pesquisadora do RSI).

[326] "Se tudo for para mediação, o papel do precedente e da adjudicação ficará prejudicado. Então, da perspectiva dos juízes, se for um caso que estiver precisando que seja estabelecido um precedente, seja sobre direitos humanos, seja sobre direito comercial ou a interpretação de uma nova lei, há benefícios em se deixar que alguns casos sejam litigados para que a lei possa evoluir. Não escrevemos isso nas regras, mas tentamos orientar as pessoas nesse sentido" (Diretor do Office of ADR).

[327] "Não importa quão diferente sejamos ao redor do mundo, porque lidamos com os mesmos assuntos. A questão do *repeat player* aparece de diversos modos, e eu a vejo em múltiplos níveis. Há o terceiro neutro que é um *repeat player*, especialmente no contexto dos programas judiciais. O mediador que é um *repeat player* é frequentemente escolhido por seguradoras, e, portanto, acostuma-se a atuar com as mesmas seguradoras quando estas estão sendo acionadas por diversos autores. É provável que esse mediador lide muito com essa ré, ainda que não com os mesmos advogados, e que saiba muitas informações sobre as suas práticas (…). Pode haver situações nas quais essa seguradora e seus advogados estejam extremamente familiarizados com o mediador e auferir com isso certas vantagens" (Diretor do Office of ADR).

sempre divulguem se já atuaram previamente em casos envolvendo quaisquer das partes.

No RSI, novamente, também foi suscitada a questão da criação de precedentes e, assim como na ADR Division de Nova York, a possibilidade de o mediador tentar compreender se a parte tem a intenção de fomentar a criação de um precedente quando do ajuizamento da demanda.[328]

4.2.2.4 Critérios de avaliação

Com relação aos mecanismos de avaliação utilizados no Judiciário do estado de Nova York, há um relatório anual de estatísticas que informa quantos casos foram encaminhados para mediação, qual o índice de acordo e o tempo de processamento. Quando da pesquisa, o RSI estava trabalhando com a American Bar Association para desenvolver um modelo unificado de questionário pós-mediação para partes e advogados. A ideia é que esse modelo fique disponível ao público e que programas judiciais em qualquer lugar possam utilizá-lo para avaliar sua atuação.

4.2.3 Programas de execução de hipoteca (*mortgage foreclosure*)

Além dos programas judiciais permanentes, a pesquisa também se debruçou sobre iniciativas desenhadas para atender um tipo de disputa repetitiva específico, a *mortgage foreclosure*, que, em razão do volume de processos judicializados e dos impactos sociais decorrentes, tornou-se uma preocupação do Judiciário e dos demais agentes políticos e comunitários especialmente no período entre setembro de 2008 e outubro de 2012, identificado como o auge da crise hipotecária norte-americana.[329]

---

[328] "Essa é uma grande preocupação [a criação de precedentes] no âmbito da mediação. Imagine, por exemplo, se *Brown vs. Board of Education* não tivesse sido julgada? É muito difícil decidir o que deve ou não ir para julgamento. E os juízes não conseguem decidir de antemão se um caso deverá se tornar um precedente, pois isso prejudicaria a sua imparcialidade. Tentamos treinar os mediadores para que eles façam perguntas com intuito de saber se as partes querem marcar posição, se acham que vão lidar com esse tipo de situação novamente. Então se as partes começam a falar que querem ir a julgamento e firmar um precedente, talvez não seja o caso de encaminhar para mediação. Isso se chama *reality testing* (cheque de realidade), em que se pergunta às partes o que elas verdadeiramente querem daquela situação" (Funcionária e pesquisadora do RSI).

[329] Nos Estados Unidos, a *mortgage foreclosure*, ou *foreclosure by judicial sale*, é um procedimento judicial comparável à execução judicial de hipoteca no Brasil (artigo 1.422 do Código

CAPÍTULO 4
MEIOS CONSENSUAIS E DISPUTAS REPETITIVAS NO JUDICIÁRIO NORTE-AMERICANO | 151

Muito embora todos os estados norte-americanos prevejam em sua legislação a possibilidade da execução judicial de hipoteca,[330] apenas 22 estados utilizam esse procedimento como via obrigatória de execução hipotecária. São eles: Connecticut, Delaware, Flórida, Hawaii, Illinois, Indiana, Iowa, Kansas, Kentucky, Louisiana, Maine, Nova Jersey, Novo México, Nova York, Dakota do Norte, Ohio, Oklahoma, Pensilvânia, Carolina do Sul, Dakota do Sul, Vermont e Wisconsin.[331]

No auge da crise hipotecária, houve um vertiginoso crescimento no volume de demandas *mortgage foreclosure* nas cortes estaduais, chegando à marca de 3,9 milhões de processos em curso. Esse crescimento acarretou fortes impactos nos judiciários locais, o que levou juízes, advogados, líderes comunitários e entes do Executivo a discutirem a implementação de programas de mediação ou conciliação como forma de se oferecer alternativas aos devedores executados.

Inspirados nas primeiras experiências de estados como a Pensilvânia e Connecticut, esses atores se reuniram na busca por outras soluções à execução de hipoteca que não a perda do imóvel

---

Civil), em que o credor hipotecário pode ajuizar uma demanda para pleitear a execução da garantia e a transferência da posse do imóvel hipotecada. O processo de *mortgage foreclosure* é regulado por lei estadual, mas de modo geral inicia-se com a notificação do devedor, que poderá contestar os fatos imputados pelo credor, encaminhando-se a demanda a julgamento para que se decida pela continuidade ou não da execução. Se o devedor notificado permanecer inerte, o juízo profere uma decisão reconhecendo o inadimplemento e dando prosseguimento à execução do imóvel hipotecado, declarando, ainda, o valor total da dívida e acrescendo os custos judiciais do processo executivo. Em seguida, o juízo realiza a venda supervisionada do imóvel (*sherriff sale*), que consiste em um leilão aberto ao público no qual o participante que ofertar o maior lance adquirirá a propriedade do imóvel. O valor obtido na venda judicial do imóvel é utilizado para satisfazer a dívida hipotecária e, caso haja saldo remanescente, este deverá ser direcionado ao pagamento de outras dívidas do devedor (CLARK, Melanca; OLMOS, Daniel. *Foreclosure mediation*: emerging research and evaluation practices. Washington: US Department of Justice, 2011).

[330] FROEHLE, Timothy A. Standing in the wake of the foreclosure crisis: why procedural requirements are necessary to prevent further loss to homeowners. *Iowa Law Review*, v. 96, n. 1719, 2010-2011.

[331] Demais estados adotam procedimentos extrajudiciais de *foreclosure by power of sale* (ou *nonjudicial foreclosure*), o que significa que os contratos de hipoteca ou as escrituras de fideicomisso (*deed of trust*) podem incluir uma cláusula concedendo poderes para a venda do imóvel (*power of sale*) independentemente de intervenção judicial. De acordo com esse procedimento, o devedor inadimplente recebe uma notificação extrajudicial (*default letter*) e, caso não pague a dívida dentro do período consignado, recebe uma nova notificação contendo o edital da venda do imóvel em leilão aberto ao público (*notice of sale*). Após o término do prazo constante no edital (que varia de estado para estado), é realizado um leilão público no qual o ofertante do maior lance adquirirá a propriedade do imóvel. Até a data do leilão, o devedor poderá contestar execução mediante ação judicial.

pelo devedor mediante a modificação das condições de empréstimo,[332] oferecimento de assistência financeira e jurídica, acompanhamento psicológico, dentre outros. Em um estudo realizado em 2011, o U.S. Departament of Justice contabilizou a existência de mais de 30 programas de mediação relacionados a *mortgage foreclosure* em pelo menos 25 estados diferentes, sendo que uma significativa parte deles fora criada entre 2009 e 2011. Tais programas de mediação teriam reduzido consideravelmente o percentual de inadimplementos que resultavam na execução do imóvel executado, viabilizando também a negociação de condições mais favoráveis de saída, como a prorrogação do prazo (*graceful exits*) ou a entrega espontânea do imóvel como forma de abono das multas contratuais.

Foram visitados quatro programas de *mortgage foreclosure*: (i) Foreclosure Diversion Program of the Court of Common Pleas of Philadelphia: (ii) Foreclosure Mediation Program of the Judicial Branch of the State of Connecticut; (iii) Foreclosure Mediation Program of the State Court of New Jersey Residential Mortgage; e (iv) Foreclosure Settlement Program of the State Court of Indiana. A seguir, são relacionadas as principais características de cada programa considerando os eixos de análise do desenho e das práticas adotadas especificamente para lidar com as *mortgage foreclosures*.

4.2.3.1 Implementação e trajetória

O programa da Pensilvânia (em Filadélfia) foi o primeiro a ganhar projeção nacional, servindo de exemplo para iniciativas em outras localidades. Sua idealização remonta a 2004, quando então o Judiciário local teve de consentir com uma suspensão temporária dos leilões judiciais (*sheriff sales*) para evitar uma crise de moradia. A juíza que deferiu essa medida, Annete M. Rizzo, reuniu um comitê de representantes dos devedores e dos credores, advogados

---

[332] Inclusive por meio de programas do governo federal, tais como o Home Affordable Modification Program – HAMP, que é um programa do governo federal de incentivo para credores hipotecários para que modifiquem condições de empréstimo como uma opção à execução do imóvel hipotecado. As alterações contratuais realizadas nos termos do HAMP são no sentido de que os pagamentos mensais não superem o equivalente a 31% da receita bruta familiar (THE REINVESTMENT FUND. *Philadelphia Residential Mortgage Foreclosure Diversion Program*: initial report of findings. Philadelphia, 2011. Disponível em: http://www.trfund.com/philadelphia-residential-mortgage-foreclosure-diversion-program-initial-report-of-findings/. Acesso em: 29 out. 2013).

voluntários e agências governamentais de *housing counseling*[333] para pensar em estratégias mais efetivas para lidar com o crescente volume de execuções e com o alto percentual de demandas cujo desfecho era a perda de residência pelo devedor.[334] Em 2008, quando a municipalidade apresentou novo pedido de moratória dos leilões, o comitê inaugurou definitivamente o Foreclosure Diversion Program of the Court of Common Pleas of Philadelphia, um programa de gerenciamento processual vinculado ao Judiciário de Filadélfia, porém financiado pelo Executivo.

Foi também em 2008, no auge da crise hipotecária, que foi criado o Foreclosure Mediation em Connecticut, um dos primeiros priorizar o papel do mediador nas negociações entre devedores e credores hipotecários.

Nesse mesmo ano, o Office of Dispute Settlement (que é parte do Public Defenders Office) de Nova Jersey reuniu-se com representantes do judiciário estadual, do Department of Insurance and Banking, com a entidade de assistência jurídica Legal Services of New Jersey e com a agência governamental Housing and Mortgage Financing Agency para montar um piloto que foi apresentado ao governador e implementado efetivamente no início de 2009.

Em Indiana, a ideia de se montar um programa voltado para *mortgage foreclosure* surgiu de uma mudança legislativa de 2009, que instituiu o direito do devedor hipotecário a uma audiência de conciliação (*settlement conference*).[335] Participaram dessa iniciativa a entidade

---

[333] Agências vinculadas ao Department of Housing and Urban Development que orientam indivíduos em assuntos relacionados a compra de moradias, empréstimos e mercado imobiliário.

[334] Segundo a juíza, havia no começo forte animosidade entre esses atores, que nunca haviam dialogado para buscar uma solução mutuamente satisfatória. Contudo, a concepção e a execução do Foreclosure Diversion Program of the Court of Common Pleas of Philadelphia foi capaz de reunir os interesses em comum desses *stakeholders*, que continuam trabalhando conjuntamente para o sucesso da iniciativa: "O que eu reparei foi uma enorme animosidade entre os autores, os advogados dos credores e as entidades de defesa de consumidores que representavam os devedores. Eles nunca conversavam um com o outro, somente em juízo (…). Como magistrada, fiquei perplexa com a disfuncionalidade dessa relação e com o modo como isso estava atrapalhando todo o processo" (Juíza coordenadora do Foreclosure Diversion Program of the Court of Common Pleas of Philadelphia).

[335] *"Sec. 8. (a) This section applies to a foreclosure action that is filed after June 30, 2009. Except as provided in subsection (e) and section 10(g) of this chapter, not later than thirty (30) days before a creditor files an action for foreclosure, the creditor shall send to the debtor by certified mail a presuit notice on a form prescribed by the authority. The notice required by this subsection must do the following:*
(1) Inform the debtor that:

governamental Indiana Housing and Community Development Authority e a Division of State Court Administration, bem como juízes, a American Bar Association, advogados *pro bono* e faculdades de Direito, que se envolveram nos treinamentos dos facilitadores.

4.2.3.2 Desenho, atores e condições de acesso

A despeito das diferenças em termos do uso de técnicas e do papel dos terceiros, os objetivos relatados pelos programas de *mortgage foreclosure* são, essencialmente, o auxílio aos devedores hipotecários no processo de negociação de suas dívidas junto aos credores.

O mecanismo de solução de disputas utilizado pelo Diversion Program da Filadélfia é denominado *"conciliation"* e consiste em uma negociação direta entre os representantes dos credores que negociam e os devedores que são assistidos durante todo o processo por *housing counselors* – agentes que orientam os devedores na formulação de planos de pagamento e na negociação de propostas viáveis – e por entidades de assistência jurídica. Já em Connecticut, os procedimentos são intermediados por mediadores vinculados ao Judiciário (*staff mediators*).[336] Em ambos, a participação é obrigatória.

(A) the debtor is in default;

(B) the debtor is encouraged to obtain assistance from a mortgage foreclosure counselor; and

(C) if the creditor proceeds to file a foreclosure action and obtains a foreclosure judgment, the debtor has a right to do the following before a sheriff's sale is conducted:

(i) Appeal a finding of abandonment by a court under IC 32-29-7-3(a)(2).

(ii) Redeem the real estate from the judgment under IC 32-29-7-7.

(iii) Retain possession of the property under IC 32-29-7-11(b), subject to the conditions set forth in IC 32-29-7-11(b).

(2) Provide the contact information for the Indiana Foreclosure Prevention Network.

(3) Include the following statement printed in at least 14 point boldface type:

'NOTICE REQUIRED BY STATE LAW

Mortgage foreclosure is a complex process. People may approach you about 'saving' your home. You should be careful about any such promises. There are government agencies and nonprofit organizations you may contact for helpful information about the foreclosure process. For the name and telephone number of an organization near you, please call the Indiana Foreclosure Prevention Network'" (Indiana Code 32-30-10.5).

[336] Sobre a diferença entre esses dois exemplos paradigmáticos, a juíza coordenadora do Foreclosure Diversion Program of the Court of Common Pleas of Philadelphia comenta: "O modelo de Connecticut é diferente porque eles agendam uma mediação para cada caso. Não somos tão ritualistas e formais, até porque eles têm uma equipe e nós nos mantemos independentes, intervimos menos. Nossa ideia é armar o palco e trazer os atores para que eles tomem a frente das negociações. Somos, portanto, uma ferramenta de gerenciamento processual que se faz necessária em razão de um contingente de disputas desafiador e crescente que precisamos controlar e observar com cuidado, até porque em 95% desses casos os devedores não possuem representação processual. A forma de auxiliá-los é em um programa como esse, em que podemos orientá-los" (Juíza coordenadora do Foreclosure Diversion Program of the Court of Common Pleas of Philadelphia).

Nova Jersey também adota a mediação com viés facilitativo (bastante inspirada, nesse sentido, pelo exemplo de Connecticut), porém os devedores devem optar ou não por participar dos procedimentos (*opt in*). Aproximando-se do modelo de Filadélfia, o programa de Indiana trabalha com um mecanismo denominado "*facilitation*", no qual terceiros denominados "facilitadores" auxiliam as partes a chegar a um acordo mutuamente satisfatório, supervisionando e coordenando a troca de documentos e as comunicações entre o representante do credor e o devedor, porém sem intervir através de perguntas e intervenções, tal como ocorre na mediação propriamente dita.

Em todos os programas de *mortgage foreclosure, os devedores (pessoas físicas) podem ser considerados litigantes ocasionais, enquanto os credores (instituições financeiras), que litigam com grande frequência em demandas de execução hipotecária e estão habituados a atuar tanto no processo judicial quanto em negociações extrajudiciais.*

Um ator de grande relevância nesse contexto são os *housing counselors*. Na Filadélfia, eles orientam os devedores desde o recebimento da notificação até a reunião com o credor, auxiliando-os na elaboração de uma proposta de pagamento que esteja de acordo com suas condições financeiras. Durante as negociações, os *housing counselors* podem intervir caso sintam que os credores não estão se comprometendo com a celebração dos acordos.

No Foreclosure Diversion Program of the Court of Common Pleas of Philadelphia, entende-se não haver a necessidade da intervenção de um terceiro em casos que discutem apenas margens de valores. Apenas em situações mais complexas, a juíza coordenadora intervém como mediadora ou modifica o curso do processamento da demanda (*track*), remetendo o caso para julgamento. Há também a figura dos juízes *pro temporare*, que são advogados da comarca que ficam de plantão no fórum e ocasionalmente interferem em uma negociação para fazer uma avaliação sob a forma de parecer (*recommendation sheet*), a qual poderá ou não ser levada em consideração quando do julgamento.[337]

Em Connecticut, todos os casos são necessariamente acompanhados por mediadores vinculados ao Judiciário (*staff mediators*), que participam de todas as sessões referentes ao processo. É dada grande

---

[337] Esses juízes *pro temporare* são escolhidos pela juíza coordenadora e fazem parte de um rol de aproximadamente 50 advogados, sendo 3 ou 4 por dia de plantão, a depender do volume de processos.

importância para esse vínculo do mediador com o tribunal, que o autorizaria a fornecer informações aos devedores.

Em Nova Jersey, aproximadamente a metade dos casos é encaminhada para mediadores que fazem parte do corpo de funcionários do Office of Dispute Settlement (que ficam responsáveis do início ao fim pelo caso)[338] e a outra metade para um grupo de mediadores remunerados por dia (*roster*). Assim como na Filadélfia, os devedores devem fornecer suas informações financeiras a um *housing counselor*, que os auxiliará na elaboração de um plano de pagamento viável, orientando, ainda, sobre o procedimento de mediação.[339]

No Foreclosure Settlement Program of the State Court of Indiana, os "facilitadores", são nomeados pelo Judiciário[340] e coordenam todo o procedimento, desde o contato com os devedores para informá-los de seu direito a uma audiência de conciliação até a redação do acordo. Esses facilitadores não são necessariamente mediadores capacitados, mas sim advogados com alguma experiência em mediação, *foreclosure*, questões imobiliárias, direito falimentar ou consumerista, que são remunerados por conferência telefônica e por audiência.[341]

Nos programas estudados, relatou-se que a maioria dos devedores comparece sem advogado, ao passo que todos os credores são representados por advogados habituados a lidar com esse tipo de disputa. Aos devedores não é cobrada nenhuma despesa para participar do programa, sendo que apenas em Indiana os credores têm de pagar uma taxa judiciária específica para custear de antemão o programa, podendo o caso ser remetido ou não para as tratativas assistidas.

---

[338] A vantagem levantada pela entrevistada (coordenadora do programa) é que os mediadores que são funcionários do Office of Dispute Settlement fazem isso diariamente, acompanhando os casos e adquirindo muito mais experiência do que os mediadores que dedicam apenas alguns dias por mês ou por ano à mediação de casos de *foreclosure*.

[339] "Para aumentar as chances de sucesso da mediação, os devedores devem fornecer informações financeiras e outros documentos e trabalhar em conjunto com agências certificadas pelo Department of Housing & Urban Development (HUD) e com a New Jersey Housing Mortgage Finance Agency (NJHMFA). Isso garante que os devedores vão comparecer à sessão de mediação munidos das informações necessárias e de um plano de pagamentos viável" (Coordenadora do Foreclosure Mediation Program).

[340] Enfatiza-se a importância de que esses facilitadores sejam indicados e capacitados pelo Judiciário: "uma das coisas mais importantes desse projeto é que os facilitadores sejam pessoas de confiança do juízo, para quem eles devem reportar qualquer conduta de má-fé" (Coordenadora do programa).

[341] "Os facilitadores não interferem muito. Eles querem, sim, que o credor explique ao devedor por que este não preenche os requisitos de determinada mudança nas condições do empréstimo, mas não pressionam nenhuma das partes para a realização de acordo. Eles dão opções, fornecem informações genéricas e perguntam ao credor quais são as possibilidades que o devedor possui. Se o credor não cooperar, será reportado ao juízo" (Coordenadora do programa).

No que diz respeito ao acesso a assistência jurídica, o programa de Filadélfia realizou um convênio com entidades de advocacia *pro bono* que ficam de plantão durante as reuniões de negociação, fornecendo informações jurídicas aos devedores. Há também um advogado do próprio tribunal que supervisiona os voluntários e interfere em casos mais complexos, auxiliando os advogados voluntários e os *housing counselors*. Em Connecticut, não há advogados de plantão, mas se entende ser dever dos mediadores (funcionários do Judiciário) orientar as partes para que busquem entidades de assistência jurídica. Do mesmo modo, em Nova Jersey e em Indiana os devedores são orientados quanto à existência de programas de assistência jurídica *pro bono*.

4.2.3.3 Tratamento de disputas repetitivas

Na Filadélfia, entendendo-se haver certas questões jurídicas que se repetem nos casos de execução hipotecária, *é realizada uma triagem para que apenas os casos nos quais a discussão se restringe a valores sejam encaminhados para o programa*.

A juíza coordenadora *negocia previamente com os bancos* para que estes ofereçam propostas viáveis aos devedores, mesmo quando a perda do imóvel for inevitável. É o caso, por exemplo, dos acordos que firmam um *"deed-in-lieu"* (entrega do imóvel e perdão da dívida), um *cash for keys* (pagamento, pelo banco, de alguma quantia aos devedores para auxiliar no seu processo de mudança) e a *graceful exit* (extensão no prazo que os devedores têm para sair da residência executada).

Em Connecticut, o reconhecimento do desequilíbrio de informações e de poder de barganha entre os bancos e os devedores é um fator que autoriza que os mediadores intervenham com mais veemência nas sessões, fornecendo ou instando os bancos a fornecerem informações aos devedores.

Já no Foreclosure Mediation Program of the State Court of New Jersey Residential Mortgage, além da atuação dos *housing counselors*, que devem fornecer aos devedores (litigantes ocasionais) as informações necessárias para negociarem adequadamente com os bancos (litigantes repetitivos), o Office of Dispute Settlement também realiza tratativas prévias com os bancos para que estes tragam propostas mais flexíveis para a mesa de mediação.[342]

---

[342] "O programa de *foreclosure mediation* incentiva os credores a identificarem alternativas à execução do imóvel e a serem flexíveis no que diz respeito à implementação de mudanças

Em Indiana, reconhecendo-se também o desequilíbrio de informações entre os bancos e os devedores,[343] os facilitadores podem fornecer algumas informações, dar opções ou mesmo solicitar que o credor esclareça informações aos devedores, reportando ao juízo caso os credores não sejam cooperativos nesse processo. Esse também é um motivo pelo qual se dá preferência a facilitadores que sejam advogados, pois, segundo a coordenadora do programa, "em casos nos quais o facilitador é um advogado, ele poderá garantir que todos estejam agindo de boa-fé".

4.2.3.4 Critérios de avaliação

Em 2011, o Reinvestment Fund of the Philadelphia Residential Mortgage Foreclosure Diversion Program levantou dados referentes ao programa: comparecimento das partes, custos despedidos, número de audiência, acordos realizados, perfil dos devedores, dentre outros.[344] Em Connecticut, são coletadas estatísticas mensais acerca do número de acordos realizados, e dentre estes, o percentual de devedores que conseguiram permanecer em suas residências. Segundo números coletados desde o início do programa até dezembro de 2011, foram feitos acordos em 82% de todos os casos, sendo que, destes, 67% dos devedores puderam manter seus imóveis.

Em Nova Jersey, é realizada uma avaliação de satisfação para fins internos em que as partes, os advogados e os *housing counselors*

---

nos contratos de empréstimos de modo a beneficiar os devedores sem prejudicar os interesses dos investidores" (Coordenadora do Foreclosure Mediation Program of the State Court of New Jersey Residential Mortgage).

[343] "Uma coisa que percebemos em comarcas que não trabalham com o nosso programa é que os juízes interferem nas negociações por si próprios, pois percebem claramente que a negociação entre o advogado do banco credor e o devedor sem advogado é desigual" (Coordenadora do programa).

[344] Os dados levantados foram os seguintes: percentual de participação dos devedores executados (aproximadamente 70% dos devedores, o que, em 2011, era equivalente a 11.200 devedores de um total de 16 mil); custo despendido para assistir cada família que participa do programa (média de 750 dólares); devedores que conseguem chegar a um acordo (35%); número médio de audiências de negociação necessárias para se chegar a um acordo (duas); tempo médio de tramitação do caso, desde o encaminhamento para o programa até um desfecho (54 dias); quantidade de devedores que comparecem representados por advogados particulares e devedores que usufruem dos serviços de assistência jurídica (50% particular x 50% assistência jurídica); número de devedores, dentre os que realizaram acordos, que continuam em suas casas até um ano depois (85%); devedores que tiveram suas casas leiloadas (16%); e custo médio para se salvar uma residência (3.310 dólares).

preenchem um questionário para responder se o mediador deu às partes a oportunidade de expor seus interesses, se compreendeu o caso e se foi imparcial. Também informam se a mediação resultou em acordo, se moveu o caso em direção a um acordo, se acresceu etapas desnecessárias ao processo, se esclareceu posicionamentos e se aumentou a tensão. Se algum mediador recebe muitas avaliações ruins, poderá ser convidado a participar de um novo treinamento, mas não será retirado da lista do programa (*roster*). Contudo, para divulgação externa e obtenção de orçamento, a avaliação realizada é totalmente estatística, contabilizando em quantos casos se chegou a um acordo, quantos devedores puderam manter suas casas e em quantos casos houve mudança nas condições do empréstimo.

Por fim, em Indiana se avalia, principalmente, quanto os credores e a municipalidade economizaram em razão das negociações que evitam a execução dos imóveis hipotecados. Até 2011, estimava-se que cada execução evitada economizava cerca de 40 mil dólares.

CAPÍTULO 5

A CONCILIAÇÃO E A MEDIAÇÃO DE DISPUTAS REPETITIVAS: BUSCA POR UM TRATAMENTO ADEQUADO

5.1 O tratamento adequado de disputas repetitivas

A partir da percepção dos atores entrevistados e dos referenciais teóricos estudados, é possível identificar quais das escolhas e práticas comumente utilizadas pelo Judiciário para o tratamento consensual de disputas repetitivas podem favorecer um tratamento mais adequado à litigiosidade repetitiva, considerando suas características e, principalmente, o desequilíbrio de informações, poder de barganha e recursos normalmente existente entre o litigante repetitivo e o litigante ocasional. Essa concepção de tratamento adequado condiz, inclusive, com o quanto projetado pela Resolução nº 125/2010 do CNJ, conforme parecer do Prof. Kazuo Watanabe sobre os fundamentos da política judiciária em que afirma que:

> A incorporação dos meios alternativos de resolução de conflitos, em especial dos consensuais, ao instrumental à disposição do Judiciário para o desempenho de sua função de dar tratamento adequado aos conflitos que ocorrem na sociedade, não somente reduziria a quantidade de sentenças, de recursos e de execuções, como também, o que é de fundamental importância para a transformação social com mudança de mentalidade, propiciaria uma solução mais adequada aos conflitos, com a consideração das peculiaridades e especificidades dos conflitos e das particularidades das pessoas neles envolvidas.[345]

---

[345] WATANABE, Kazuo. Política pública do Poder Judiciário nacional para tratamento adequado dos conflitos de interesses. Revista de Processo (RePro), São Paulo, ano 36, n. 195,

O objetivo dessa análise é verificar *se* e *como* esses chamados "mecanismos consensuais de resolução de disputas repetitivas" podem proporcionar um verdadeiro acesso à justiça pelas partes envolvidas, o que compreende não somente o ingresso no Judiciário, mas também o acesso à informação, a paridade de armas entre as partes e a adequação entre a tutela de direitos e a realidade socioeconômica do país.[346]

Como afirma Leonard Riskin, ao invés de se desencorajar ou proibir o uso de outros meios de solução de disputas em situações nas quais há desequilíbrio de poder entre as partes ou em que haja interesses públicos, é possível customizá-los de modo a reduzir ou eliminar os riscos existentes.[347]

Ao se pensar nesses arranjos institucionais e nos papéis dos atores envolvidos, convém remeter à proposição de Marc Galanter de que as reformas necessárias para mitigar as vantagens dos litigantes repetitivos no Judiciário não compreendem somente mudanças legislativas, mas também uma reestruturação das instituições de justiça, de prestação de serviços jurídicos e da organização das partes, reunindo-se litigantes ocasionais em grupos capazes de agir de forma coordenada e estratégica.[348]

Tendo sido verificado no estudo empírico que os litigantes repetitivos também aferem vantagens significativas nos meios consensuais judiciais, cabe refletir sobre as medidas necessárias para se equacionar essa disparidade, repensando-se os arranjos institucionais voltados à oferta desses meios, às condições de acesso e de orientação jurídica, bem como às formas de atuação das partes no âmbito da conciliação e mediação judiciais.

A identificação do papel desempenhado pelos atores envolvidos, das escolhas realizadas pelo Judiciário e de sua repercussão no tratamento das disputas repetitivas visa trazer subsídios para que

---

p. 381-389, maio 2011. Disponível em: http://www.tjsp.jus.br/Download/Conciliacao/Nucleo/ParecerDesKazuoWatanabe.pdf. Acesso em: 05 set. 2019. p. 1-2, grifo no original. p. 3.

[346] Sobre o conceito de acesso à justiça e de acesso à ordem jurídica justa, *vide* item 2.3.1.

[347] RISKIN, Leonard L. *et al*. *Dispute resolution and lawyers*: abridged third edition. St. Paul: West, 1998. p. 301-302.

[348] *"Our analysis suggests that breaking the interlocked advantages of the haves requires attention not only to the level of rules, but also to institutional facilities, legal services and organization of parties. It suggests that litigating and lobbying have to be complemented by interest organizing, provisions of services and invention of new forms of institutional facilities"* (GALANTER, Marc. Why the haves come out ahead? Speculations on the limits of legal change. *Law and Society Review*, v. 9, n. 1, p. 95-160, 1974. Republicação [com correções] em *Law and Society*. Dartmouth, Aldershot: Cotterrell, 1994, p. 165-230. p. 150).

a estruturação dos programas judiciais leve em conta o desequilíbrio existente entre as partes e demais riscos que decorrem do fomento da conciliação e da mediação pelo Judiciário como forma de lidar com a litigiosidade repetitiva, adotando-se procedimentos capazes de responder mais adequadamente às características dessas disputas e de seus litigantes.

5.1.1 Atores

5.1.1.1 Os grandes litigantes

A pesquisa empírica realizada no Brasil demonstrou a presença significativa de litigantes repetitivos (ou dos grandes litigantes) no dia a dia dos programas de conciliação e mediação das três esferas estudadas: Justiça Federal, Justiça Estadual e juizados especiais cíveis.

Na Justiça Federal, esses litigantes são entes federativos envolvidos em disputas tanto no polo passivo (INSS, principalmente), quanto ativo (conselhos profissionais, Caixa Econômica Federal, Fazenda Pública). Já na Justiça Estadual, os litigantes mais mencionados foram bancos, financeiras, empresas de telefonia, concessionárias de serviços públicos, a CDHU e instituições de ensino. Percebeu-se que, principalmente no âmbito pré-processual, esses grandes litigantes figuravam com maior frequência no polo ativo em disputas em face de indivíduos ou pequenas empresas para cobrança de dívidas decorrentes de contratos de adesão.

Nos juizados especiais cíveis, à semelhança do que se verificou na Justiça Estadual, os litigantes com presença mais marcante nos programas de conciliação e mediação eram operadoras de telefonia, bancos e financeiras, concessionárias de serviços públicos, companhias aéreas e grandes varejistas. Contudo, nessa esfera, tais litigantes figuravam polo passivo de disputas ajuizadas por indivíduos questionando a legalidade dos contratos de adesão, cobranças ou reputando defeitos ou vícios em produtos ou serviços ofertados por esses litigantes.

Nos Estados Unidos, a presença de grandes litigantes nos programas judiciais também é notada, especialmente nos programas de *mortgage foreclosure*, nos quais os bancos e financeiras figuram no polo ativo de todas as disputas.

O envolvimento dos litigantes repetitivos e as vantagens por estes desfrutadas – em termos de informações, representação advocatícia e poder de barganha – repercutem no desenho e nas práticas adotadas por programas de solução de disputas, especialmente no papel esperado dos advogados, na atuação dos conciliadores e dos mediadores, nos mecanismos de triagem e encaminhamento, na utilização de técnicas específicas e no papel desempenhado pelo Judiciário.

5.1.1.2 Advogados e prepostos

No Brasil, em razão da exclusividade reservada aos advogados da postulação perante órgãos do Judiciário, verifica-se que a presença destes é a regra no âmbito processual, exceto nos juizados especiais cíveis, onde, em disputas até 20 salários mínimos, é facultado à parte demandante comparecer pessoalmente (Lei nº 9.099/1990, artigo 9º), assim como nos casos remetidos à CECON-SP pelo Juizado Especial Federal (Lei nº 10.259/2001, artigo 10). Nessas situações, assim como na esfera pré-processual, os postulantes não costumam ser assessorados por advogados.

Notadamente no Centro Permanente dos juizados especiais no Rio de Janeiro e no CEJUSC-JEC Brasília, relata-se que as partes demandantes (indivíduos) frequentemente comparecem acompanhados por advogados, mesmo em casos nos quais a presença destes não se faz necessária.[349] Na CECON-SP, também é ressaltada a atuação de advogados particulares defendendo indivíduos contra o INSS em disputas relativas a benefícios previdenciários em conciliações de casos dos Juizados Especiais Federais.

No contexto norte-americano, todos os programas visitados destacaram a presença dos litigantes *pro se* como uma tendência crescente. Algumas causas apontadas foram a ampliação do acesso à informação (especialmente na *internet*), o que faz com que a parte se sinta capaz de se representar por si mesma, e os altos custos judiciais e de honorários de advogado. A presença massiva desses litigantes representaria uma dificuldade adicional aos programas judiciais e aos mediadores, que se deparam cada vez mais com casos nos quais uma ou ambas as partes não conta com a assessoria de um advogado, além de deter pouco conhecimento sobre os procedimentos consensuais.

---

[349] Os motivos apontados para tanto foram uma atuação específica de advogados do Rio de Janeiro no agenciamento de demandas consumeristas e o fato de o juizado de Brasília atender predominantemente uma classe social mais favorecida, com condições de contratar advogados.

Na medida em que os litigantes repetitivos costumam se fazer representar pelos mesmos advogados e escritórios em casos repetitivos remetidos à conciliação e mediação e que, nesses processos, nem sempre a presença de advogados é obrigatória (i.e. disputas pré-processuais e juizados especiais cíveis e federais), cabe refletir como as vantagens auferidas pelo litigante repetitivo em termos de representação advocatícia repercutem no âmbito dos meios consensuais.

A pesquisa demonstrou que, com frequência, litigantes ocasionais comparecem em procedimentos consensuais sem estarem representados por advogados, sejam os indivíduos no âmbito pré-processual e nos juizados no Brasil, sejam os litigantes *pro se* nos EUA. Por outro lado, haveria, ao menos em tese, um predomínio da autodeterminação e da autonomia das partes, em quem os procedimentos estariam centrados.

Segundo Nancy A. Welsh, o princípio da autodeterminação das partes no processo de mediação está tradicionalmente relacionado com a sua capacidade de: 1) direcionar e participar ativamente da comunicação e das negociações ocorridas durante a mediação; 2) escolher e controlar as normas substantivas que nortearam o processo decisório; 3) criar opções para o acordo e; 4) controlar a decisão final de transacionar ou não.[350] Esses elementos denotam que para o exercício efetivo da autodeterminação as partes tem de possuir conhecimento do procedimento e das normas substantivas que nortearão o processo decisório (*bargaining in the shadow of the law*)[351] para então assumir o controle sobre o processo e sobre a decisão final sobre o acordo.

Se os litigantes repetitivos conseguem angariar mais informações sobre o procedimento e sobre os impactos da litigância repetitiva, é de se esperar que consigam exercer mais plenamente a sua autodeterminação

---

[350] WELSH, Nancy. The thinning vision of self-determination in court-connected mediation: the inevitable price of institutionalization? *Harvard Negotiation Law Review*, Cambridge, US, v. 6, p. 1-96, 2001. p. 4-27.

[351] *"Bargaining in the shadow of the Law"* significa que a consequência prevista pela norma legal ou pelos precedentes jurisprudenciais também influenciam a negociação direta ou as tratativas realizadas em procedimentos consensuais que contam com o envolvimento de terceiros. Isso significa que os interesses e as posições adotadas pelas partes no âmbito negocial são balizadas pelos parâmetros normativos que norteiam o processo judicial: *"Divorcing parents do not bargain over the division of family wealth and custodial prerogatives in a vacuum; they bargain in the shadow of the law. The legal rules governing alimony, child support, marital property, and custody give each parent certain claims based on what each would get if the case went to trial. In other words, the outcome that the law will impose if no agreement is reached gives"* (MNOOKIN, Robert H.; KORNHAUSER, Lewis. Bargaining in the shadow of the law: the case of divorce. *The Yale Law Journal*, New Haven, v. 88, n. 5, p. 950-997, Apr. 1979. p. 968).

no âmbito da mediação e da conciliação. É neste ponto que reside a importância da assessoria jurídica em disputas repetitivas, como forma de munir os últimos das informações necessárias para exercer livremente seu direito de transigir ou de levar sua demanda a julgamento.

Reconhecendo a importância do advogado nestas situações, o Manual de Mediação Judicial do CNJ sugere a aplicação, "com as alterações necessárias", do artigo 9º, §1º da Lei nº 9.099/1995, que faculta a assistência jurídica "por órgão instituído junto ao Juizado Especial", se a parte litigar em face de outra assistida por advogado ou se o réu for pessoa jurídica ou firma individual.[352]

Para que a assessoria jurídica seja verdadeiramente capaz de contribuir para o melhor desenvolvimento da conciliação e de mediação,[353] especialmente para tratamento de disputas repetitivas, é necessário que se compreenda que o papel que o advogado exerce nessas vias difere daquele desempenhado no curso de um processo judicial e que, em razão disso, é necessária uma mudança de paradigma de prática e ensino jurídico, hoje essencialmente voltados para a solução contenciosa e adjudicada dos conflitos de interesses.[354]

O advogado deve assessorar a parte na escolha do procedimento, inclusive para orientá-la a resistir à realização de um procedimento consensual nos casos em que entenda não ser adequado. Para auxiliar a parte nesse momento de escolha entre mecanismos de solução de disputas, é imprescindível que o advogado conheça esses métodos, suas vantagens e desvantagens nos mais diversos contextos.[355] Também deverá conhecer os fatos e questões jurídicas envolvidas, de modo que a escolha do procedimento seja realizada estrategicamente, tal como é feito pelos advogados dos grandes litigantes.

---

[352] AZEVEDO, André Gomma de (Org.). *Manual de mediação judicial*. 4. ed. Brasília: Ministério da Justiça; Programa das Nações Unidas para o Desenvolvimento, 2012.

[353] Petrônio Calmon chega a defender a obrigatoriedade do advogado em qualquer hipótese na conciliação e a sua facultividade na mediação. Partindo de sua distinção entre conciliação enquanto mecanismo "por excelência estatal" e mediação um meio essencialmente privado, sustenta que o envolvimento do Estado, coordenado, promovendo e fiscalizando a conciliação faria com que fosse necessária a participação de advogado para defender os interesses de cada envolvido. Seu papel seria oferecer o conhecimento técnico sobre a perspectiva da solução que seria imposta ao caso em uma via heterocompositiva, o que seria fundamental para que as partes evitem acordos que não atendam seus interesses (CALMON, Petronio. *Fundamentos da mediação e da conciliação*. 2. ed. Brasília: Gazeta Jurídica, 2013. p. 157).

[354] WATANABE, Kazuo. Cultura da sentença e cultura da pacificação. *In*: YARSHELL, Flávio Luiz; ZANOIDE DE MORAES, Maurício. *Estudos em homenagem à professora Ada Pellegrini Grinover*. São Paulo: DPJ, 2004. p. 684-690. p. 685.

[355] RISKIN, *et al.*, 1998, p. 53-54.

Em disputas repetitivas, é possível que o prosseguimento do processo judicial seja mais vantajoso, quando, por exemplo, se entenda necessária a formação de precedentes jurisprudenciais sobre as questões jurídicas versadas ou já haja precedentes firmados em sentido favorável a posição do litigante ocasional.[356] Por outro lado, mesmo nesses casos, pode-se entender ser mais benéfica a transação, por implicar menores custos e tempo. De todo modo, para que o litigante ocasional tome uma decisão informada, levando em conta todos esses fatores, a assessoria dos advogados pode ser decisiva.

Escolhido o meio consensual, cabe ao advogado orientar a parte antes da sessão sobre como funcionará o procedimento e quais os impactos de uma transação realizada em sede judicial. Essa preparação prévia é substancialmente diferente daquela realizada no processo judicial, pois enquanto nesta o advogado busca identificar as posições do cliente e o embasamento deste em normas legais, nas vias consensuais o advogado tem de auxiliar a parte a compreender sua narrativa do conflito, com todas as subjetividades pertinentes, bem como os fatores que influem na sua interação com a parte contrária, além de identificar seus verdadeiros interesses,[357] delimitar uma margem de negociação e compreender quais alternativas possui caso não consiga resolver seu problema ou aprimorar a comunicação com a outra parte consensualmente.

Deste modo, advogados podem contribuir significantemente para que as partes possam agir de forma autônoma e informada antes e durante a sessão de mediação e ou de conciliação. Sua assessoria torna-se ainda mais relevante quando representam uma parte que está menos habituada ao procedimento do que a parte contrária, como nas disputas repetitivas.

Por outro lado, a exigência de que litigante ocasional tenha um advogado para participar de uma conciliação/mediação judicial poderia significar um óbice talvez intransponível ao seu acesso. Daí a importância de se pensar em desenhos de programas de resolução de disputas que contemplem estruturas e convênios para prestação de orientação jurídica aos participantes, especialmente em disputas

---

[356] *Vide* item 5.6.

[357] TARTUCE, Fernanda. Advocacia e meios consensuais: novas visões, novos ganhos. *In*: SILVEIRA, João José Custódio; AMORIM, José Roberto Neves (Coords.). *A nova ordem das soluções alternativas de conflitos e o Conselho Nacional de Justiça*. Brasília: Gazeta Jurídica, 2013. p. 125-144.

considéradas repetitivas nas quais haja a relação entre litigante repetitivo e litigante ocasional. Cabe lembrar a premissa adotada pelo RSI (Illinois) de que programas de mediação e de assistência jurídica não devem ser vistos iniciativas isoladas, mas como parte de um mesmo sistema que tem por intuito proporcionar um acesso mais completo aos litigantes de baixa renda.[358] Seguindo essa linha, grande parte dos programas americanos (multiportas, customizados e de *mortgage foreclosure*) prevê alguma estrutura anexa de orientação jurídica, seja prestada por organismos não governamentais, seja por advogados *pro bono*.

De acordo com a Resolução nº 125/2010, os Centros Judiciais de Solução de Conflitos e Cidadania da Resolução nº 125/2010 deverão oferecer, além da mediação e da conciliação, serviços de atendimento e orientações aos cidadãos.[359] O que se verificou na pesquisa empírica é que estes centros ainda não estão totalmente estruturados e tampouco oferecem orientações jurídicas ou sobre os procedimentos de conciliação e mediação. No entanto, algumas iniciativas contam com a participação de organizações de assistência jurídica (como a própria Defensoria Pública) nesses programas, de modo que o indivíduo sinta-se amparado para buscar informações e solicitar assessoria antes, durante e após as sessões.

Outra questão que se coloca quando o litigante ocasional não comparece representado e o litigante repetitivo possui advogados, acostumados com o tipo de disputa, é se os mediadores ou conciliadores podem (e, se sim, em que medida) fornecer informações a esses litigantes não representados.

---

[358] *"Mediation and legal services should no longer function as mutually exclusive paths, but instead function together as a joint system to serve poor and low-income disputants. The new ways to think about how mediation and legal services can work together are increasingly sophisticated and demanding of participants from both the legal services perspective and the mediation perspective, but they have the potential of providing a new depth of services that can meet the needs of poor and low-income disputants in a more complete way"* (CENTER FOR ANALYSIS OF ALTERNATIVE DISPUTE RESOLUTION SYSTEMS. *Accessing justice through mediation*: pathways for poor and low-income disputants. Chicago, 2007. p. 11, grifo no original)

[359] "Artigo 1º Fica instituída a Política Judiciária Nacional de tratamento dos conflitos de interesses, tendente a assegurar a todos o direito à solução dos conflitos por meios adequados à sua natureza e peculiaridade.
Parágrafo único. Aos órgãos judiciários incumbe oferecer mecanismos de soluções de controvérsias, em especial os chamados meios consensuais, como a mediação e a conciliação, bem assim prestar atendimento e orientação ao cidadão. Nas hipóteses em que este atendimento de cidadania não for imediatamente implantado, esses serviços devem ser gradativamente ofertados no prazo de 12 (doze) meses".

Alguns entrevistados dos EUA afirmaram que a melhor forma de se lidar com essa situação é alocar mediadores que sejam vinculados ao Judiciário para atuar nos casos em que haja maior probabilidade de litigantes não representados estarem em contraposição de litigantes assistidos por advogados. Alguns exemplos são as ações envolvendo questões locatícias (*landlord and tenant*), consumo e as execuções hipotecárias. Por serem funcionários do Judiciário, estes mediadores teriam treinamento e supervisão constante, o que lhes permitiria fornecer informações consistentes aos mediados, além de maior liberdade para intervirem mais ativamente no procedimento, inclusive para fornecerem informações para esses litigantes representados.

Além dos advogados, a figura do preposto também é crucial para compreensão da dinâmica das conciliações realizadas em disputas repetitivas. Constatou-se na pesquisa empírica um reconhecimento cada vez maior do papel deste ator, havendo iniciativas de treinamentos específicos para os prepostos em técnicas consensuais, na tentativa de mudar sua perspectiva e sua atuação durante o procedimento não adversarial. Também se reconheceu que, assim como os advogados dos litigantes repetitivos, os prepostos também podem se tornar atores repetitivos que mantêm contato constante com os funcionários, conciliadores e mediadores que atuam nos programas. Foi enfatizada a importância de que conciliadores e mediadores sejam treinados para reconhecer a possível influência dessa convivência com os prepostos e importância de que sua imparcialidade seja mantida mesmo nessas circunstâncias.

Outro ponto levantado foi quanto à extensão dos poderes de transação conferidos aos prepostos. As entrevistas atestam que é muito comum que os prepostos compareçam "engessados" às audiências, com pouca autonomia para a conclusão de um acordo. As sistemáticas de mutirão e pauta concentrada favoreceriam o encaminhamento de representantes, por parte do grande litigante, com maior margem de acordo, proporcionando melhores condições para celebração de acordos nessas oportunidades.

5.1.1.3 Conciliadores e mediadores

No Brasil, a maior parte dos programas judiciais de conciliação e mediação trabalha com conciliadores e mediadores voluntários, havendo alguns casos, como o estudado no CEJUSC-MG, em que esses conciliadores/mediadores são estagiários do próprio tribunal de justiça ou, ainda, servidores realocados na atividade dos centros de solução de conflitos, como ocorre no CEJUSC-Brasília. Já nos EUA, há uma gama bastante variada de arranjos de trabalho de mediadores: mediadores voluntários, funcionários do próprio tribunal (*staff mediators*) ou mediadores privados que constam de uma lista credenciada no tribunal (*roster*) e para quem processos judiciais são encaminhados.

É pertinente, nesse sentido, a observação de Wayne Brazil e Jennifer Smith apontando a importância não só da qualidade dos terceiros que atuam em programas de solução de disputas anexos ao Judiciário, mas, também, do modelo de vínculo e remuneração escolhidos,[360] tendo em vista que a confiança da população no programa judicial depende de sua percepção acerca dos motivos e incentivos que levam essas pessoas a atuarem com solução de disputas.[361]

Como visto, foram suscitadas nas entrevistas algumas vantagens específicas dos *staff mediators* em situações envolvendo partes com desequilíbrio de poder de barganha, recursos ou informações. Como esses mediadores são vinculados ao tribunal, deles é exigida uma postura mais interventiva que vise a assegurar, na medida do possível, o equilíbrio entre as partes. Nesses casos, admite-se (chegando-se até mesmo a se estimular) que o mediador forneça informações à parte hipossuficiente sobre o processo ou solicite que a parte contrária compartilhe informações sobre o caso. Ademais, esses mediadores acompanham o mesmo caso do início ao fim, mantendo uma relação

---

[360] BRAZIL, Wayne D.; SMITH, Jennifer. Choice of structures: critical values and concerns should guide format of courts ADR programs. *Dispute Resolution Magazine*, v. 6, p. 8-11, 1999.

[361] Os autores trazem quatro modelos para prestação de serviços de solução de disputas: (a) o Judiciário emprega neutros por tempo integral (*staff*) – ex.: Foreclosure Mediation Program of the Judicial Branch of the State of Connecticut; (b) Judiciário administra o programa e contrata organizações sem fins lucrativos que empregam neutros – ex.: mediação comunitária administrada pelo Office of Alternative Dispute Resolution and Court Improvement Programs of the State of New York; (c) Judiciário contrata indivíduos ou escritórios para atuarem como neutros – ex.: Foreclosure Settlement Program of the State Court of Indiana; (d) Judiciário administra services realizados por indivíduos voluntariamente – ex.: Multi-door Dispute Resolution Division of the Superior Court of the District of Columbia; (e) Judiciário mantém lista de neutros (*roster*) ou determina que as partes indiquem neutros atuantes no mercado para atuarem no caso – ex.: Complementary Dispute Resolution Division of the State Court of New Jersey (BRAZIL; SMITH, 1999, p. 9. Exemplos extraídos da pesquisa empírica cujos resultados são descritos no Capítulo 4). Pode-se afirmar que os programas visitados no Brasil seguem o modelo descrito no item "d", dado que o trabalho realizado pelos mediadores e conciliadores é voluntário.

de maior proximidade com as partes, o que possibilitaria também uma atuação mais interventiva.[362] Além da forma de vínculo e remuneração, em se tratando de disputas repetitivas, convém indagar se o convívio entre mediadores e conciliadores com os litigantes repetitivos no dia a dia do programa judicial afrontaria o dever de imparcialidade do mediador e do conciliador e como evitar que essa proximidade se traduza em vantagens estratégias para o litigante repetitivo.

Segundo o Código de Ética instituído pelo Anexo III da Resolução nº 125/2010, a imparcialidade é o "dever de agir com ausência de favoritismo, preferência ou preconceito, assegurando que valores e conceitos pessoais não interfiram no resultado do trabalho, compreendendo a realidade dos envolvidos no conflito e jamais aceitando qualquer espécie de favor ou presente" (artigo 1º, inciso IV).

Nos EUA, o *Uniform Mediation Act* prevê que antes de aceitar uma mediação, o mediador deve perguntar às partes se há qualquer fato que poderia afetar a imparcialidade do mediador, incluindo interesses pessoais ou financeiros ou, ainda, qualquer relacionamento existente ou pretérito com uma das partes ou com interessados.[363]

Além das preocupações esboçadas nessas diretrizes éticas, foram levantadas na pesquisa empírica a necessidade de se recrutar conciliadores e mediadores independentes, sem qualquer vínculo prévio, interesses pessoais ou financeiros relacionados com as empresas ou entes públicos que figuram como litigantes repetitivos nos programas judiciais. Também foi suscitada a possibilidade de se manter um rol rotativo de conciliadores e mediadores, para evitar que um convívio muito frequente com os litigantes mais habituais criasse situações de

---

[362] É necessário atentar para os riscos nessa atuação mais interventiva do *staff mediator*, tendo em vista as expectativas que as partes acabam muitas vezes tendo quando dentro do ambiente judicial e inseridas em um procedimento conduzido por um funcionário do Judiciário. Espera-se deste *staff mediator* que garanta a justiça do acordo, dando-se muito peso às sugestões e comentários realizados por este durante o processo. Esses riscos têm de ser mitigados mediante educação das partes quanto ao papel do neutro e a importância de sua autonomia no processo, restringindo-se, por outro lado, que as intervenções do mediador sejam realizadas de modo avaliativo, sempre se esclarecendo os papéis de cada um dos atores envolvidos na mediação (BRAZIL; SMITH, 1999, p. 10).

[363] "*Section 9, (a) (1): SECTION 9. MEDIATOR'S DISCLOSURE OF CONFLICTS OF INTEREST; BACKGROUND. (a) Before accepting a mediation, an individual who is requested to serve as a mediator shall: (1) make an inquiry that is reasonable under the circumstances to determine whether there are any known facts that a reasonable individual would consider likely to affect the impartiality of the mediator, including a financial or personal interest in the outcome of the mediation and an existing or past relationship with a mediation party or foreseeable participant in the mediation;*".

favoritismo. Finalmente, como já afirmado, a capacitação é tida como uma das principais formas de se conscientizar os conciliadores dos riscos dessa convivência com as partes e prepostos.

5.1.1.4 Outros atores e auxiliares do juízo

No desenho de programas de solução de disputas, é possível que outros atores ou auxiliares do juízo, como peritos, psicólogos, agentes públicos, etc., participem dos procedimentos, fornecendo informações para as partes ou mesmo orientando-as para que passem a atuar de forma preventiva, evitando que disputas semelhantes surjam no futuro.

Isso é o que ocorre no "Programa de Apoio ao Superendividamento", realizado a partir de um convênio entre o Tribunal de Justiça de São Paulo e o "Núcleo de Tratamento do Superendividamento" do PROCON-SP, no qual consumidores endividados recebem orientações financeiras e têm a oportunidade de participar de audiências de conciliação juntamente com seus credores para tentar negociar parte ou a totalidade de seus débitos.[364] A participação do PROCON assegura que os devedores tenham acesso a informações mais precisas sobre seus direitos e acerca da composição de suas dívidas, bem como dos impactos do acordo a ser realizado. Também são realizadas medidas de cunho preventivo, como palestras sobre educação financeira e tratativas do PROCON junto aos principais credores para que aprimorem seus mecanismos de concessão de crédito e de comunicação com seus clientes.[365]

---

[364] Mais sobre o "Programa de Apoio ao Superendividamento" no Capítulo 3 (item 3.2.2.2) no *site* do Procon-SP: (http://www.procon.sp.gov.br). Acesso em: 12 set. 2019.

[365] Sobre a importância de se ter outros profissionais envolvidos na mediação de casos de superendividamento, Catarina Frade comenta: "Esta é também uma área onde pode ser necessária a participação de uma equipa especializada para coadjuvar os mediadores na sua missão, onde se conte a presença, por exemplo, de juristas, trabalhadores sociais, financeiros ou psicólogos. Sobreendividamento é um fenómeno multifacetado, pois, além da questão financera de base, existe todo um elenco de problemas psicossociais que podem surgir e dificultar a celebração do acordo. Daí que o apoio especializado possa ajudar o devedor a reabilitar-se perante si próprio e a sua família, o que sem dúvida fará aumentar a sua capacidade de cumprir o plano de pagamentos fixado. Um processo como a mediação tende a criar menor estigmatização social e psicológica do que uma ida a tribunal, por se tratar de um ambiente mais informal e mais resguardado, onde as partes se podem fazer ouvir e onde se consegue em menos tempo obter uma solução para o problema" (FRADE, Catarina. A resolução alternativa de litígios e o acesso à justiça: a mediação do sobreendividamento. *Revista Crítica de Ciências Sociais*, Lisboa, n. 65, p. 107-128, maio 2003. p. 123-124).

Nos EUA, os *housing counselors* orientam os devedores hipotecários desde o recebimento da citação e até a realização do acordo, auxiliando-os na formulação de propostas financeiras viáveis e na busca por alternativas para que consigam manter suas residências, como a submissão de requerimentos de auxílios governamentais para obtenção de moradias. Esses agentes também coordenam programas de educação financeira que objetivam auxiliar os devedores a organizarem melhor suas finanças e a elaborarem planos de pagamento de suas dívidas a curto e médio prazo.

Outro auxiliar do juízo bastante presente no Judiciário americano e que desenvolve um papel de destaque em ações semelhantes ou que envolvem um grande número de partes é o *special master*, cuja possibilidade de designação está prevista na *Rule 53* do *Federal Rules of Civil Procedure*.[366] Trata-se um auxiliar *ad hoc* indicado pelo juízo para conduzir procedimentos específicos em seu nome durante a fase de preparação para o julgamento, tratativas de acordo ou para a execução de uma sentença ou acordo transacionado entre partes.[367] Também são designados em casos que envolvem questões técnicas, auxiliando na investigação e no acompanhamento as partes nos procedimentos de coleta de provas (*discovery*).[368]

---

[366] *"Rule 53. (a) Appointment. (1) Scope. Unless a statute provides otherwise, a court may appoint a master only to: (A) perform duties consented to by the parties; (B) hold trial proceedings and make or recommend findings of fact on issues to be decided without a jury if appointment is warranted by: (i) some exceptional condition; or (ii) the need to perform an accounting or resolve a difficult computation of damages; or (C) address pretrial and posttrial matters that cannot be effectively and timely addressed by an available district judge or magistrate judge of the district"*.

[367] O termo *special master* também foi utilizado para denominar a pessoa designada pelo congresso para administrar fundos de compensação como indenização das vítimas do atentado terrorista de 11 de setembro de 2001.

[368] Em um relatório elaborado pelo Federal Judicial Center sobre o uso de special masters pelas cortes federais e a aplicação da *Rule 53*, foram feitas as seguintes considerações: *"Historically, Rule 53 was designed to help judges resolve fact-intensive cases. The process involved having a master review facts, organize the information, and prepare a comprehensive report to assist the judge or jury. The traditional image is one of a court-appointed accountant poring over volumes of bookkeeping records, classifying them, and perhaps applying clear legal formulas to thousands of transactions. Modern use of special masters, we found, covered a full spectrum of civil case management and fact-finding at the pretrial, trial, and posttrial stages. Judges appointed special masters to quell discovery disputes, address technical issues of fact, provide accountings, manage routine Title VII cases [casos de discriminação de raça, cor, religião, gênero, origem], administer class settlements, and implement and monitor consent decrees, including some calling for long-term institutional change"* (WILLGING, Thomas E.; HOOPER, Laural L.; LEARY, Marie; MILETICH, Dean; REAGAN, Robert Timothy; SHAPARD, John. *Special masters' incidence*: report to the judicial conference's Advisory Committee on Civil Rules and its subcommittee on special masters. Washington: Federal Judicial Center, 2000. p. 4).

A participação de atores, entidades ou auxiliares do juízo pode contribuir significantemente com o tratamento adequado de disputas repetitivas. Identificando-se um contingente de disputas similares, é possível a estruturação de iniciativas específicas (*fit the forum to the fuss*)[369] que possibilitem o envolvimento de profissionais ou entidades que possam contribuir de modo mais efetivo considerando a temática dos conflitos e as características e necessidades das partes envolvidas.

A pergunta que se coloca é se e quando estes profissionais podem fazer as vezes do conciliador e mediador em casos que envolvam discussões essencialmente de valores, como foi feito no Foreclosure Diversion Program of the Court of Common Pleas of Philadelphia. Também é necessário se questionar se esses atores, entidades ou auxiliares do juízo podem substituir o papel dos advogados na conciliação e na mediação, dado que, em teoria, os conhecimentos que trazem podem ser mais importantes à disputa do que a assessoria jurídica propriamente dita.

Especialmente no contexto de disputas repetitivas, tendo em vista a repercussão das decisões e encaminhamento de disputas individuais representativas de um contingente volumoso e a relação entre o litigante repetitivo e ocasional, essa é uma decisão a ser tomada com cautela, porquanto, como visto, há papéis relevantes a serem exercidos tanto pelo mediador e pelo conciliador quanto pelos advogados para se assegurar a autodeterminação das partes, que deverão atuar com conhecimento do procedimento e das questões jurídicas envolvidas na disputa.

Assim, mesmo em casos nos quais as tratativas entre as partes resumem-se essencialmente a uma questão de valores, é necessário que o desenho do programa preveja a participação de profissionais ou entidades capazes de prover orientação jurídica aos litigantes ocasionais, a quem estes possam recorrer em caso de dúvidas sobre o procedimento e sobre a disputa. Também foi enfatizada, no estudo empírico, a importância da fiscalização do Judiciário para que esses terceiros atuem de forma imparcial durante o procedimento. Idealmente, eles também têm de passar por capacitação em técnicas de mediação e conciliação, para que conduzam o processo de forma

---

[369] SANDER, Frank E. A.; ROZDEICZER, Lukasz. Matching cases and dispute resolution procedures: detailed analysis leading to a mediation-centered approach. *Harvard Negotiation Law Review*, Cambridge, US, v. 11, p. 1-41, 2006.

imparcial, técnica e equilibrada, proporcionando iguais oportunidades de participação para ambas as partes.

5.1.2 Mecanismos utilizados: conciliação e mediação

Como já mencionado, a conciliação é o meio consensual mais integrado à tradição do ordenamento e do Judiciário brasileiro, ao passo que, nos EUA, essa técnica possui outro significado, mais relacionado com uma negociação assistida, sendo bem menos conhecida e utilizada do que a mediação.

No âmbito das disputas repetitivas, utiliza-se no Brasil predominantemente a conciliação, que é vista como um meio mais adequado para lidar com quantidades maiores de casos, dada sua simplicidade de procedimento, além de envolver situações nas quais as partes não possuem relacionamento prévio.

Corroborando com essa evidência, Daniela Monteiro Gabbay também constatou, em sua pesquisa sobre a institucionalização da mediação pelo Judiciário brasileiro e americano, que, quanto maior o volume de demandas submetidas ao programa, maior a probabilidade de o mecanismo utilizado ser a conciliação.[370] No que se refere ao uso de meios consensuais por litigantes repetitivos, a autora assevera que o foco destes tende a ser mais restrito e focado em um prognóstico do que seria o desfecho judicial da disputa caso fosse julgada, nos valores envolvidos e nos custos de um julgamento. Esse enfoque propiciaria o encaminhamento de disputas envolvendo esses litigantes à conciliação, já que não haveria, ao menos em regra, uma relação continuada a ser trabalhada de forma mais ampla.

Sobre essa escolha entre a mediação e a conciliação, entrevistados mencionaram a importância de os conciliadores serem capacitados em técnicas de mediação, aprendendo a conduzir o processo e a utilizar as ferramentas atinentes a cada método a partir dos elementos do caso concreto. Alguns programas preocupam-se em designar o maior tempo possível para cada audiência de conciliação, mesmo em casos considerados repetitivos.

Isso porque, mesmo em disputas consideradas repetitivas, é possível que seja necessária a utilização de técnicas normalmente

---

[370] GABBAY, Daniela Monteiro. *Mediação & Judiciário no Brasil e nos EUA*: condições, desafios e limites para a institucionalização da mediação no Judiciário. Brasília: Gazeta Jurídica, 2013. p. 261.

MARIA CECÍLIA DE ARAUJO ASPERTI
A MEDIAÇÃO E A CONCILIAÇÃO DE DEMANDAS REPETITIVAS

associadas à mediação, que se voltam à subjetividade do conflito e ao restabelecimento da comunicação entre as partes. É o caso, por exemplo, de uma cobrança de dívida bancária em que um cliente, que frequenta o mesmo banco há anos, se sente "traído" pela instituição financeira, ou de uma dívida que impactará o núcleo familiar, que terá de participar conjuntamente da negociação junto ao banco. Foram observadas audiências de conciliação realizadas em situações como estas nas quais o conciliador teve de acolher os sentimentos do litigante ocasional, promover a comunicação entre os interessados ou entre o devedor e seus familiares, usando de um tempo maior e de um enfoque mais subjetivo do que aquele usualmente utilizado na conciliação.

Assim, também no âmbito dos litígios considerados repetitivos, conciliadores/mediadores devem se adequar às necessidades do caso para utilizar técnicas e ajustar o enfoque, mais ou menos restrito, a partir do conflito e das necessidades das partes, tanto do grande litigante quanto daquele ocasional. Mais importante do que se definir quais casos devem ser remetidos à conciliação e quais à mediação é o oferecimento de cursos de capacitação que trabalhem as técnicas e abordagens atinentes a esses dois meios, munindo o conciliador/mediador de uma "caixa de ferramentas" ampla e diversificada, capaz de auxiliá-lo nas mais diversas situações.

5.1.3 Triagem, encaminhamento e gerenciamento de casos/processos

A mediação e a conciliação judiciais estão intrinsicamente relacionadas ao gerenciamento de casos/processos, porquanto sua utilização depende do estabelecimento de critérios de triagem e de remessa de casos pelos juízes e funcionários do Judiciário.

Kazuo Watanabe conceitua a prática de gerenciamento como uma atividade exercida pelo juízo para fortalecer seu controle sobre a condução do processo por meio da identificação das questões relevantes, da promoção da utilização pelas partes de meios alternativos de solução de controvérsias e do planejamento do tempo necessário para conduzir adequadamente todos os atos processuais.[371] Em sentido

---

[371] WATANABE, Kazuo. A mentalidade e os meios alternativos de solução de conflitos no Brasil. *In*: GRINOVER, Ada Pellegrini; WATANABE, Kazuo; LAGASTRA NETO, Caetano. *Mediação e gerenciamento do processo*: revolução na prestação jurisdicional – guia prático para a instalação do setor de conciliação e mediação. São Paulo: Atlas, 2007a. p. 689.

semelhante, Paulo Eduardo Alves da Silva diz ser o gerenciamento de processos o "planejamento da condução de demandas judiciais para a mais adequada resolução do conflito com o menor dispêndio de tempo e de recursos".[372] Esse gerenciamento se dá por meio do envolvimento imediato do juízo, estímulos à composição amigável, planejamento do fluxo procedimental e da estrutura necessária para tramitação do processo.

Em que se pese a importância do juízo no gerenciamento de processos, referida atividade compreende também a triagem realizada por funcionários do Judiciário e as escolhas feitas pelas partes e seus advogados, que podem manifestar quando da distribuição da demanda se têm interesse na realização de mediação ou de outro procedimento alternativo ao processo judicial. No sistema norte-americano, por exemplo, é comum que as próprias partes assinalem o tipo de ação e/ou assuntos envolvidos e que essa classificação sirva para remeter o processo para um *track* específico de tramitação.[373]

Identificado o contingente de disputas repetitivas no foro ou na vara, o juízo poderá decidir pela melhor forma de seu gerenciamento, remetendo as demandas para conciliação ou optando pela sua tramitação processual. Ponderando demais aspectos atinentes ao conflito repetitivo, o juízo poderá também remeter as demandas para o programa de resolução de disputas existente no seu foro.

Para que esse encaminhamento seja adequado e eficiente, é fundamental o exame prévio das características da relação jurídica existente entre o litigante repetitivo e o ocasional, instâncias pré-processuais existentes (instâncias administrativas como o INSS e agências regulatórias ou dentro da empresa, como SACs, ouvidores, etc.), regulamentação infralegal e evolução do entendimento jurisprudencial existente sobre a matéria, entre outros fatores que se colocam desde o surgimento do conflito e a sua judicialização. Caso contrário, a transação nesses casos será apenas uma forma de "enxugar o gelo", como afirmou um juiz entrevistado, visto que as verdadeiras causas do

---

[372] SILVA, Paulo Eduardo Alves da. Gerenciamento de processos e cultura da litigância: a experiência do "case management" inglês. *In*: SALLES, Carlos Alberto de Salles (Coord.). *As grandes transformações do processo civil brasileiro* – homenagem ao professor Kazuo Watanabe. São Paulo: Quartier Latin, 2009. p. 635-667. p. 636.

[373] Veja, nesse sentido, as anotações da pesquisa empírica realizada na *Complementary Dispute Resolution Division of the State Court of New Jersey*, que adota esse sistema de gerenciamento (Capítulo 4, item 4.2.1.2).

surgimento e proliferação da litigância repetitiva em questão não serão devidamente identificadas e enfrentadas pelos envolvidos.

Além disso, é preciso que magistrados e demais funcionários do Judiciário incumbidos de tarefas de gerenciamento e triagem sejam capacitados em técnicas consensuais de solução de disputas para aferir a adequação do encaminhamento de disputas para o programa judicial de solução de disputas.

Como já mencionado, o artigo 9, §2º da Resolução nº 125/2010 estabelece que os tribunais deverão providenciar servidores com dedicação exclusiva para a realização da triagem dos casos para encaminhamento aos métodos consensuais, figura claramente inspirada no *screening clerk* do tribunal multiportas norte-americano.[374] No entanto, não se observou em nenhum dos programas visitados no Brasil a atuação de um servidor que efetivamente realizasse essa triagem. O que se verificou foi que, no âmbito pré-processual, são os grandes litigantes que indicam as reclamações ou disputas que querem remeter para conciliação ou, em menor escala, os litigantes ocasionais buscam diretamente os programas judiciais para requerer a designação de audiência com seus credores ou com fornecedores e entes públicos que desejam acionar.

Já na esfera processual, há também uma forte atuação dos grandes litigantes, que listam os processos que desejam remeter para conciliação, formando-se de lotes que se transformam em pautas concentradas ou mutirões de conciliação. Como se verá a seguir,[375] essa prática de triagem e gerenciamento é um dos aspectos mais marcantes do tratamento consensual de disputas repetitivas, sendo de grande relevância a análise de suas implicações.

5.1.4 Condições de acesso

Ao promover o uso de meios consensuais, o Judiciário deve atentar para a acessibilidade a esses meios, tanto em termos de informações sobre seu funcionamento quanto no que diz respeito às

---

[374] Segundo a projeção de Frank Sander sobre o *screening clerk*: "(...) *one might envision by the year 2000 not simply a court house but a Dispute Resolution Center, where the grievant would first be channelled through a screening clerk who would then direct him to the process (or sequence of processes) most appropriate to his type of case*" (SANDER, Frank. E. A. Varieties of dispute processing. *In*: LEVIN, Leo A.; WHEELER, Russel R. *The Pound Conference*: perspectives on justice in the future. St. Paul, USA: West, 1979. p. 65-87. p. 84).

[375] No item 5.2.

custas (taxas, honorários de mediador/conciliador, necessidade de contratação de advogados) a serem despendidas pelos usuários dos programas judiciais de conciliação e mediação.

No Brasil, o dispêndio de recursos para se utilizar vias consensuais não é ainda uma preocupação, visto que o acesso à conciliação e à mediação processuais e pré-processuais é gratuito e a atuação dos conciliadores/mediadores, voluntária. No entanto, como se encontra em discussão a forma de remuneração de conciliadores/mediadores no Brasil, convém refletir sobre como essa remuneração do conciliador/mediador poderá impactar a utilização desses mecanismos pelos litigantes ocasionais,[376] principalmente se a forma de custeio for o pagamento de honorários diretamente pela parte autora.

O pagamento de honorários a mediadores e conciliadores poderá se tornar um óbice ou um desincentivo ao litigante ocasional, para quem a demanda é única e não faz parte de uma estratégia maior de litigância? Além disso, o fato de o conciliador/mediador ser remunerado pela parte impõe que esta possa escolhê-lo? Essas são algumas questões que podem repercutir de forma significativa no tratamento de disputas repetitivas.

Além do pagamento de custas e honorários, há outros óbices ao acesso do litigante com poucos recursos à conciliação e à mediação judiciais. Um fator levantado, tanto na pesquisa nos EUA quanto no Brasil, foi a dificuldade de esse litigante deslocar-se para o fórum em horário comercial para comparecer a uma mediação ou para levar uma disputa para programas de mediação ou conciliação pré-processuais. Uma solução aparentemente simples foi adotada pelo CEJUSC-MG, que oferece atendimento pré-processual em horário alternativo (das 18hrs às 21hrs), como forma de facilitar o comparecimento desse tipo litigante ao fórum.

5.1.5 Objetivos, metas e critérios de avaliação

O estudo da tecnologia de desenho de solução de disputa traz uma série de critérios que podem ser adotados para avaliar um sistema, tais como efetividade (qualidade e durabilidade dos resultados) e

---

[376] E a percepção da população quanto à legitimidade do programa judicial em si, como já discutido no item 5.1.1.3, acima.

180 | MARIA CECÍLIA DE ARAUJO ASPERTI
A MEDIAÇÃO E A CONCILIAÇÃO DE DEMANDAS REPETITIVAS

eficiência,[377] custos de transação, satisfação das partes com o processo e com o resultado, estabilidade das decisões ou acordos firmados e recorrência de disputas semelhantes.[378] Tais critérios deverão estar relacionados com o objetivo do sistema ou programa de solução de disputas, razão pela qual a avaliação constante é fundamental para se aferir se os objetivos traçados estão sendo atingidos e, ainda, se tais objetivos devem ser revistos para que os interesses e necessidades dos envolvidos sejam atendidos.

Como Wayne D. Brazil e Jennifer Smith observam, quando o Judiciário usa seus próprios recursos para promover a utilização de serviços para resolução de controvérsias através da utilização de mecanismos consensuais, sinaliza sua intenção de vincular sua própria imagem com a qualidade desses serviços, ao mesmo tempo em que externaliza uma visão institucional positiva acerca do valor agregado por esses mecanismos ao sistema.[379] Há, portanto, uma clara preocupação não só com a eficiência, mas também com a qualidade desses meios.

Em sendo a avaliação de suma relevância para atingimento dos fins do sistema ou programa de resolução de disputas, é fundamental que mensure a qualidade do processo, o que se reflete na percepção da parte ao resultado e o processo em si. Sobre a importância dessa avaliação da satisfação das partes, uma pesquisa realizada nos EUA que comparou as atitudes e percepções das partes em casos de *torts* que foram julgados mediante processo judicial (*trial*), remetidos para arbitragem anexa ao Judiciário ou para *judicial settlement conferences*, concluiu que a percepção dos litigantes quanto a justiça do processo afeta substancialmente sua satisfação quanto aos resultados obtidos. Conclui-se que as partes dão grande importância para um procedimento

---

[377] CONSTANTINO, Cathy. Using interest-based techniques to design conflict management systems. *Negotiation Journal*, v. 12, n. 207, p. 207-214, 1996.

[378] URY, William L.; BRETT, Jeanne M.; GOLDBERG, Stephen B. *Getting disputes resolved*: designing systems to cut the costs of conflict. Cambridge, US: PON Books, 1993.

[379] *"In the absence of clear legislative directives, what objectives can court-connected programs legitimately pursue? Since the neutrals in a court-sponsored program will be perceived, at least in some measure, as agents of the court, ADR programs should reflect the goals the court system is designed to serve. The business of the courts is not business, it is justice, and particularly protection of respect-worthy procedural guarantees. In other words, a court-connected ADR program must be designed to achieve justice and to foster public respect for the judicial system as a whole. To achieve these ends, the neutrals' conduct must conform to the process integrity values that are central to a public court's mission"* (BRAZIL; SMITH, 1999, p. 9).

em que se sintam ouvidas e em que recebam tratamento imparcial, cuidadoso e digno.[380] Nada obstante, tanto no Brasil quanto nos Estados Unidos, embora os programas de resolução de disputas anexos ao Judiciário tenham como objetivo o tratamento adequado de disputas, preservação do relacionamento entre as partes e da qualidade dos mecanismos oferecidos, dentre outros, realizam avaliações embasadas apenas em critérios de eficiência: número de audiências realizadas, índice de comparecimento das partes, acordos firmados, valores envolvidos, etc. O enfoque eficientista também se encontra presente na redação do artigo 8º, §8º, da Resolução nº 125/2010, do CNJ, segundo a qual a celebração de acordos deve ser considerada uma meta de produtividade dos juízes coordenadores dos CEJUSCs.[381]

Em sendo uma das características da litigância repetitiva sua representatividade quantitativa, há o risco de que essas disputas sejam tratadas de forma massificada também no âmbito dos meios consensuais, objetivando-se apenas a realização de acordos para redução do acervo de processos. A promoção de meios de avaliação de cunho unicamente eficientista favorece esse tipo de tratamento, além de proporcionar situações nas quais as partes, principalmente os litigantes ocasionais, sejam pressionadas para transacionarem, ante a importância atribuída à celebração de acordo em índices cada vez maiores.

Ainda assim, alguns programas demonstram uma preocupação com a qualidade do procedimento em si, tendo estabelecido instrumentos para avaliar a satisfação das partes com o processo e com o resultado, atuação dos mediadores e conciliadores e se utilizariam novamente a mediação ou a conciliação para resolverem seus conflitos.[382]

---

[380] *"The litigants we interviewed appeared to want a dignified, careful and unbiased hearing of their case. They are favorably impressed by procedures that give them a feeling of control over the process of resolving their case and that allow them to feel comfortable with the proceedings (…). Litigants want procedures with which they can feel comfortable, but this does not mean that they want less formal procedures – informality does not make litigants either more or less comfortable. It is also important to litigants to have lawyers whom they view as trustworthy and competent"* (LIND, E. Allan *et al. The perception of justice*: tort litigant' views of court-annexed arbitration, and judicial settlement conferences. Santa Monica: RAND, 1989. p. 75-80).

[381] "Artigo 8º, §8º Para efeito de estatística de produtividade, as sentenças homologatórias prolatadas em razão da solicitação estabelecida no parágrafo anterior reverterão ao juízo de origem, e as sentenças decorrentes da atuação pré-processual ao coordenador do Centro Judiciário de Solução de Conflitos e Cidadania".

[382] Ressalta-se, nesse sentido, a avaliação realizada pela CECON-SP (Justiça Federal), pelo CEJUSC-Brasília e pelo CEJUSC-JEC de Brasília, que aferem a satisfação das partes e advogados quanto a atuação dos mediadores/conciliadores, com a condução do procedimento e com os resultados obtidos. Em Brasília, é mensurada também a satisfação das

Essa abordagem qualitativa é fundamental para se assegurar que a representatividade de volume e similitude das questões envolvidas nas disputas repetitivas não implique no oferecimento de uma *justiça de segunda classe* pelo Judiciário que vise somente à negociação de acordos sem se preocupar com o tratamento adequado desses conflitos.

5.2 Mutirões e pautas concentradas como formas de agregação

Em termos de práticas de gerenciamento no âmbito da conciliação, notou-se a prevalência, nas três esferas estudadas, de sistemáticas de "mutirões" de pautas concentradas (ou pautas específicas), que consistem no agrupamento de disputas (pré-processual) ou processos (processual) levando-se em consideração o envolvimento de determinado grande litigante e/ou a temática envolvida na disputa/processo. Essa agregação de disputas a partir de características em comum ocorre tanto em mutirões esporádicos quanto de forma sistemática, havendo diversos programas e centros judiciais que organizam suas pautas de audiências somente dessa forma.

Os mutirões e pautas concentradas assemelham-se, de certo modo, ao tratamento gerencial conferido a *mass torts* nas cortes americanas, onde o reconhecimento de que tais disputas decorrem de um mesmo evento danoso, como um acidente, um produto defeituoso, ou atos em geral que afetem uma coletividade (discriminação no ambiente trabalho, antitruste, valores mobiliários, consumo de modo geral) leva o Judiciário a lidar com esses processos de forma agregada.[383]

Sobre as possíveis formas de agregação, Judith Resnik distingue a agregação formal, prevista em lei, da informal, que é essencialmente gerencial.[384]

---

partes quanto a atuação dos prepostos dos grandes litigantes, o que permite ao Judiciário que intervenha junto a estes entes caso seus prepostos não estejam adotando posturas colaborativas nas sessões de conciliação e mediação (ver Capítulo 3). Nos Estados Unidos, esse tipo de avaliação é realizado somente pela Complementary Dispute Resolution Division of the State Court of New Jersey e pelo Foreclosure Mediation Program of the State Court of New Jersey Residential Mortgage (ver Capítulo 4).

[383] MENKEL-MEADOW, Carrie J.; LOVE, Lela Porter; SCHNEIDER, Andrea Kupfer; STERNLIGHT, Jean R. *Dispute resolution*: beyond the adversarial model. New York: Aspen, 2005. p. 655-656.

[384] RESNIK, Judith. From "cases" to "litigation". *Law & Contemporary Problems*, v. 54, p. 5-68, 1991. p. 24.

Seriam mecanismos formais as *class actions*; a "consolidação" prevista pela *Rule 42*,[385] que permite a reunião de feitos ou a realização de atos ou audiências em conjunto em casos envolvendo questões de fato ou de direito semelhantes; a *joinder of claims*, em que partes e disputas podem ser reunidas para processamento em conjunto;[386] a *multidistrict litigation*; dentre outros previstos em leis específicas.

Os mecanismos informais, por seu turno, consistem em atividades de gerenciamento que criam procedimentos agregados para lidar com disputas semelhantes, como a centralização de casos envolvendo um determinando evento ou um réu específico em um único juízo para que realize procedimentos em conjunto (coleta de provas, audiências na fase do *pretrial*, designação de *magistrate judges*[387] ou *special masters*, etc.). A parte demandante pode indicar se há outros casos relacionados no juízo, havendo, ainda, a possibilidade de cooperação informal entre juízes que estejam processando casos semelhantes para realização de determinados atos em conjunto.[388]

Outra forma de agregação informal seria a criação de instalações ou iniciativas específicas para processar demandas similares, em que poderiam ser oferecidos aos litigantes diversos tipos de procedimento, incluindo a mediação, conciliação ou arbitragem.[389] Um exemplo citado pela autora é a *"Asbestos Claims Facility"*, em que um grupo de réus envolvidos nos casos de indenização por danos decorrentes do uso de amianto (*asbestos*) na construção civil (fabricantes e seguradoras) reuniu-se para montar um sistema para avaliação dos casos, tratativas

---

[385] *"Rule 42. (a) Consolidation. If actions before the court involve a common question of law or fact, the court may: (1) join for hearing or trial any or all matters at issue in the actions; (2) consolidate the actions; or (3) issue any other orders to avoid unnecessary cost or delay".*

[386] *Vide* regras 18 a 20 das *Federal Rules of Civil Procedure*.

[387] Os *magistrate judges* são auxiliares do juízo apontados pelos próprios juízes para exercerem um mandato limitado e auxiliarem os juízes em variadas atividades jurisdicionais. Sobre os *magistrate judges*, *vide* Título 28, Parte III, Capítulo 43 do *United States Code*. Sobre seu papel nas *settlement conferences* e na mediação judicial nos EUA, *vide*: GABBAY, 2013, p. 144-151.

[388] *"The linchpin here is centralization via assignment to a single judge. Sometimes a judge is assigned all cases that involve a particular event or a specific defendant. One vehicle for discovery of the 'relatedness' of new cases to those already pending is the federal civil cover sheet, a form that must accompany the filing of all civil complaints. The person who files a complaint is required to state whether the case being filed is 'related' to any pending cases. Once such a statement of relatedness is provided, courts often assign the newly-filed case to the same judge who has the 'related' case"* (RESNIK, 1991, p. 37).

[389] RESNIK, 1991, p. 38.

de acordo e pagamento e contratação de advogados para defesa nos processos existentes e vindouros.[390]

No Brasil, o espectro de disputas repetitivas não se restringe às demandas indenizatórias análogas às *torts* americanas, compreendendo também um significativo volume de demandas nas quais o litigante repetitivo é autor, tais como as cobranças de dívidas bancárias e as execuções de débitos fiscais. Ainda assim, os programas e centros judiciais de solução de conflitos vêm se utilizando de práticas de gerenciamento similares aos mecanismos informais de agregação usados nas experiências relatadas referentes à *mass torts*, ao reunir em uma mesma sede, dotada de um juiz coordenador, contingentes de disputas agregadas em função das partes envolvidas (mormente o grande litigante, como autor ou réu) e das questões de fato e de direito suscitadas.

Os atores envolvidos com os programas judiciais de mediação e conciliação no Brasil relataram diversas vantagens na agregação de disputas e demandas por meio dos mutirões e pautas concentradas. Foram ressaltados aspectos atinentes à eficiência dessa prática e à possibilidade de se promover soluções mais uniformes aos litigantes envolvidos, permitindo, ainda, que se tenha uma noção mais clara do contingente de disputas similares, de modo a que sejam buscadas soluções efetivas para que a causa dessas disputas seja reconhecida e enfrentada.

Entrevistados relataram que, além de facilitar a realização de diligências burocráticas (ex.: a intimação do grande litigante para comparecimento em todos os casos), os mutirões e pautas concentradas fazem com que o grande litigante tenha uma dimensão melhor de seu contingente de processos, identificando quais práticas, dispositivos contratuais, produtos, etc., são mais frequentemente objeto de disputas judiciais. Idealmente, esses litigantes poderiam repensar essas práticas, de modo a reduzir efetivamente o volume de demandas nas quais estão envolvidos. Ao visualizar seu passivo de processos com maior clareza, esses litigantes conseguiriam apresentar propostas mais flexíveis, objetivando uma redução significativa dos custos decorrentes da condução dessas demandas.

As entrevistas também apontaram que a agregação permite o encaminhamento de representante das empresas ou entes públicos com poderes mais amplos de transação, facilitando-se as tratativas de acordo

---

[390] Sobre o "Asbestos Claims Facility", *vide*: FITZPATRICK, Lawrence. The Center for Claims Resolution. *Law and Contemporary Problems*, v. 53, n. 4, p. 13-25, 1990.

durante as audiências. Ao invés de enviar prepostos diversos todos os dias ao fórum, o grande litigante pode encaminhar representantes mais bem preparados nesses dias específicos, sabendo com antecedência quais serão as disputas e temáticas envolvidas nas sessões conciliatórias.

Os mutirões e pautas concentradas também fomentam um contato prévio entre o Judiciário e os grandes litigantes em que as condições gerais e margens de acordo para cada tipo de disputa repetitiva passam a ser discutidas antes das audiências. Os atores ouvidos no estudo empírico ressaltam que essas tratativas visam a assegurar melhores condições aos litigantes ocasionais, resguardando-se também sua autonomia para transacionar os termos específicos de cada acordo. Em muitos casos, a participação do litigante repetitivo nos mutirões chega a ser condicionada a apresentação de propostas significantemente mais vantajosas do que aquelas que seriam submetidas no caso individual ou extrajudicialmente.

É também por meio dessas práticas de triagem e gerenciamento, que envolvem um exame prévio das características de cada litigância repetitiva, partes e questões de fato e de direito envolvidas, que o Judiciário poderá decidir pela formulação de programas específicos para lidar com a litigância repetitiva, envolvendo outros atores e salvaguardas para os litigantes ocasionais, além de incentivos para os litigantes repetitivos.

É isso que se verificou nos programas de *mortgage foreclosure*, nos EUA, e no projeto de Superendividamento (CEJUSC-SP), nos quais não somente práticas de gerenciamento, mas todo o desenho do programa, capacitação dos mediadores/conciliadores, envolvimento de outros auxiliares e demais escolhas pertinentes a estruturação da iniciativa foram pensadas a partir de um determinado contingente de disputas repetitivas (ou cada litigância repetitiva).

Se a agregação apresenta diversas vantagens ao Judiciário, ao litigante repetitivo e ao litigante ocasional, há também riscos que devem ser levados em consideração.

Para justificar a realização desses mutirões e promover incentivos para adesão dos grandes litigantes, o Judiciário acaba enfatizando demasiadamente o volume de acordos realizados, propiciando uma abordagem mais incisiva por parte dos conciliadores. Há também situações nas quais estes e demais funcionários aproximam-se do litigante repetitivo, que se torna um verdadeiro "parceiro" do centro ou programa judicial. Todos esses fatores podem contribuir para que o litigante ocasional sinta-se pressionado para transigir contra a sua vontade ou sem dispor de informações suficientes para tomar uma decisão consciente quando da celebração do acordo.

Nessa parceria entre o Judiciário e o grande litigante, é comum que este relacione quais disputas (reclamações, cobranças, etc.) ou processos serão remetidos para o mutirão ou inseridos em determinadas pautas concentradas. Essa ingerência do grande litigante sobre o encaminhamento de casos à conciliação certamente lhe será mais vantajosa do que para o litigante ocasional. Afinal, o litigante repetitivo consegue optar por remeter aos mutirões somente casos em que sua perspectiva de êxito é mais remota, ao passo que o litigante ocasional não conhece suficientemente a jurisprudência e tampouco possui uma dimensão dos desdobramentos da litigância repetitiva para traçar um prognóstico de êxito fundamentado.

Deste modo, verifica-se agregação de disputas repetitivas não será uma prática gerencial efetiva se o encaminhamento para vias consensuais for realizado unicamente à critério do litigante repetitivo, sem se considerar se esse é o tratamento mais adequado ao contingente de disputas em questão. Ademais, os mutirões e pautas concentradas também não podem inviabilizar o exame, ainda que preliminar, das peculiaridades de casos individuais e dos verdadeiros interesses e necessidades dos envolvidos, em especial do litigante ocasional, de modo a proporcionar as condições necessárias para que os acordos firmados verdadeiramente reflitam um resultado considerado justo pelas partes.

5.3 O papel institucional exercido pelo Judiciário

Uma das conclusões mais marcantes do estudo empírico foi a de que, tanto nos programas judiciais brasileiros quanto nos programas de *mortgage foreclosure* dos EUA, é comum que o Judiciário realize tratativas prévias com grandes litigantes para que estes apresentem propostas com parâmetros considerados mais vantajosos para os litigantes ocasionais. Verificou-se que tanto a agregação de disputas repetitivas (mutirões, pautas concentradas) quanto a estruturação de iniciativas customizadas (programas específicos) permitem que o Judiciário mantenha tratativas prévias com os grandes litigantes e, idealmente, com representantes dos litigantes ocasionais (associações, entidades de defesa do consumidor, sindicatos, etc.) para estabelecer parâmetros objetivos para os acordos a serem firmados em sede judicial.

CAPÍTULO 5 | 187

Exemplos dessas negociações são a delimitação prévia das margens de desconto a serem aplicadas pelos bancos em mutirões de disputas que versam sobre renegociação de dívidas decorrentes de contratos de empréstimo da mesma natureza, a possibilidade de prorrogação do prazo concedido ao devedor hipotecário para sair de sua residência após o leilão judicial (*sherrif* sale) nos EUA, o estabelecimento de parâmetros de indenização para as reclamações movidas por consumidores contra fornecedores de produtos e serviços, dentre outros.

Os entrevistados relatam que, nessas negociações prévias (ou tratativas interinstitucionais), o Judiciário tenta estabelecer parâmetros mínimos para as negociações, criando-se uma situação na qual Judiciário e o litigante repetitivo negociam com poder de barganha compatível, o que mitigaria o desequilíbrio de poder de barganha inerente a esse tipo de disputa.[391]

É de grande relevo, nesse contexto, a atuação dos juízes coordenadores dos centros de solução de conflitos (CEJUSCs), a quem cabe supervisionar o trabalho dos conciliadores e mediadores e homologar acordos firmados nos centros de solução de conflitos.[392]

Ao mesmo tempo em que representa os interesses dos litigantes ocasionais nas tratativas coletivizadas de negociação prévia, os juízes coordenadores analisam as disposições que os litigantes repetitivos pretendem inserir nos termos de acordo, evitando-se o uso de cláusulas abusivas ou situações nas quais o acordo negociado mostra-se mais oneroso do que uma eventual sentença judicial desfavorável ao litigante ocasional (ex.: renegociação de empréstimos que imponham garantias que não existiam na avença original).

Ressaltou-se na pesquisa empírica a importância da participação efetiva desse juiz na supervisão do andamento das conciliações/

---

[391] Como coloca Carrie Menkel-Meadow, consumidores, empregados, clientes e investidores que litigam contra grandes litigantes podem minimizar suas desvantagens comparativas ao coletivizar suas disputas e sua representatividade também no âmbito dos meios alternativos de solução de disputas (MENKEL-MEADOW, Carrie J. Do the "Haves" come out ahead in alternative judicial systems?: repeat players in ADR. *Ohio State Journal on Dispute Resolution*, v. 15, p. 19-61, 1999-2000. p. 60).

[392] "Art. 9º Os Centros contarão com um juiz coordenador e, se necessário, com um adjunto, aos quais caberão a sua administração e a homologação de acordos, bem como a supervisão do serviço de conciliadores e mediadores. Os magistrados da Justiça Estadual e da Justiça Federal serão designados pelo Presidente de cada Tribunal dentre aqueles que realizaram treinamento segundo o modelo estabelecido pelo CNJ, conforme Anexo I desta Resolução" (Resolução nº 125/2010).

mediações, seleção e capacitação de mediadores/conciliadores, treinamento e contato constante com os prepostos e tratativas prévias com os grandes litigantes, de modo a garantir o bom andamento dos centros e assegurar que o juiz tenha elementos suficientes para homologar os acordos. Essas atividades demonstram que tais juízes também atuam como *designers*, gestores e fiscalizadores de práticas consensuais, além de mediadores institucionais.

5.4 Técnicas específicas

Durante a pesquisa empírica, perguntou-se aos entrevistados se estes identificavam técnicas específicas de conciliação ou de mediação que fossem particularmente uteis para o tratamento de disputas repetitivas.

Considerando o desequilíbrio de informações e de poder de barganha entre litigantes repetitivos e ocasionais, a técnica do empoderamento[393] foi mencionada nas entrevistas como uma importante ferramenta para que as partes compreendam melhor seus conflitos e o procedimento de conciliação ou de conciliação para construírem de forma autônoma uma solução para sua disputa.[394]

Também se falou no uso de perguntas abertas (*open-ended questions*), que são perguntas que não admitem uma resposta meramente negativa ou positiva, mas que instigam as partes a descreverem situações, fatos e sentimentos relevantes para o surgimento e desenrolar do conflito. Segundo os entrevistados, seria possível utilizar essas perguntas como forma de instigar o grande litigante a fornecer informações necessárias para que o litigante ocasional compreenda as questões envolvidas na disputa.

---

[393] A noção de empoderamento é bastante presente na mediação transformativa, cujos expoentes Robert Bush e Joseph Folger tratam da capacidade da mediação de transformar a relação entre as partes e reconhecer a dimensão positiva do conflito como oportunidade de transformação individual e social (BUSH, Robert A.; FOLGER, Joseph P. *The promise of mediation*: the transformative approach to conflict. San Francisco: Joley-Bass, 2005).

[394] "*Mediation can support the parties' exercise of self determination in deciding how, or even whether, to settle a dispute and it can help parties mobilize their own resources to address problems and achieve their goals. The mediation field has (at least to some extent) employed these aspects of the process to help disputing parties activate their inherent capacity for deliberation and decision-making in adverse circumstances. Participants in mediation have, as a result, gained a greater sense of strength of self, including self-respect, self-reliance, and self-confidence. This has been called the empowerement dimension of the mediation process*" (BUSH; FOLGER, 2005, p. 13).

Outra técnica identificada foi o teste ou cheque de realidade, em que o mediador tenta se certificar que as partes compreendem as questões que estão sendo discutidas na sessão e, principalmente, tenham total consciência do teor e das consequências da transação que estão firmando.[395] Esta técnica é de suma importância nas conciliações realizadas em disputas repetitivas nas quais o Judiciário e/ou os grandes litigantes já possuem os termos de acordo pré-redigidos para aquele tipo de caso. A rotina das conciliações, com pautas que preveem pouco tempo para cada audiência, pode fazer com que os conciliadores deixem de lado a necessidade de se certificar que os litigantes ocasionais compreenderam exatamente o que dispõe a proposta de acordo trazida pelo grande litigante, e que se sintam livres e informados para decidir pela aceitação ou não da transação.

5.5 Outros riscos da conciliação ou da mediação de disputas repetitivas

Além de suscitar elementos relevantes para uma reflexão sobre o desenho e práticas a serem adotadas para lidar com disputas repetitivas, a pesquisa empírica também trouxe à tona outros riscos que devem ser levados em consideração quando do uso de meios consensuais como resposta à litigiosidade repetitiva. Esses fatores decorrem também do desequilíbrio existente entre o litigante repetitivo e o litigante ocasional, mas principalmente da repercussão socioeconômica da litigância repetitiva, que afeta um volume grande de entes e indivíduos e lida com questões de fato e de direito de amplo alcance.

Como visto, é cada vez mais comum a adoção de práticas informais de agregação no âmbito da conciliação de disputas repetitivas,

---

[395] "Considerado por alguns como corolário do princípio da autonomia de vontades ou consensualismo processual, o princípio da decisão informada estabelece como condição de legitimidade para a autocomposição a plena consciência das partes quanto aos seus direitos e a realidade fática na qual se encontram. Nesse sentido, somente será legítima a resolução de uma disputa por meio de autocomposição se as partes, ao eventualmente renunciarem a um direito, tiverem plena consciência quanto à existência desse seu direito subjetivo. Da mesma forma, por razões melhor explicadas pela psicologia cognitiva, frequentemente as partes têm suas percepções quanto aos fatos ou aos seus interesses alteradas em razão do envolvimento emocional de uma disputa. Nesse contexto, cabe ao mediador o uso de técnicas específicas (e.g. teste de realidade) para que as partes possam aprender a utilizar da melhor maneira possível o processo autocompositivo" (AZEVEDO, 2012, p. 235).

o que compreende a promoção de mutirões e pautas concentradas e a customização de iniciativas específicas para determinadas temáticas. Nestas sedes, é também usual que o Judiciário realize tratativas prévias com os grandes litigantes, negociando previamente os parâmetros e as condições das propostas a serem apresentadas aos litigantes ocasionais. Mais uma vez se faz pertinente resgatar a crítica de Owen Fiss sobre a promoção do acordo pelo Judiciário, especificamente quando este argumenta que ao se decidir por uma política de acordo em casos de grande repercussão, certas decisões que afetam interesses públicos acabam ficando sujeitas às motivações das partes e às contingências do processo de negociação.[396]

No caso brasileiro, os programas judiciais de solução de disputas absorvem disputas repetitivas que tratam de questões de amplo alcance e que afetam um significativo número de indivíduos. Sem se adentrar ao mérito das questões jurídicas suscitadas nesses casos, fato é que ao fomentar sua transação, o Judiciário acaba impedindo a apreciação judicial destas matérias. Tendo em vista a capacidade dos grandes litigantes de analisar suas chances de êxito no caso concreto, conseguem optar pela conciliação apenas nos casos em que não vislumbram sucesso, como nos casos em que há jurisprudência desfavorável ou em reclamações sobre produtos e serviços cuja qualidade seja conhecidamente duvidosa ou práticas de discutível legalidade.

Assim, como a formação dos mutirões e pautas concentradas conta na maior parte das vezes com a participação dos grandes litigantes, estes acabam detendo o controle sobre a apreciação judicial destas questões, optando pelo encaminhamento apenas dos casos nos quais seu prognóstico de êxito seja remoto.

É de se ponderar se somente o interesse das partes na criação de um precedente é relevante, ou se há também um interesse do Estado-juiz a ser preservado, em especial em situações nas quais a escolha pelo mecanismo recai sobre o Estado (ex.: encaminhamento feito pelo juiz ou determinado por uma norma judicial). Como já mencionado, uma

---

[396] "Mas será que o acordo, quando apropriado, evitará o julgamento? Outros dispositivos, como os recursos de *certiorari*, ao menos atendem a fins públicos. Contrariamente, o acordo é controlado pelos litigantes e, portanto, fica sujeito às suas motivações privadas e a todas as contingencias do processo de negociação. Há também riscos advindos da evitação de julgamentos e esses podem superar os benefícios imaginados" (FISS, Owen. Contra o Acordo. *In*: FISS, Owen. *Um Novo Processo Civil*: estudos norte-americanos sobre jurisdição, constituição e sociedade. Coord. da tradução Carlos Alberto de Salles. Tradução de Daniel Godinho da Silva e Melina de Medeiros Rós. São Paulo: RT, 2004b, p. 121-145. p. 141).

das principais vantagens auferidas pelos litigantes repetitivos é a sua visão macro da litigância repetitiva e a sua capacidade de optar pelo acordo naqueles casos em que já sabe existir um precedente judicial desfavorável ou nos quais a formação de entendimento jurisprudencial não seja desejável.[397]

Por fim, a promoção da conciliação pelo Judiciário em casos de disputas repetitivas também não pode deixar de lado os interesses dos litigantes ocasionais, que podem não estar interessados somente no abatimento de uma dívida ou em uma compensação financeira. Como já discutido, é importante que o indivíduo seja informado de seu direito de perseguir o processamento de sua demanda e questionar a legalidade da conduta do grande litigante. Nesse sentido, é marcante a fala de Frank McCarthy, um dos veteranos contemplados pelo acordo realizado no caso *Agent Orange*,[398] que, ecoando a frustração de muitos veteranos envolvidos no caso, fez a seguinte afirmação cerca de 1 ano e meio após a celebração do acordo: "desperdicei mais de sete anos da minha vida em uma ação que não foi a lugar nenhum, nos negou o nosso direito de acessar a justiça e conferiu algumas centenas de dólares anuais para alguns veteranos".[399]

---

[397] *"A particular challenge arises when the dispute is one of a group of disputes or centers on one event in a series. Not only does the party have to consider the future relationship with the other side, but the party must also determine how this case relates to other cases, which may completely change the goals of the party. For example, a party may care less about the outcome of a particular case than about such factors as precedent, future claims, economies of scale, chronology of the cases, or relationships with other parties (repeat players). Thus, when the perspective of the party widens from one specific case to a few linked cases, her goals, and hence the analysis of the most appropriate procedure, will shift as well"* (SANDER; ROZDEICZER, 2006, p. 17).

[398] *Agent Orange* é o nome de um herbicida utilizado como arma química pelo exército americano durante a guerra do Vietnã e que acarretou uma série de graves problemas de saúde para os vietnamitas e para os soldados americanos. Os veteranos atingidos ingressaram com diversas ações e *class actions* contra os fabricantes do *Agent Orange*, que negaram o nexo entre o produto e os problemas médicos relatados pelos demandantes. Contudo, em 1984, o Juiz Federal Jack Weinstein conduziu a entabulação de um acordo que contemplasse todas as vítimas presentes e futuras. Para muitos veteranos, o acordo foi uma privação de qualquer senso de justiça: *"In 1978, the veterans sued a number of chemical manufacters, blaming them for various diseases and traumas that they and their families had allegedly suffered because of the exposure to Agent Orange, a herbicide the United States Army used to defoliate Vietnam's luxurious jungle. The law, the veterans hoped, would assuage their pain and vindicate their sacrifices. Today, almost a decade later, they are still waiting. For many of them, the law has become a mockery of justice, an object of derision"* (SCHUCK, Peter H. *Agent Orange on trial*: mass toxic disasters in the courts. Ed. ampl. Cambridge, US: The Belknap Press of Harvard University Press, 1987. p. 3).

[399] Tradução livre. Original: *"[I have] wasted more than seven years of my life in a lawsuit that went nowhere, denied us our day in court, and produced a few hundred dollars a year for a relative handful of veterans"* (SCHUCK, 1987, p. 258).

Todas as escolhas atinentes ao desenho do programa judicial devem atentar para que essa tomada de decisão (de transigir) seja feita de forma livre e informada e para que o acordo reflita os verdadeiros interesses dos envolvidos. Preocupações com a eficiência, que tanto recaem sobre as medidas processuais e gerenciais de disputas repetitivas, não podem se sobressair à busca de um verdadeiro acesso à justiça em que o Judiciário proporcione o tratamento mais adequado para cada tipo de disputa, eliminando-se os óbices de acesso e fruição desses meios.

CONCLUSÃO

A repetição de demandas individuais similares é um fenômeno que vem inspirando reformas processuais que visam à uniformização de julgamentos, à consolidação de precedentes e à coletivização de ações individuais em prol de mais efetividade e segurança jurídica. Também é cada vez maior a importância dada ao uso de meios alternativos de solução de disputas, principalmente os de cunho consensual, na esfera judicial, ao longo do processo ou antes do ajuizamento da demanda, como forma de reduzir o acervo de processos e proporcionar um encaminhamento mais adequado para certos tipos de conflito.

Contudo, não se discute com clareza o fato de que uma das respostas dadas pelo Judiciário às chamadas "demandas repetitivas" é justamente o fomento do uso de meios consensuais (mormente a conciliação, no caso brasileiro) mediante o encaminhamento desses casos para programas judiciais e centrais de resolução de disputas anexos ao Judiciário, tampouco que a absorção desse tipo de litigiosidade produz substantivos impactos sobre a conciliação e mediação judiciais.

Ao tentar responder à pergunta *como a mediação e a conciliação judiciais são utilizadas para resolução de disputas repetitivas?*, a primeira constatação da pesquisa foi que, no Brasil, *essas disputas estão no cerne dos programas de conciliação e mediação judiciais*, confirmando-se a hipótese de que os meios consensuais vêm sendo adotados como uma das principais respostas do Judiciário ao fenômeno da repetição de ações individuais similares, ao lado dos mecanismos processuais e das práticas gerenciais de racionalização e agregação de julgamentos.

Sobre o modo como a repetição de disputas individuais similares e as características da litigiosidade repetitiva influenciam (ou podem influenciar) o desenho dos programas, as práticas e as técnicas adotadas na mediação e na conciliação judiciais, é possível destacar *repercussões em termos do papel dos atores envolvidos (partes, advogados e conciliadores/ mediadores), das práticas de triagem e gerenciamento, das condições de acesso, da utilização de técnicas específicas e do papel desempenhado pelo Judiciário.* Sobre os atores, a pesquisa empírica corroborou a hipótese de que litigantes repetitivos auferem significativas vantagens em termos de informações, representação advocatícia e poder de barganha também no âmbito dos mecanismos consensuais. Em razão dessas vantagens, conseguem impactar diretamente o desenho e as práticas de triagem e gerenciamento adotadas pelos programas judiciais, destacando-se, nesse sentido, os mutirões e as pautas concentradas que agregam disputas individuais por meio da indicação do próprio litigante habitual, permitindo que esse tenha mais controle sobre a escolha das disputas que serão remetidas para conciliação e das que serão levadas a julgamento.

Justamente em razão dessa disparidade entre as partes, os advogados exercem um papel de relevo nos mecanismos consensuais de resolução de disputas repetitivas, assegurando que os litigantes ocasionais atuem de forma autônoma e informada e compreendam as repercussões da disputa, os precedentes existentes ou em formação, os efeitos do acordo a ser firmado e as alternativas (inclusive o processo judicial em si) ao acordo.

Com relação ao papel dos conciliadores e dos mediadores, este assume outras feições diante de um conflito de interesses no qual é nítida a disparidade de informações, recursos e poder de barganha entre as partes. O que se constatou é que sua atuação se torna mais interventiva, na tentativa de munir o litigante ocasional de informações sobre o processo, instando o litigante repetitivo a esclarecer também questões pertinentes à disputa em si (*e.g.* composição de determinada dívida, conteúdo de cláusulas contratuais, etc.).

Além dos conciliadores e mediadores, é possível contemplar o envolvimento de outros profissionais, como peritos, psicólogos, agentes públicos, etc., cuja atuação seja pertinente a depender das disputas repetitivas (ou *litigâncias*) que o programa recepcione ou para as quais tenha sido especificamente customizado. Exemplos observados no Brasil e nos EUA confirmam que esses profissionais podem desempenhar papéis cruciais no empoderamento dos litigantes ocasionais, fornecendo-lhes informações sobre suas disputas e assessorando-os durante o procedimento.

Quanto ao uso da mediação ou da conciliação para tratamento de disputas repetitivas, a conciliação é, no Brasil, o mecanismo

CONCLUSÃO | 195

preponderante. Contudo, não se pode ignorar que mesmo essas disputas podem estar carregadas de subjetividade (é o caso, por exemplo, do superendividado, que lida com a pressão familiar e com o sentimento de frustração, ou do segurado do INSS, que necessita do benefício para sua sobrevivência), razão pela qual os conciliadores também devem ser capacitados em técnicas de mediação, sabendo aplicar cada técnica e abordagem de acordo com as características do conflito e com as necessidades das partes.

Além das especificidades dos papéis que os atores passam a exercer nos programas de conciliação e mediação que lidam com disputas repetitivas, um dos aspectos mais relevantes do desenho de solução de disputas é a triagem dos conflitos que serão remetidos para conciliação ou para mediação. Em se tratando de disputas repetitivas, a triagem e as demais práticas de gerenciamento são especialmente importantes, pois possibilitam a identificação de contingentes de disputas similares, de suas causas e da trajetória do conflito, desde seu surgimento até a sua judicialização. É por meio dessa análise que se poderá definir se a remessa para as vias consensuais é o melhor encaminhamento para essas disputas ou se há a necessidade de que sejam levadas a julgamento, de modo a viabilizar a formação de precedentes judiciais que norteiem o julgamento uniformizado de disputas similares futuras ou, ainda, que tracem os delineamentos objetivos de futuras negociações realizadas em casos análogos (*bargaining in the shadow of the law*).

A busca por um tratamento adequado às disputas repetitivas também deve atentar para a acessibilidade dos litigantes ocasionais aos programas judiciais de solução de disputas, evitando que esta não se torne uma via mais custosa e menos acessível do que o processo judicial em si. É necessário se pensar nesses programas de forma integrativa, com a inserção de serviços jurídicos e de orientação, de modo a assegurar que os litigantes ocasionais efetivamente compreendam o procedimento consensual e as consequências do acordo a ser eventualmente firmado.

Ao final, todas essas escolhas têm de ser constantemente revistas, daí a avaliação permanente do sistema ser fundamental. Considerando-se o expressivo volume de disputas repetitivas em trâmite no Judiciário brasileiro, não faltam estímulos para que a conciliação e a mediação sejam adotadas como meros instrumentos de esvaziamento de acervo judicial. Por isso, programas e centros judiciários devem mensurar não somente o número de acordos realizados e os valores envolvidos, mas também (e, talvez, principalmente) a satisfação das partes com o resultado e com o procedimento consensual em si. Serão essas as avaliações que legitimarão o arranjo institucional do programa judicial, assegurando que a conciliação e a mediação judiciais proporcionem um efetivo ganho qualitativo na prestação jurisdicional.

Identificadas as escolhas especificamente voltadas para o tratamento consensual de disputas repetitivas ou que repercutem substancialmente neste, verificou-se que uma das práticas mais marcantes no contexto brasileiro é a realização de mutirões ou de pautas organizadas de forma temática (*e.g.* SFH, cobranças de dívidas bancárias, negativação indevida) ou concentradas em disputas envolvendo um determinado litigante repetitivo. Essa prática consiste em um mecanismo informal de agregação, porquanto viabiliza a identificação de contingentes de disputas repetitivas e a formulação de propostas de acordo com condições padronizadas.

Há, sem dúvida, diversas vantagens nessa agregação de disputas, que permite uma gestão mais eficiente e célere desses casos, além de uma melhor visibilidade das temáticas que se repetem. Isso permitiria, inclusive, que o litigante repetitivo fosse confrontado com seu contingente de disputas repetitivas e que, nos casos em que é acionado (polo passivo), pudesse identificar quais de suas práticas ou procedimentos são questionados judicialmente com maior frequência.

Por outro lado, é necessário atentar que, na maioria das vezes, é o próprio litigante repetitivo que decide quais disputas serão remetidas ao mutirão, detendo, com isso, mais controle sobre o gerenciamento desses casos e sobre a escolha dos temas que serão transacionados e dos que serão levados a julgamento. Daí a importância do papel exercido pelo Judiciário no que diz respeito ao gerenciamento dessas disputas e à coordenação e supervisão do trabalho realizado pelos servidores, conciliadores e mediadores dos programas judiciais de resolução de disputas.

Os mutirões e pautas concentradas ampliam consideravelmente esse papel de gestores, *designers*, fiscalizadores e mediadores institucionais dos juízes, que se envolvem desde a concepção até a implementação e gestão efetiva dos mutirões e demais iniciativas especificamente pensadas para determinadas litigâncias repetitivas. A pesquisa assinalou que, nas tratativas prévias, o Judiciário negocia com o litigante repetitivo em termos de barganha mais compatíveis, realizando uma análise prévia da razoabilidade e da legalidade das propostas que serão transacionadas no âmbito judicial. Idealmente, os juízes coordenadores dos programas judiciais deveriam também atentar à existência de entendimentos jurisprudenciais consolidados a favor dos litigantes ocasionais, resistindo à realização de mutirões acerca de temáticas sobre as quais os tribunais superiores já tenham se posicionado favoravelmente aos interesses dos litigantes ocasionais.

A conciliação e a mediação judiciais devem levar em conta a realidade e as características das disputas repetitivas, estruturando-se de modo a lidar com seu volume e com a disparidade de poder de barganha, recursos e informações existente entre as partes. Todavia, se determinados arranjos institucionais podem proporcionar um acesso mais qualificado das partes envolvidas em disputas repetitivas, há certos riscos que sempre terão de ser considerados. Tendo em vista as repercussões socioeconômicas e amplo alcance das disputas repetitivas, o seu encaminhamento às vias consensuais não pode se sobressair a uma análise das causas dessa litigância e de cada conflito repetitivo, bem como do reconhecimento dos interesses dos litigantes envolvidos em efetivamente obter um provimento judicial acerca da questão debatida.

É fundamental que sejam analisadas as causas e o trajeto de judicialização de cada contingente de disputas repetitivas. Somente compreendendo os motivos pelos quais determinadas questões permeiam com mais frequência o Judiciário é que será possível uma utilização eficiente e adequada desses mecanismos consensuais ou, ainda, uma atuação mais estratégica que se volte para a raiz do problema, promovendo-se um diálogo com os atores envolvidos na busca de soluções de longo prazo.

APÊNDICE A

ROTEIRO DAS ENTREVISTAS SEMIESTRUTURADAS (BRASIL)

INSTITUCIONALIZAÇÃO E REGULAÇÃO

- Quando o programa foi implementado?
- Foi implementado com base na Resolução 125/2010?
- Se não, sofreu alguma mudança após a edição da resolução?
- Quem estava envolvido no desenho e na implementação do programa/núcleo/setor? (*designers/stakeholders*)?
- O programa é voltado para um certo tipo de disputa específico? Se sim, por quê?
- Quais são os mecanismos que o programa oferece (mediação/conciliação)?
- Se há mediação, esta é avaliativa, facilitativa, transformativa (ou outra)?
- O foco do programa é pré-processual, processual ou 2º grau?
- Qual é a estrutura dos programas de conciliação/mediação judicial no Estado em que o programa está situado?
- O programa está vinculado a algum foro ou instância jurisdicional específica (JEC, Tribunal de Justiça, TRF)?
- Qual é a sua regulação?

RECURSOS

- De onde vêm os recursos que sustentam o programa? (Judiciário? Convênios?)

OBJETIVOS

- Quais são os objetivos do programa (orientação, redução do acervo, prevenir a judicialização)?

TRIAGEM E REMESSA

- Quem realiza a triagem ou a remessa de processos/disputas para mediação ou conciliação?
- Quais são os critérios de triagem? Quem estabeleceu esses critérios?

ATORES

- Qual o perfil das partes que acessam o programa ou setor?
- As partes devem estar representadas por advogados?
- Se não, a maioria das partes comparece com ou sem advogados?
- Há atuação significativa da Defensoria Pública e/ou de advogados dativos?
- Qual a formação dos conciliadores/mediadores?
- Eles são voluntários ou recebem algum tipo de remuneração?
- Quem são os demais funcionários que atuam no programa/setor?

ACESSO E CAPACIDADE DAS PARTES

- As partes devem pagar algo para participar do programa (ex.: custos para pagamento do conciliador ou mediador)?
- Como o programa lida com partes que não comparecem assessoradas por advogados?
- Os conciliadores/mediadores podem fornecer que tipo de informações?

TRATAMENTO DE DISPUTAS REPETITIVAS

- Há determinados tipos de disputa que são particularmente mais frequentes? Quais os assuntos envolvidos?

- Há procedimentos específicos para lidar com essas disputas?

- Há a presença significativa de litigantes repetitivos (maiores litigantes do Judiciário)? Quem são as partes mais frequentes?

- Quais são as disputas em que esses litigantes estão envolvidos?

- Você acha que esses litigantes possuem vantagens durante o procedimento conciliatório ou de mediação? Tais como (i) informações; (ii) poder de barganha; (iii) recursos para prosseguir com o processo; (iv) outros?

- São sempre os mesmos prepostos que comparecem às audiências?

- Como os conciliadores/mediadores lidam com eventual desequilíbrio de poder na conciliação/mediação? Há procedimentos específicos?

AVALIAÇÃO

- O programa já foi avaliado?

- Quais foram os critérios de avaliação (Número de acordos? Satisfação das partes? Redução do acervo?)

- Há metas? Quem as estabelece?

APÊNDICE B

ROTEIRO DAS ENTREVISTAS SEMIESTRUTURADAS (EUA)

INSTITUTIONALIZATION AND REGULATION

- When it was implemented?
- Who was involved in the elaboration and implementation of the division? (*designers/stakeholders*)
- Was the program implemented to address certain types of dispute? If so, why?
- Which mechanisms does the program offer (mediation/conciliation/arbitration)?
- If mediation is offered, is it evaluative, facilitative or transformative (or other)?
- Is the program focused on Trial/Appellate/Pre suit?
- Is there a central ADR office in the state court system? (*Describe the ADR structure in the court*)
- Is the program connected to a specific court (family court/small claims/probate/tax court)?
- How is it regulated? (Laws? Regulations? Guidelines?)

FUNDING AND RESOURCES

- Where do the resources that support the program come from? (Budget of the Superior Court? The Executive?)

PURPOSES AND GOALS

- What are the guidelines of the program (Orientation of citizens? Reducing the caseload of the court? Deter new litigation? Promoting more adequate mechanisms of dispute resolution according to the characteristics of the conflict? Reduction of costs?)
- Is reaching settlement a goal of the program?

SCREENING AND CASE REFERRAL

- Is the mediation/conciliation process compulsory or not? Opt in or opt out?
- Are there any sanctions in case parties don't show up in a mediation/conciliation/settlement conference?
- Who is responsible for the screening process? Does this person receive any special training for performing screening activities?
- What are the criteria for screening? Who established these criteria?

PLAYERS

- Are parties required to be represented by lawyers to participate in the program?
- If not, what is the percentage of parties that are self-represented litigants? Are they usually plaintiffs or defendants?
- As for the parties who are represented by lawyers, are these private lawyers? Is there a significant share of parties relying on legal aid or pro bono?
- Who are the neutrals involved in the program (mediators/conciliators/magistrate judges)? What is their background?
- Are they part of the court staff, roster or volunteer?
- Are they required to undertake some sort of training? If so, could you describe the training in terms of hours, costs, institutions involved?

ACESSIBILITY AND CAPACITY OF PARTIES

- How does the program deal with self-represented litigants? Does the program provide parties with legal assistance or orientation (information centers)?

- Are neutrals allowed to give parties any kind of legal information?

- Do parties have to pay any fees to participate in the program?

- Are there any mechanisms to provide aid for indigent parties?

REPEATED LITIGATION

- Are there certain types of disputes that are particularly more frequent? What are the issues involved?

- Would you consider that there is a frequent involvement of repeat players in the disputes that are addressed by the system/project? Who are they?

- Do you see any advantages enjoyed by the repeat players in terms of (i) information; (ii) bargaining power; (iii) resources; (iv) others?

- How does the program deal with the imbalance of power between parties?

- How are neutrals oriented/trained to deal with imbalance of power between the parties?

EVALUATION

- Has the program been evaluated so far?

- What were the criteria of evaluation (Number of settled cases? Party's satisfaction? Reduction of caseloads? Reduction of costs?)

- If the project has been evaluated so far, what were the results obtained?

- Are the results published? How?

- Are there goals to be reached? Who establishes those goals?

APÊNDICE C

FORMULÁRIO ENVIADO PARA CENTROS E NÚCLEOS DE CONCILIAÇÃO E MEDIAÇÃO (BRASIL)

1. Nome do núcleo ou centro de resolução de disputas:

2. Este núcleo ou centro atua com quais mecanismos de resolução de disputas?

   a. Conciliação pré-processual;

   b. Conciliação processual;

   c. Mediação pré-processual;

   d. Mediação processual;

   e. Orientações (cidadania);

   f. Outro (especifique).

3. De que áreas do direito são as disputas que esse núcleo/centro recebe?

   a. Cíveis;

   b. Fazendários;

   c. Previdenciários;

   d. Criminal;

   e. Família;

   f. Juizado especial cível;

g. Juizado especial federal;

h. Outro (especifique).

4. Como as disputas são direcionadas para esse núcleo/centro?

a. As partes buscam diretamente o núcleo/centro (pré-processual);

b. Algumas empresas/concessionárias/entidades públicas indicam processos para conciliação (processual);

c. Tratase de etapa obrigatória – todos os processos são encaminhados ao núcleo/centro para realização de audiência de conciliação (processual);

d. Os juízes podem encaminhar processos para o núcleo/centro (processual);

e. Outro (especifique).

5. Há algum tipo (ou tipos) de disputa cujo volume sobressai em relação às demais?

a. Não há nenhum tipo de disputa cujo volume se sobressaia;

b. Revisão/concessão do benefício previdenciário;

c. Alienação fiduciária de veículo automotor;

d. Cobrança de dívida bancária;

e. Ação de consumo contra concessionária de serviços (telefonia, água, luz, etc.);

f. Ação de consumo contra bancos/financeiras;

g. Outro (especifique).

6. Há algum procedimento específico para identificar tipos de disputas que se repetem?

a. Não há procedimento para identificar temas/questões jurídicas que se repetem;

b. Há um sistema que permite cadastrar as disputas e identificar temas/questões jurídicas que se repetem;

c. Há um funcionário que realiza uma triagem para identificar temas/ questões jurídicas que se repetem;

d. Os litigantes envolvidos nessas disputas (ex.: INSS, bancos, operadoras, empresas) indicam quais demandas versam sobre os mesmos assuntos (ex.: revisão, cobrança, indenização);

e. Há algum outro procedimento para identificar temas/questões jurídicas que se repetem no núcleo/centro?

7. Qual encaminhamento costuma ser dado para disputas que envolvem temas/questões jurídicas semelhantes?

a. Nenhum encaminhamento específico. Os casos são analisados individualmente;

b. Encaminhamento para mutirões temáticos (ex.: mutirão SFH);

c. Encaminhamento para mutirões envolvendo determinado litigante (ex.: mutirão banco Bradesco, mutirão Oi, etc.);

d. Outro (especifique).

8. Quem são as partes que mais frequentemente estão envolvidas nos casos que chegam ao núcleo/centro?

a. União;

b. Estados;

c. Municípios;

d. INSS;

e. Conselhos profissionais;

f. Operadoras de telefonia;

g. Varejistas;

h. Concessionária prestadora de serviços de luz ou água;

i. Bancos e financeiras;

j. Não há nenhuma parte cujo envolvimento em disputas se sobressaia;

k. Outro (especifique).

9. Na sua opinião, em conciliações ou mediações realizadas em disputas entre grandes litigantes (poder público, bancos, concessionárias de serviços, etc.) e cidadãos, estes se encontram em situação menos favorável?

a. Não parece haver disparidade entre as partes nessa situação;

b. Sim, em termos de informações sobre o procedimento (ex.: processo, conciliação, mediação);

c. Sim, em termos de informações sobre a disputa em si (ex.: composição da dívida, direitos envolvidos);

d. Sim, em termos de informações sobre a jurisprudência acerca da questão;

e. Sim, em termos de poder de barganha;

f. Sim, em termos de representação jurídica;

g. Outro (especifique).

10. Em caso de disputas entre grandes litigantes e cidadãos, o centro/ núcleo adota algum procedimento específico? (ex.: tratativas prévias com o grande litigante sobre propostas de acordo, intervenções do conciliador, técnicas de empoderamento, etc.).

Esta obra foi composta em fonte Palatino Linotype, corpo 10
e impressa em papel Offset 75g (miolo) e Supremo 250g (capa)
pela Laser Plus Gráfica, em Belo Horizonte/MG.